透視大和民族的風土、歷史與人文

全視日本史

許極燉——著

目次

自序

　　日本列島處於歐亞大陸東端的海上，東北亞遠東的終站（terminal）。列島的周圍環海，日本是個典型的海洋國家。這種開放性的環境，所謂「海闊天空」，對住民個性的影響多屬正面的；就是進取直爽，開朗樂觀。

　　日本列島完全被套落在潤濕地適於人類的溫帶地域。列島南北縱走綿延三千公里，從亞寒帶經過溫帶再跨過亞熱帶的風土，極富於多樣性與變化。氣溫方面與降水量乾濕度是生物適存的重要自然風土。日本文化背後有這樣的風土在支撐，日本列島可以說是地球上的一處樂園。

　　列島中本州的南半（水戶以南），四國全部和九州的北半，全部東西平行的走勢，都涵蓋在北緯33度至35度之間。這個地帶是標準的溫帶地域，北邊不受日本海寒冬的影響，南邊卻受惠於太平洋黑潮的潤澤。東京是這個地帶中最理想地區之一。

　　筆者僑居東京逾半世紀，一年四季春夏秋冬分明，春暖人間後花開花謝，絢麗櫻花開滿天。初夏梅雨潤澤紫陽花，沒忘玫瑰競豔時。盛夏晚了蟬聲苦唱，秋涼楓葉丹。桂花飄香菊殘猶有傲霜枝，山茶花趕來頂細雪，驀然又見臘梅迎新春。大自然的過客熙來攘往，歲月總是這麼匆匆。

　　本書主旨是旁觀立足於日本列島這個自然風土的舞台上的演員（日本人，日本民族），如何調適人文風土，營造歷史，創生文化。易言之，透視日本的歷史，一邊來鑑賞日本的文化，從而掌握日本歷史的脈動（形），潛入日本文化的深層（心）。

　　全書分別由三篇，基礎篇、歷史篇和文化篇（下篇）的各5章、8章與5章共計18章、80節構成。

首先對列島的自然風土，進而人文風土做一鳥瞰式的概觀，是為基礎篇。其次，縱覽日本二千年的歷史，觀察歷史演變發展的徑路導向，把握歷史主流的脈動、來龍去脈或可放膽嘗試預測歷史的未來性。而文化雖說是生活的樣式，特定的民族、族群在被設限的自然環境條件中從事創生，再生產生活必需品。人類在生產文化，其實人類不也是文化的產物嗎？文化既是特定時代的歷史的產物，除了空間因素之外，更不能忽視時間因素。既然，在歷史大河中沐浴的同時，正可（也唯有）從這裡能打撈到文化的瑰寶。

　　作為歷史產物的文化，其最菁華者應為「人」，是文化類型的人，即文明人或野蠻人，而非指種姓上的黑人、白人或黃人。

　　在列島的舞台上，營造的歷史創生的文化，生產的日本人，他們的心與形亦唯有從歷史與文化的萬花鏡中顯現出來。

　　謂萬世一系的皇室，在1600年的皇朝歷史中，竟然有600多年的幕府（武人）政治，皇權被架空。近代西洋帝國主義氾濫中，明治日本居然能克服侵略，卻反而成為侵略者。

　　日本人「海洋民族」性，身段柔軟，第七世紀初聖德太子接納佛教，派出遣隋使引進中國文物制度以降，青出於藍而勝於藍創生了超越中國文化的日本大和（Yamato）文化。不論是衣食住行無一不為文明的上乘文化。

　　至於文化上狀元學生的日本勝過非狀元老師的中國，從漢字脫胎而出的平假名與片假名，日本人至少運用自如這三「種」文字。佛教傳到日本後，原有（也是日本獨有）的信仰神道能容納它（佛教）形成「神佛合一」的宗教信仰，產生「本地垂迹」的思想。印度「本地」的「佛」到日本後暫時化身（權〔且〕現〔化身〕）為日本的各種「神」來救濟世人。例如天照大神是大日如來的化身。佛教在日本也日本化，掌管人的「死之事」，發展出13大宗派。

　　日本人的「認真」、專業精神讓都是中國人會感到「羞愧」的。日本人不論做什麼都有非至「極品」不可的精神，而緊圍繞著「道」不放。於是有了「武士

道」、「茶道」、「華（花）道」、「劍道」、「柔道」，而中國的書法到了日本就變成「書道」。

　　文學是人們重要的精神食糧。文學的發展有賴於優美的文字。在奈良時代只有萬葉假名的漢字雖然曾產生和歌的《萬葉集》與漢詩集《懷風藻》，作者與讀者很受侷限。惟遷都京都的平安時代以降，片假名與平假名的活躍能夠表記纖細的情感與精緻的思惟，文學表現形態得以多元化。發展至日本近代文學，實際上也滿園春色，開花結果。

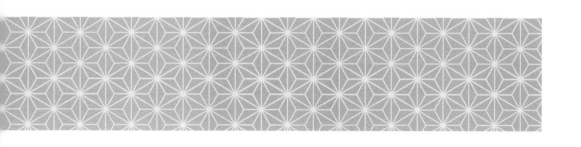

第 I 章

日本的國土與風土

第1節　日本的國土概觀

通常都說日本是一個「島國」。詳言之，日本是由許許多多、大大小小的島嶼所構成的國家，亦就是說，日本是個「列島之國」。

列島之國日本的「國土」範圍如何，有必要先來做個概觀，亦即宏觀式的俯覽。

首先，這裡想釐清「國土」的定義。一般多認為國土即領土。幾本較著名的中日或日中辭典不例外。唯日本的廣辭苑的解釋則稍有微妙的曖昧部分。

它對「國土」一詞釋義為：「一國統治權行使的境域、領土。」意為國土亦指領土，是統治權所及到的土地（境域）。

再看它對「領土」一詞的解釋：「一國的主權得以行使的地域，一國統治權可及的範圍。」進一步說「領土權，即領土主權，對領土本身得以處分的權利。」

比較廣辭苑對於國土與領土的定義，可以窺知比重的嚴謹之「溫度差」。對國土僅涉及「統治權」，而對於領土則除統治權之外，進而指認為「主權」行使的地域。

按理，主權（sovereignty / sovererein rights）的位階超越統治權（dominant rights）。有統治權者未必擁有主權，而有主權者必能行使統治權。

例如戰後台灣，在聯軍統帥麥克阿瑟的一般命令第一號之下，蔣介石派陳儀到台灣代表聯軍接受日軍的投降，同時暫時對台灣行使委託統治，並沒有主權，即使到今天仍無主權。再如戰後美國（駐日盟軍總司令，ＧＨＱ）佔領統治日本，惟對日本並不擁有絲毫的主權。

在此一前提之下，今日的日本國，其國土與領土因為第二次大戰戰敗的關係，發生了若干出入。有些國土被非法（未經條約規定）侵佔至今。

例如，北海道東北邊海上的四個島，即「北方領土」，總面積有5036平方公里。1855年日俄通好條約確定為日本的領土。1945年日本投降時，蘇聯軍「趁

火打劫」，不到1個月完全佔領四島至今。

　　再如懸在島根縣西北方日本海中的竹島，面積僅有0.23平方公里。1905年，明治政府將它編入領土，舊金山和約認定為日本領土，翌年（1952）韓國主張領有權，嗣後被佔據。1965年，日韓簽訂基本條約，竹島成為紛爭處理事項迄今。

　　尖閣列島，包括魚釣島（台灣稱為釣魚台）、北小島、南小島、久場島和大正島以及周邊岩礁，面積約5.5平方公里。原為無人島，明治政府於1895年1月將之編入為領土。

　　翌年（1896），政府以30年無償借給福岡商人古賀辰四郎。以後古賀父子兩代在島上經營鰹（柴）魚工場和羽毛紡織工場，於1940年初因戰況危急而終結。前後40多年間，最盛期島上有99戶，248人，中國不但從不曾異議過，而且1920年，中國的長崎領事還致贈感謝狀對古賀善次等人救助遇海難的福州漁民，等於承認尖閣列島為日本帝國的土地。

　　1970年初，尖閣海域探勘埋藏石油煤氣，中國人忽然主張尖閣是中國「固有領土」。1971年日美簽訂沖繩返還條約，尖閣隨同沖繩施政權回歸日本，惟對於尖閣的主權美國未明確歸屬，才又留下不該有的「紛擾」。

　　日本的國土，目前可確定的是北海道、本州、四國、九州和沖繩以及數以千計的島嶼。國土的面積為37萬8千平方公里（台灣的10.5倍）。

　　國境四極為：北至北方四島位於北緯45度。東端為南鳥島，位於北緯24度18分，東經153度58分，面積約1.5平方公里，遠距東京2千公里，是一座平坦的三角形孤島（周圍1千公里沒陸地），有自衛隊、海保人員駐守。最南端的沖之鳥島在北緯20度25分，東經136度5分。4千公尺深的海底的一座山露出海面的形態，滿潮時候露出海面16公分，面積才六疊榻榻米大。所以被認為是岩而不是島，沒人居住。

　　最西邊的是與那國島，距台灣（蘇澳）才110公里。島上居民有1,500人。

　　列島之國日本的國土，除了上述這些還有許多大小島嶼，其數目有三種說法。

包含離島在內的日本主張領土之國境四極
（沖之鳥島與南鳥島地圖上省略）

極北
北方四島的擇捉島最北海岬
北緯45度33分，東經148度45分

日本海

太平洋

極東
南鳥島
北緯24度18分，東經153度58分

極西
與那國島
北緯24度27分，東經122度55分

極南
沖之鳥島
北緯20度25分，東經136度5分

(1)海上保安廳認為「滿潮時,海岸線的延長距離有100公尺以上者」為島,據此則有3,922個島。

(2)總務省統計局編《日本統計年鑑》載構成國土的島數有6,852個。

(3)國土地理院發行的地形圖以航空照相照到的為基準,則全國的島嶼多達4萬3,306個。

惟這麼多島嶼,實際上絕大多數是無人島。其中有人居住的不過是430個而已。

第2節 日本國土的沿革

日本列島北從北海道,南到沖繩,南北綿延3,300公里之長。國土或領土概念的產生,其前提必然是有國家的成立存在。

日本列島在較早期的古代,各地方有大大小小的「國」(kuni)並立存在。到了第四紀中葉才在近畿地方建立一個比較強大有力的國家政權大和(Yamato)朝廷,亦即「大和國」,歷史上的「倭國」。

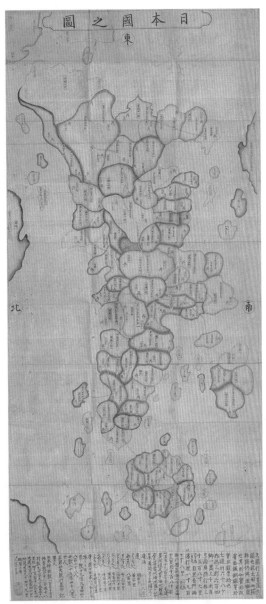

行基式日本圖。古代日本全圖的原型。

這就是後來日本國的原型。

後來中世的國家（日本）以天皇或幕府為中心，貴族、武士以及（佛）寺（神）社等統合的型態並不那麼牢固，亦就沒有像近代國家那樣有明確的國境線。不過，日本的範圍究竟是從哪裡到哪裡，籠統的國土意識，中世的日本人還是有的。

日本的歷史從大和朝廷成立（第4世紀中葉）算起也有1,600年了。這麼漫長的過程中，國土的伸縮演變的沿革真相的「究明」容非易事。惟如能把握一些重要的文字資料以及地圖資料，據以研判，倒也不難獲取若干輪廓的影像。

文字的史料所見，10世紀初的《延壽式》，13世紀後葉的《八幡愚童訓》，14世紀的《真名本曾我物語》和《融通念佛緣起》等透露的日本範圍是：北至佐渡（新潟縣海外西邊），南至熊野紀伊半島或上佐（四國高知），東為津輕半島或蝦夷（北海道），西為「鬼界島」（鹿兒島）或「博多之津」。

當時的人以為日本列島是東西延伸而非西南東北向伸展，才不知津輕蝦夷在北端，而誤以為鬼界島非南端而在西之邊陲。

地圖所提供的資訊比較具體，地圖的繪製發展可分為三期：江戶幕府（17世紀）以前，江戶時代（17～19世紀中期），明治時代以後。

江戶以前，大化革新頒詔（646）令各地繪製「國郡圖」。奈良時代（第8世紀）朝廷命令諸「國」製作「國郡圖」，據以編製日本全圖。惟這些圖多是田圖或莊園圖，沒能顯示全國疆土的境域。

古代日本全圖的原型據說是奈良時代的高僧行基所作，故總稱之為「行基圖」（行基式日本圖）。

江戶時代政府積極推動地圖的繪製，其中被譽為日本地圖的金字塔的是伊能忠敬（1745～1818）測繪的「大日本沿海輿地全圖」（於1821年完成）。

公元1800年，千葉縣佐原市人伊能忠敬奉幕府之命從北海道南部開始實地測量，前後長達17年，投入3,737日，測量距離達4萬公里，天體觀測地點1,203

處。不但正確地描繪了日本列島的海岸線，而且精準地記入經緯線。

從江戶幕府的中、後期（17～18世紀）的各種日本地圖，可以確認現在的日本國土形態已經逐漸形塑起來。

諸如「扶桑國之圖」（1662），「重鐫日本輿地全圖」（1783）以及「銅鐫日本輿地細圖」（19世紀前葉）等，尤其是長久保赤水編製的「改正日本輿地路程圖」（1779），在19世紀初期一再被重版刊行，為江戶時代後期的日本地圖代表。正因為它所描繪的日本的形態遠較從來的地圖完整，而且地名的資訊豐富。

伊能忠敬的實測日本沿海圖，亦是因應時代的要求，俄國向東方海外擴展的腳步逼近日本北方，幕府開始重視北海道，而明治政府即着手開發北海道。

至於日本的南疆擴展與南進早在江戶時代透過南九州的薩摩藩侵攻琉球王國，成為它的附庸。明治政府利用牡丹社事件（琉球人在恆春被「生番」殘殺）先是併琉球為「琉球藩」（1872），繼則改隸為沖繩縣（1879）。

五畿七道的行政區域

日本從第8世紀初到19世紀中葉的千餘年間形成的行政區域，大致區分為「五畿七道」。

所謂五畿七道是：（京）畿內（奈良）5國，東海道（東南沿海）15國，東山道（東、東北部內陸）8國，北陸道（日本海沿岸西北部）7國，山陰道（日本沿岸南部）8國，山陽道（山陰道南邊）8國，南海道（四國和紀伊半島）6國，西海道（九州）11國。這些封建時代大名（諸侯）眾多藩所形成的「國」本身的行政區分並沒變化。明治4年（1871）因廢藩置縣被整理為72縣。

到了明治21年（1888）公布市町村制時劃分為1道3府43縣。目前1道（北海道）和43縣依舊，惟僅把3府改為1都（東京）2府（京都和大阪）。

大日本沿海輿地全圖。國立公文書館藏。

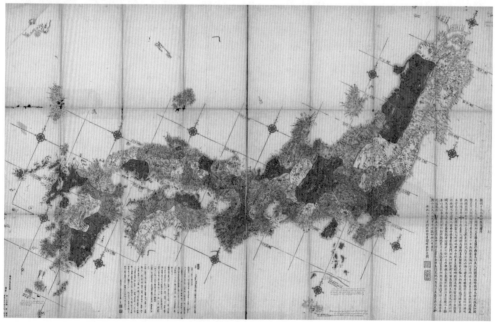

改正日本輿地路程圖。1779初版，美國國會圖書館藏。

第3節 文明、文化與風土

人類在地球上塑造文化，創造文明在在與其所處的地理環境、氣候、風土息息密切關係。歷史上左右歷史的巨大思想或哲學中，該思想家或哲學者所體驗的氣候、風土具有極大的意義。

透視日本歷史演進的歷程中，鑑賞日本文化營造生產過程中，形成日本文化的根幹的日本人的思想和哲學裡，日本列島的風土性曾經投下不可抹煞的影子。

從來被認為人類背負著風土上的框架限制，把人看成是地球上風土的產物。究竟，風土對於人的心與形體，文明和文化給予如何的影響，還是要用科學方法的觀點去解析闡明。

一、文明與文化

文明一詞的涵義被認為是「未開化狀態的對極」的事物所展開的。文明社會跟原始社會的差異是，人民定居下來構成都市，而能讀能寫的關係。文明化是善，而停滯在未開化的狀態是惡（杭廷頓〔S.P.Huntington〕，《文明的衝突》，集英社，日譯本52頁）。

用英文表現，文明是civilization，civilized。亦就是說，文教有了進展，人智開明了。物質方面發達，尤其是機械的利用，謀求生活的方便，營造成近代社會的狀態，脫離原始蒙昧野蠻的狀態。

從文化一詞的涵義來吟味時，它是民族、種族等特定的人群共同體，不任其停滯在自然野蠻的狀態，為了實現自身的特定的生活理想而漸漸形成起來的生活樣式（方法），以及關連的各種具體表現。這些生活上的表現，從衣食住以至於學問、藝術、道德以及宗教等橫跨物心兩方面的生活形式、樣式和內容。

物質方面是脫離自然狀態，提高生活水準。心（精神）方面則為了實現生活的理想，包括進行精神上的陶冶、練成等意義。

因而，用英文來解釋文化，那便是：culture，civilization；education，schooling，literacy。

換句話說，文化和文明兩者各有獨自的定義，惟卻亦異中有同。有時，對文化做狹義的，指宗教、道德、學藝等純精神文化的解釋。而對此，文明則指技術或者物質文化而言。以故在做對比於文化的根源性，統一性時文明被放在皮相性、無性格性的對立位置。

這裡不妨來看看前舉杭廷頓書內的說法。

文明和文化都在指述人類生活樣式的全盤，文明是把文化擴大的東西。兩者都包含「價值觀、規範、社會制度，在某社會裡曾經好幾個世代一直是被最重視的思考樣式」。（同書53頁）

構成文明的客觀要素中，最重要的並非機械的物質的，毋寧說是宗教。人類歷史上主要的文明都跟主要的宗教密切地聯結。基督教文明、伊斯蘭教文明或佛教文明是最典型的例子。

日本列島從第2～3世紀擁有獨自的文明，雖然日本從中國引進了文字、法政諸多文化，畢竟有獨自神道信仰，而佛教進入日本以後，神道能容納它而形成「神佛合一」的宗教信仰。因而日本的文明基本側面上跟中國的文明是迥異的。

文明可以說是範圍最廣泛的文化綜合體，亦是要把人做文化分類的最上位的範疇。界定文明輪廓的有語言、歷史、宗教、生活習慣和社會制度之類共同的客觀要素，以及人們的主要的自我認識兩方面。

本書的主旨在於透視日本的歷史，鑑賞日本的文化，所以在用詞上，選擇「日本文化」，而保留「日本文明」。

二、文化與風土

特定的民族、族群在被設限的地域土地上圖謀生存發展，利用周圍既存的環境條件、自然資源，從事創生、再生產食衣住的生活必需品，生活上的文化材料。

從這個側面的觀點，人類在生產文化，其實反過來可以說人類亦是文化的產物，自然風土的產物。

風土，指氣候和土地的肥瘠狀態，亦即土地的自然環境狀態。廣義的則還包涵社會的習俗。用英文來解釋，風土是一個地方的自然環境和社會風俗，「natural conditions and social customs of a place」。

簡單地說，風土是指wind／climate（風／氣候）和land／soil（地勢／土壤）。

同樣是日本人，也同樣的日本的風土，不因為時代不同而有巨大激變，卻由於時代的歷史不同，所產生的日本文化不可能一成不變。換句話說，即使是人種和風土不變，所產生的文化決不可能是「複製式」的「再生產」，而必然是受到歷史的時代的影響或限制，卻非歷史的非歷史的產物。

繩文時代的日本文化和其後的彌生文化，以至於近代的日本文化，必各具其歷史及時代的特徵。因而可以說世上的任何文化都不是超越歷史的，日本文化亦不例外。換句話說，文化是特定時代的歷史產物，除空間因素之外，也不能忽視時間的因素。

對於同樣一個特定的客體的風土、自然資源，因不同主體的種族、族群投入不同方式的勞動力從事生產所營造的社會生產力，其文化現象必然各有不同的特徵。

例如台灣這個島上的風土、自然資源，居民有高山族、平埔族、福佬、客家以至於「外省人」（殖民者）不同主體。這些主體各背負不同的精神文化，投入的勞動力，生產手段不同，營造出來的社會生產力，文化現象的特徵無差異才不合邏輯。

反過來說，同樣是日本人這個主體，移住在沙漠地域就不可能有「刺身」（生魚片）這種食文化，也不可能營造出稻米文化的「壽司」。和服衣飾、木造建築文化也無從創生。這是說，文化所受風土的設限是不可抗力的。

第4節 日本的自然風土　之一

山川與河湖

對人類的生活與營造文化影響最大的要素，首要為地勢和氣候兩種風土。

地勢包括地面的高低，形狀的舒展或崎嶇的起伏，完整或零碎，以及土壤、地質的肥沃貧瘠。

氣候要素則指氣溫的高低，寒冷或溫熱，雨雪的多寡，風勢（季節風、颱風之有否），海流（黑潮或親潮）之與氣溫的關係。

這些風土的要素中，跟高溫暑熱結合的潤濕，以粗暴的勢力侵襲人們，其巨大無比的力量使人們無法對抗，人們對於大自然的威力不得不接納而忍受順從，而對自然的對抗死了心。

日本，在夏季，太平洋方面的南部的大雨都跟季節風，冬季在日本海方面的大雪都跟西北季節風的活潑不活潑是關鍵的因素。

日本文化的風土中，顯著的一大特色應為海洋式日本文明（文化），日本列島的氣候或森林的分布是過去一萬年間，列島的海洋環境變動中被決定下來的。在這樣的海洋環境變動中產生了海洋的日本文明。日本文化風土的基盤在於海。

一、山岳列島構成的國土

日本的國土在明治時代（1868～1912）以前，主要有三大島：本州、九州和四國以及周邊島嶼。北海道的南部是在江戶幕府後期，18世紀末葉才被幕府收編為幕府直轄領土。明治初年開始積極開發北海道。

至於沖繩，原本是琉球王國，在江戶幕府初年（1609）被九州的薩摩藩侵攻後操控。明治初期（1879），經過「處置」成為日本的沖繩縣。

這裡代表日本的國土，自然對長期以來有二千年歷史的「核心」的三島（三大區塊），進行觀察其風土與文化的關係。

日本列島的國土有將近73％為山地。就地勢形態來看，大別為山脈和山地兩類。這樣的山岳地形是有四個板塊（plate）在地底下互相推擠而產生的。這些山群現在還繼續成長中。

　　一方面由於多雨的氣候，雨水侵蝕新生年淺的山群造成險峻地形。另外是板塊的壓力從東西兩面集中來的中部地方（本州的心臟部位），三千公尺級的高山聳立：飛驒山脈、木曾山脈和赤石山脈擠在一起形成號稱「日本阿爾卑斯」。

　　列島的山岳地帶，從本州東北有奧羽山脈，中心部有上述三大山脈。本州南部

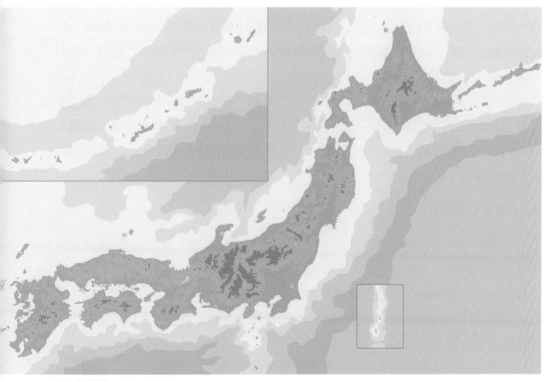

日本地勢圖
日本多山，山地就佔了國土近73％的面積。地勢水文等自然條件孕育日本獨特的風俗人文。

在日本海沿岸有「中國山地」。四國有四國山地，九州也有九州山地。北海道的北部，東邊有北見山地，西邊有天塩山地。南部更有日高山脈。

概觀日本的山岳，標高三千公尺以上有25座。這些高山大部分在本州心臟部，有15座在長野縣境內（其中3座獨在長野縣內）。其次靜岡縣（有富士山）和岐阜縣兩縣次多，山梨縣和富山縣又次之，別的縣則在榜外。

且看列島土地的形態，七成多的山脈，山地圍繞佔據，僅三成不到的平坦地。日本文化的搖籃是一種典型的「封閉」小地域。

正如中國的《三國志》魏志倭人傳（條）所言：「倭人在帶方東南大海中，『依山島為國邑』。」意思是說，日本人住在大海所圍繞的大小島上。島上到處是大大小小的山、山丘。山與山之間的小平地櫛比鱗次，卻是封閉的小地域。跨越過境界（山嶺）便是被群山包圍的小盆地，其間小溪廻流。從上空鳥瞰，狀似一幅百衲布的畫面。

彎曲綿延的海岸上，許多有山的半島突出海中，在兩座岬角所懷抱的海灣深處（後方）展開小平地或被發源於不遠處的山而急流入海的溪流劃分幾個小區域。這些區域之間有微觀氣候學上的差異，越過一座小山丘，日照和雨量，甚至植物的景觀也會有不同。

二、得天獨厚的水資源

日本列島不但是山地多，而且是世界上降水量極多的地域。由於國土狹長又多山地，山上的雨水、雪水急流而下形成河川或湖泊。

日本的河川大多數從源流到河口匆匆忙忙地奔流，因為山跟海的距離不大，所以河流跟大陸的比起來短促又急流，是它的特徵。既然亦就談不上有河運，所以水運多發展海運。

如所周知，水是生命的本元，沒了水生命就枯竭死亡。不論是動物、植物，生命的萌生、育成、成長不能沒水。人的身體大部分的成分都是水。都市都形成於

河口，遊牧人要「逐水草而居」。

日本列島可謂得天獨厚，雖說山多，一方面河流多，湖泊也多，因為降水（雨、雪）量多。而日本人能善於運用這些水資源。到處的泉水，自來水和天然水都可以飲用，這對於生活，對於文化的營造發展肯定有影響與貢獻。

這裡就先來考察一下日本的河流概況。列島上的河流，其長度在150公里以上的有20條，其中一半在150～200公里之間。200公里以上的也有10條。

河流的分布，北海道境內有4條，四國境內有2條，（九州沒有150公里以上的長河），其餘14條分散在本州。本州的長河跨越四縣有2條（利根川和木曾川），跨越3縣的也有2條（熊野川，即新宮川和天龍川）。

最長的河流是信濃川，全長有367公里（次長的利根川有322公里）。這條長河的一些支流主要的發源於本州心臟部（日本阿爾卑斯）的野邊高原，八之岳一帶（山梨縣北境外長野縣東部）。由南向北流，在新潟市出海，流入日本海。

信濃川很特別，它的上游在長野縣，名稱叫千曲川，進入北邊的下游在新潟縣內才改叫信濃川。河流的歷程，從上游到出海，形成了幾個都市，依序有：佐久市、小諸市、上田市、千曲市、須坂市、長野市（長野盆地）和飯山市。進入新潟縣境有：長岡市、見附市、三條市、燕市和新潟市。由此可見河流對於都市的形成，人們的生活、文化的貢獻影響之大。

比起河流的動態性，湖泊比較屬於靜態性的水資源。湖泊一般多比較處於孤立的狀態，對於人們的生活與文化的營造，直接的連動關係不大。不過湖泊因處於群山圍繞中，其風景湖光山色，對人們的心性的涵養，提供文學的維他命，也有助於文化的提昇。例如日本最大的湖泊琵琶湖，就有著名的「近江八景」，仿自中國洞庭湖的「瀟湘八景」。

大型的淡水湖孕育眾多的淡水魚蝦，即使沒能直接提供生活食材，水資源豐富的湖泊，對於發電灌溉以至飲料水在在嘉惠民生。

列島的湖泊面積在35平方公里以上的有15座。最大的琵琶湖面積有670平方公

里，其餘最大的才168平方公里，大多數在100平方公里以下。

15座大湖泊中，有6座在北海道，九州和四國都沒上榜的湖泊。本州內跨縣的湖泊只有2座（中海和十和田湖），茨城縣的霞之浦（第二大湖）和靜岡縣的濱名湖都是很有名。

三、地震與火山之國

日本是世界有數的地震大國，因為日本列島是處在四大板塊互相碰撞的地域。東北有北美板塊，東南是太平洋板塊，西北有歐亞板塊，西南是菲律賓海板塊。

在東北方北美板塊的南邊形成千島堪察加海溝，東方在太平洋板塊的西邊由東北而東南形成日本海溝和伊豆小笠原海溝。西南日本在菲律賓海板塊北邊有南海海槽（trough），西南延伸則有南西諸島海溝（琉球海溝）。

在這樣諸多板塊和海溝、海槽結構所圍繞的地域裡，日本列島的地震帶以富士山西邊，御嶽山東邊的糸魚川靜岡構造線劃分為東日本火山帶和西日本火山帶。

從東南移動過來的太平洋板塊向北美板塊，菲律賓海板塊沈降下去。而從西南移動過來的菲律賓海板塊則向歐亞板塊沈降下去。

這些板塊移動沈降的壓力，在海溝附近引發巨大海溝型地震，而在內陸則誘發活斷層的變動而引起內陸型地震。

日本列島不但是山多，而且火山遍佈全土，密密麻麻多是活火山，包括高度3,776公尺最高的富士山。這些火山的分布幾乎跟板塊的境界並行，這種現象叫做火山前線。當沈降下去的板塊達到某一定的深度時，由於壓力和熱量而產生岩漿，引起火山噴發。

近百年來，日本發生過的主要大規模地震，著名的有1923年關東大地震，規模為M7.9，死者多達10萬5千多人。1995年阪神大地震，規模M7.3，死者6,437人。2011年東日本大地震M9.0，死者2萬多人，引發海嘯以及核污染的大災難。

面對這些巨大的天災地變，日本人從不曾「暴徒化」去趁火打劫。總是鎮靜地、

理性地去應對克服。之所以如此，風土文化環境養成人們適應的能力使然吧。

第5節 日本的自然風土　之二

多樣性的氣候

　　日本文化之富於季節性與多樣性的主要原因在於氣候的多樣性。比起水資源之於動植物，人類的生態，空氣、氣候的影響力互為相乘的連動關係。高溫地帶降水量多被蒸發量消滅掉。反之，濕潤的溫帶，降水量多維持超過蒸發量，因適於人類居住，而且文明的存續發展較久。

　　日本列島完全被套落在濕潤地域中適於人類居住的溫帶地域。而且，日本列島南北縱長，從亞寒帶經過溫帶再跨越到亞熱帶的風土，極其富於多樣性，這種得天獨厚的氣候風土的國家，地球上罕有。日本文化（文明）的背後，擁有這種豐富的多樣化的風土在支撐，乃能長久維持發展。從這個視點，可以說日本列島是地球上的樂園。

　　以下，來考察一下日本氣候的分布以及氣象富於多樣性的概況。

　　日本列島幾乎都屬於溫帶氣候。惟列島南北長綿延達3千公里，北海道的道北和道東屬於亞寒帶，沖繩以南的南西諸島屬於亞熱帶。再者本州、四國、九州的東邊沿岸有太平洋的黑潮，而日本海方面則有親潮的海流以及季節風的影響，加諸由於土地的高低，以致氣溫、降水量、濕度等各地域極其多樣性而富於變化。

　　列島的氣候大別可以分為六種類型由北而南如下。

1、北海道的氣候

　　　　全年沒梅雨，而且降水量少。夏天會有高溫（勿以為低溫涼而不熱），冬天低溫寒冷，夏天的氣溫差極大。以道都札幌為例，降水量最多的夏天（7～8月）最多才100mm左右。氣溫在冬天都在零度以下（札幌北方的旭川1902年1月25日的最低氣溫達零下41度），夏天都在20度以上。

2、日本海沿岸的氣候

　　冬天西北的季節風吹襲撞到山地，致使降下大量的雪。夏天則處在東南季節風之下，空氣乾燥。以高田為例，冬天降水量多達400mm，夏天約不到200mm。氣溫則夏天25度上下，冬天在5度以下。

3、內陸性氣候（本州心臟部的北部分）

　　因為距離海較遠，全年雨量少，夏天和冬天，白天跟夜晚的溫差很大。

　　以松本為例，夏天的雨量大約100mm左右，冬天的雨量多在20mm以下。氣溫的情形是冬天都在零度左右，夏天上昇至20幾度。

4、太平洋沿岸的氣候

　　夏天除了吹襲東南的季節風，又因下雨多而形成悶熱的天氣。冬天雖是刮著乾燥的西北季節風，惟連日是晴朗的好天氣。

　　以東京為例，冬天的氣溫多在5～10度之間，夏天多在25度上下。降雨量九～十月尤多，近200mm，冬天較少，多在50mm上下。

5、瀨戶內海的氣候

　　這個地區因被中國（廣島縣、岡山縣）山地、四國山地和紀伊山地所圍繞，季節風全被擋住，以致整年雨很少。夏天和冬天的氣溫也低。

　　以岡山為例，夏秋間的雨量約150mm，冬天則不到50mm。夏天的氣溫接近30度，冬天則在5～7度之間。

6、西南諸島的氣候

　　冬天也暖和，一整年降雨多的氣候。這個地區是西太平洋颱風的「街道」，夏天下雨尤多。以那霸為例，冬天的氣溫接近20度，夏天更在30度左右。降雨量，夏天超過200多mm，冬天亦在100mm以上。

　　地勢、土壤、地質以及山川湖泊以至於氣候這些自然風土對於人類的生存、生活文化的發展具有密切不可分的關係。就中以氣候變化最為緊密而迫切。

　　古代希臘的亞理斯多德最先提出氣候與文明的相關關係，認為「寒冷地方的民

族充滿勇氣,可是欠缺思慮與技術。溫暖地方的民族具有知性與技術,卻欠缺勇氣。」雖然是這是西洋中心主義,白人優越的偏見「環境決定論」並非真理。

惟,溫度與濕度對於人們的精神和肉體的影響,亦即氣候的精力與文明的分布之密切關係則不容忽視。

刺激性氣候的程度越大的地方,越容易發展出高度的文明。寒帶地方的文明比起熱帶為可觀。但是,還是溫帶的文明最為多彩多姿。溫帶地域,氣溫和濕潤最適於居住,而且氣候的變化較多,亦較具有「刺激性」,有助於促進文化的發展社會的變動。

例如日本最初的古代國家邪馬台國,是在氣候溫暖時稻作不斷地發展的彌生時代中期(2世紀初)的社會,由於氣候的惡化,面臨混亂時所誕生的。(參照安田喜憲著《日本文化的風土》139頁)

日本的本州南半,大約從茨城縣的水戶市以南,全部東西平行走勢,包括四國以及九州的三分之二(北部),緯度在北緯32度至36度之間,這是標準的溫帶地域,北邊不受日本海寒冬影響,南邊卻受惠於太平洋黑潮的潤澤。

日本列島,除了北海道,本州的東北以及沖繩等南西諸島,幾乎都位置於北緯32度～36度之間。由於溫度氣候宜人吧,在河口或海灣形成了很多大都市。由東而西有千葉、東京、橫濱、名古屋、京都、大阪、神戶、岡山、廣島、福岡、熊本和長崎等都在這個「緯度帶」內。

這裡僅以東京為例,筆者從1967年僑居東京迄今半世紀了,除了有十幾年居住東京北郊的鄉下之外,在東京住了三十多年。

東京的氣候,春天大概是三月中下旬就開始「春暖人間」。桃花開了,櫻花開始綻放。五月是鬱金香、杜鵑花和玫瑰的季節。六月紫陽花盛開,然後有一個月的梅雨季。八月最熱,大多30度上下,有季節風,卻罕有颱風。九月中旬十月以後該是有秋涼的感覺,圍牆內的四棵桂花開始飄香,菊花亦加入競艷的行列。而郊外的山野上,楓葉染黃變胭脂紅,煞是多彩多姿。十一月下旬,山茶花現身要

迎接冬天，正月和二月間椿花（大蕊）怒放，偶而下雪時，可憐變成「斷頭花」。好在東京就是跟雪緣分薄，很少下，就是下了也不積雪，才二、三天就融解了。此時，紅梅白梅爭妍互不相讓。

　　氣候對人們的生活密切，在東京，由於氣候多變化，季節感豐富，所以日子過得很快。而且季候給予生活也帶來諸多異樣的文學的，浪漫的感觸。

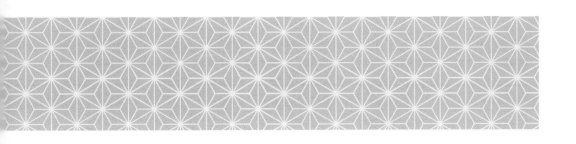

第Ⅱ章

日本人與日本民族

第1節 日本人的起源

日本列島上的住民是日本人，他們形成為「大和民族」。日本列島上的什麼地方，在什麼時候開始有人居住？他們，又是什麼時候，從什麼地方來的？

要回答這些問題並非很容易。不過，也並不是沒辦法。方法論是有的，亦就是看是否有資料，有否紀錄資訊。

資料和資訊紀錄可大別為：考古的發掘，地下的出土，洞窟、岩壁等。另外就是文字、圖畫之類的記錄敘述，亦就是歷史的史料。

人類社會的歷史，在沒文字記載以前的遙遠漫長時代，叫它做史前時代（prehistoric age），有了文字記載以後的時代叫歷史時代（historic age）。

史前時代的資訊來源要依靠考古的發掘、調查。而歷史時代，雖然有文字記錄的史料，但史料本身未必即等同歷史事實，何況歷史記述很難避免記述者的「主觀」立場，甚至價值判斷，取捨與解釋的觀點，切忌囫圇吞棗。

不拘如何，林林總總的歷史現象，不論是考古的，或歷史的資料，都是認識歷史（或史前的）的媒介。

在探索日本列島上日本人起源以及日本民族的形成，須要依賴考古發掘的成果，即使是邁進了有文字的歷史時代，考古學的業績仍是歷史時代的最有力的證人。

3萬年前的岩宿時代

日本的歷史屬於沒文字的史前時代的部分，一般從來都只知道有繩文時代和彌生時代。前者大約12,000年前開始，持續了1萬多年之久。後者是西日本農耕社會成立的紀元前第5～6世紀至公元第3世紀，持續近1千年。

繩文時代的得名，是因為陶（土）器具有繩目。有了陶器，說明吃的食料有可能烹調。而彌生時代的一大特徵是開始使用金屬器具。同時，鐵製的農具和武器普及，因而文明化急速進展。

岩宿時代的「出現」

戰後，日本的史前時代，在繩文和彌生之前出現了更早的所謂「岩宿時代」。

1949年，群馬縣（東京北方）在地的一位販賣納豆的青年行商人相澤忠洋（1926～1989，獨學鑽研考古學）在群馬縣新田郡笠懸村岩宿村路被鑿開的路壁，發現了關東赤土層中有黑曜石的石片、石器（槍尖形石器約7公分）等。嗣後明治大學進行發掘調查研究，確定這一帶，亦即群馬縣的岩宿在3萬年前已經有石器時代的人居住過。

岩宿的石器發現證實了日本史前不只有繩文時代的陶器，而且有更早的岩宿時代的石器，是舊石器時代。這樣改寫了日本的史前史。

在岩宿的發現之後，舊石器時代的遺跡先後紛紛被發現。1960～62年在靜岡縣濱北市（今濱松市）發現了「濱北人」（18,000年前的女性骨骸）。1970年，在沖繩縣具志村發現「港川人」（18,000年前的化石人骨）。

從這些考古調查發掘的成果，證實在陶器文化的繩文時代以前，距今2～3萬年前，日本列島已經有石器時代已有人存在。

第2節 繩文人與彌生人

日本人的祖先何時，從何地遷住到日本列島來？迄今還沒確定的說法。

大約在20萬年前，人類的祖先從猿人經過原人、舊人而進化到智人。這「智人」（Homo sapiens）意為「有智慧的人」、「現生人類」，在5～6萬年前急速地擴展移往到歐亞各地。他們在獲得食料和增加人口的過程中，有一部分在3～4萬年前移住到較溫熱的東南亞。同時被認為有可能亦到達日本，而前述的「岩宿人」，可能就是「智人」，一直到現在。

距今數萬年前，在冰河期時代，日本列島還跟大陸相連接，日本人的祖先人類陸續移住過來。其時間和路徑如何，諸說紛紛目前猶在研究中。

不過，比較具體地說，大約在兩萬多年前，留住在東南亞的「智人」經由日本的西南諸島遷徙到日本列島，是後來所謂的繩文人。

一方面，在五千年前，由於地球開始冷卻，在西伯利亞的「智人」向南遷徙。他們一部分經由朝鮮半島遷入日本列島，成為後來所稱的彌生人。

繩文時代人（繩文人）

繩文陶器

到目前，在日本列島所發現的最古的化石人骨港川人和濱北人，是從亞洲大陸南部遷徙來的人種，被稱為「古蒙古類人」（Paleo Mongoloid），他們有雙眼皮、臉部清晰、手腳比較長及體毛濃厚等特徵。

在日本史前史裡，古蒙古類人被稱為繩文人。他們的生活主要以狩獵和採集營

彌生文化吉野里遺跡的豎穴住居（圖右）與高床式倉庫（圖左）復原建築。

生。不過，到了後期則已有開始過定居的農耕生活了。

相對於岩宿時代被稱為舊石器時代，有人稱繩文時代為新石器時代。因為繩文時代前後綿延1萬多年，然而這時代絕大部分時期尚無農耕、農業，這就不能概說是新石器時代，只能說是繩文時代的某個階段（後期）出現了原始農業。因此可說繩文時代橫跨了舊石器與新石器時代。

彌生時代人（彌生人）

大約在繩文時代的末期，紀元前4～5世紀以後，居住在西伯利亞等北方的集團經由朝鮮半島遷徙移往到日本，從九州然後向東到畿內（京都、大阪、奈良），他們被稱為彌生人。

所謂「彌生」一詞，是在繩文式文化展開的後期，跟它不同樣的陶器文化，於1884年在東京本鄉彌生町（東京大學附近）的貝塚當中發現，以此地名而命名為彌生陶器。其文化即彌生文化。

彌生人相對於古蒙古類人的繩文人，被認為是屬於「新蒙古類人」（Neo Mongoloid）。他們只有單眼皮，軀幹比較長、體毛較稀薄，後來被稱為彌生人。他們的生活主要以農耕、農業營生。

彌生時代主要是指紀元前3世紀到紀元3世紀的6百年間。相較於繩文時代，兩者除了時間上絕大的差異，生產工具與生活方式，甚至於人種族屬亦差距很大。

繩文時代的生產方式以漁獵採集為主，生產工具仍使用石器，而陶器的發明毋寧是有助於生活的改進，卻非純生產工具。最大的差異之一莫過於受限於漁獵採集的生產方式，雖然有小型集落定居的生活，畢竟並沒能形成大規模的村落、聚落的社會。

反觀彌生時代，生活文化的最大特色應為水稻農耕開始，展開農業社會生活的。生活所需的食料從採集演變到生產的階段。

這個時期，除了繼承繩文文化而有獨特的彌生式陶器，使用磨製石器（石斧、

石刀），更重要的是出現了鐵器（主要的為武器、加工用具）以及青銅器（祭祀用具），而且引進了紡織的技術。

總之，古蒙古類人，亦即繩文人的祖先（北海道的蝦夷和沖繩人身上遺留古蒙古類人的特徵很鮮明）和新蒙古類人，也就是彌生人的祖先兩者經過長年的繁複混血，擴展到日本列島各地，被認為是成就了今天的日本人。

第3節 稻作農耕與日本人

水稻耕作的稻種和耕作技術傳來日本，引起了日本古代人生活的「革命」。日本的史前史亦因稻作的傳播，從採集經濟的繩文時代進入生產經濟的彌生時代。

稻作的起源地被認為是中國雲南地方和印度阿薩姆地方。稻米在日本並沒野生的原種，選取稻子做為栽培作物形成耕作的農業，在日本起源是絕不可能的。

於是便不得不好奇地要問，稻作農業究竟是何時，從哪裡如何傳來日本的呢？

確實，有個時期，在北九州開始出現水稻農業，又從這裡很快地傳播到本州的西部（西日本），進而普及到東北地方的南部，成為所謂彌生文化的母胎。這個事實被認為彌生文化的「推手」是最初的確定的日本民族。這在思考日本民族的形成問題時，具有最根本的重要性。

關於稻作何時從哪裡，怎麼樣傳來日本？這些問題事關日本民族形成問題的根底，切忌冒然回答。

過去雖然曾有過「定說」認為是紀元前5世紀前後從朝鮮半島傳到九州。可是，由於不斷調查研究的結果，這個長年的通說被推翻了。

稻作的傳來，在時期上則諸說未定，傳播的路徑有三種說法。

一、稻作的原鄉從中國華北，黃河流域下游，經過滿州、朝鮮再南下到日本九　　州北部。

二、從越南出發，往東北經過廣州、台灣、福州、西南諸島、沖繩到九州南部。

三、從原鄉雲南循長江，再由長江下游上海一帶搭船到達九州北部（另一支進

入朝鮮南部）。

以上這三條路徑中，第一條路徑，即華北朝鮮說已被研究所否定。因為華北和朝鮮半島是並不適於在日本栽培的「日本式稻米」（Japonica）的地域。這種稻米屬於短粒種（類似蓬萊米），粘性高。

按稻米的品種通常主要的有三種：一是Japonic種，短粒、粘性高，日本栽培的類蓬萊米。二是Indic種，主要在印度、中國南部和東南亞栽培。顆粒長而細，炊煮後也沒粘性，多用於炒飯或煮pilaf（米加黃油、肉菜煮的飯）、paella（米加魚雞肉、番茄煮的西班牙燉飯）以及咖哩飯。三是Javanic種，顆粒在前兩種的中間型，不長、不短，大粒而寬。產地多在南美巴西、阿根廷等地。

第二條路徑，從越南出發到登陸南九州的說法很難成立，因為在繩文晚期或彌生前期，在南九州應該會有稻作遺跡。但事實上並沒有，說明此說很勉強。

第三條路徑，亦就是從長江下游以及山東半島南邊一帶，乘船直接到達北九州，應該很合理。

事實上，根據最近植物遺傳學的研究，Japonic米被認為誕生於長江的中游和下游。（小和田哲男，《簡易日本史》，三笠書房）

小和田博士在《簡易日本史》內提起了一個值得注意和探討的問題，亦即徐福傳說之謎，他帶給日本什麼東西？小和田說假定稻種和稻作技術從中國的長江下游直接用船傳播到北九州。而時期上，認為是西元前第3世紀時，這跟某個傳說奇妙地一致，令人真要睜眼遠眺了。這個傳說就是徐福的傳說。

徐福傳說的謎影

在日本，有關祭祀徐福的神社和傳說地不少。三重縣的熊野市的徐福神社，將他視為傳來陶瓷器技術的神明奉祀。和歌山縣新宮市奉為捕鯨技術的神。山梨縣富士吉田市則奉祀為紡織之神。這些傳說、奉祀之地大多位在沿海地方。

這些傳說誘發筆者翻查司馬遷的《史記》。史記卷六，秦始皇本紀第六，二十

八年（統一天下時為26年）條，即西元前219年，有以下的記載。

「齊人徐市等上書言海中有三神仙，名曰蓬萊、方丈、瀛洲、僊（仙）人居之，請得齋戒，與童男女求之。於是，遣徐市發童男女數千人入海求僊人。」

這裡的徐市，即指徐福（詳下），帶同數千童男女出海求仙人，覓長生不死之藥。惟《史記》的資訊簡略，據此無法判斷徐福到底去了什麼地方，結果如何全沒交待，亦不便任意揣測。

同卷（始皇）三十七年條又有關徐福入海求神藥的記述。說是徐福求神藥數歲不得，費（用）多，恐遭處罰而詐稱海中為大鮫魚（指鯨鯊）所困，請皇帝協助擊滅鯨鯊後再出發。其後的情形如何仍沒交待。

有趣的是，史記在第一一八卷，淮南衡山列傳第五十八卷對徐福出海求延年益壽藥有較具體而生動的描述。

「又使徐福入海求神異物，還、為偽辭。

曰；臣見海中大神言曰，『汝西皇之使邪？』

臣答曰：『然』。『汝何求』，曰：『願請延年益壽藥』。

神曰：『汝秦王之禮薄，得觀而不得取。』

即從臣東南至蓬萊山。……於是臣再拜問曰：『宜何資以獻？』

海神曰：『以令名男子若振女與百工之事即得之矣。』

秦皇帝大說（悅），遣振男女三千人資之五穀種種，百工而行。

徐福得『平原廣澤』止，王（而）不（歸）來。」

司馬遷描寫徐福求仙藥這件故事的情節穿插在漢初的列傳裡，距秦亡數十年後。太史公居然替徐福編謊言說服秦始皇，說是（海上）神仙認為始皇帝吝嗇，所以仙藥祇能看，可不給？除非獻上童男女來。惟司馬筆下留下重大的證言，就是派遣「百工」和資以「五穀」。

問題是，徐福帶領這麼多人和「五穀」，竟然去而不還，而且在海外「稱王」了。所謂「得」於平原廣澤止而王之（不返），分明徐福到海外是一種政治上的

亡命？事情發生在秦始皇二十八年和三十七年，不久嬴政就向上帝報到了。

　　這裡值得吾人關注與探討的是徐福帶了那麼多童男童女和百工，更特別提到帶了五穀。徐福從哪裡出海未詳，但，他是齊人，故鄉在今山東南邊和江蘇北邊沿海的（江蘇省）贛榆縣的徐福村。他的出發地點可能就在這一帶？那麼直往九州的可能性必很大。況且日本九州以及本州沿海多處有徐福的傳說。這種傳說的謎團，彷彿隱現一些虛虛實實的幻影，「暗示」徐福曾經把稻米傳播到日本列島？

第4節 倭人、蝦夷、熊襲與隼人

　　日本列島上雖然發掘了3萬年前的黑曜石，卻未發掘到其使用者的人骨。不過那石器（黑曜石）不可能是人類以外的動物所使用的。

　　後來發現了2萬年前左右的港川人（沖繩）和濱北人（濱松）的化石人骨。

　　在史前時代的西元前1萬年間，列島的居民被稱為繩文人（製造繩目陶器）。到了西元前3、4世紀至西元2、3世紀時，則是稻作農耕的彌生人，亦即後來日本民族的主流。

　　不過，據考古、歷史以及民族學者的研究，有史以來先後來到日本列島上生活的人種，民族或族群有很多，而非單一的人類。

　　除了繩文人與彌生人，還有倭人、蝦夷和琉球（沖繩）人的存在也不能忽視。

《三國志》倭人傳中的倭人

　　日本在沒有文字記錄自己的歷史以前的「史前」時代，要瞭解日本的歷史，主要的還得依靠支那（China，中國）的文獻，其中最為人耳熟能詳的要算是陳壽編纂的《三國志》倭人傳了。

　　《三國志》是一部私纂「正史」，一共六十五卷，由〈魏志〉、〈蜀志〉和〈吳志〉構成。其中只有〈魏志〉有外國列傳，「烏丸、鮮卑、東夷」而已。而東夷傳中的「倭人傳」，其內容即當時（第3世紀）的倭（日本）的實際狀況，

是根據魏派去倭的使者的報告書（資料）編纂的。

《三國志》記述有關倭的政治、社會文化習俗幾乎都被後來的南朝劉宋（第5世紀）時范曄編撰的《後漢書》卷一一五，東夷列傳（第七十五卷）倭傳所繼承。

《三國志》是著者陳壽（233～297）五十歲前後編纂的，亦即西曆280年代初。而倭方面跟中國（漢、魏或吳）有通往者三十餘國紛立。其中被推為共主最有聲望的是邪馬台國的女王卑彌呼。她在第3世紀前葉活動，卒於公元248年。換句話說陳壽跟卑彌呼是幾乎是「同時代」的人。他編撰的有倭人傳，正是同時代人寫同時代的歷史，其可信性必然較高。

底下試節摘《三國志》和《後漢書》內倭人傳的「原文」讓讀者參考。

「倭人在帶方東南大海之中，依山島為國邑。舊百餘國，漢時有朝見者。今使譯所通三十餘國。」

按，「帶方」即首爾地方，《後漢書》則作「韓」。

「其國本亦以男子為王。住七、八十年，倭國亂，相攻伐歷年。乃共立一女子為王，曰卑彌呼。事鬼道能惑眾，年已大無夫壻。」（《後漢書》同）

公元239年六月、倭女王遣使至帶方郡要求至京城朝獻天子（魏帝）。同年十二月，「詔書報倭女王曰：制詔『親魏倭王』卑彌呼⋯⋯。」魏倭之間外交往來親密，可能是魏為滅吳（280年亡）的外交作為。

底下再來看原文所載倭人的社會和習俗。

「男子無大小皆黥面文身。」又云「夏后少康之子封於會稽，斷髮文身以避蛟龍之害。今倭水人好沈沒捕魚蛤，文身亦以厭大魚水禽。」

倭人傳中對倭人文身情形記述詳細。更具體指出其位置是在「會稽東冶之東」，亦就是紹興（會稽）和福建東北（東冶）之東方。這一帶沿海的居民，就是「斷髮」文身崇拜「蛇」為圖騰的民族「閩越人」。（詳細可參照司馬遷的《史記》第一一四卷東越列傳）。

筆者「疑慮」，約西元前110年漢初武帝先後消滅南越國（廣州）和東越國

（閩），越人流亡到九州者必大有其人。蓋在西元前後，支那沿海和朝鮮、日本間的日本海，九州西邊的東海這片廣大海域，異民族或族群的交流必很頻繁殆可想像。

熊襲與隼人

熊襲是古代，以南九州的日向、薩摩和大隅等地方為根據地的種族，性剛猛強悍，不服從中央政權的朝廷。

第12代景行天皇和第14代仲哀天皇的時代，亦即第4世紀的後半時常叛變，逐漸被討伐後大多數都同化了。

景行天皇的皇子小堆尊征討熊襲，乃獻上日本武之名。仲哀天皇的神功皇后為了征討大和朝廷的抵抗勢力熊襲，隨同天皇前往九州。天皇觸犯了神怒而急逝。

皇后乃率軍征討熊襲，並且身懷第十五代的應神天皇斷然渡海（北九州的玄界灘）出兵朝鮮半島擊降新羅，並使高句麗與百濟承諾朝貢，是為歷史上著名的「三韓征伐」。

隼人一般多稱為薩摩隼人，是繼承古代隼人血統的種族，特指南九州薩摩地方的武士。他們以敏捷、勇猛聞名。隼是一種鷹鳥，叫雀鷹。它的眼睛銳利，飛翔動作敏捷迅速，在二戰時，日本有戰鬥機叫做隼戰鬥機。

南九州的熊襲被朝廷一再征討逐漸歸順又同化了。薩摩隼人沒理由再抗拒朝廷。據《日本書記》記載第7世紀末葉，大隅（南九州東部）的隼人在京中相撲受饗宴、賞賜。到了平安（遷都京都）時代，第8世紀末葉以後，隼人亦成為主君的隨扈或身邊的侍臣，亦叫近侍、扈從，而以「近習」著稱。

先住民的蝦夷

蝦夷是日本列島擁有龐大勢力與歷史動量的先住民。蝦夷是道地的「日本人」，但是否是日本民族？江戶時代以來，基本上認為蝦夷（Ainu）是「異民族」，戰後多數認為蝦夷非Ainu，而為邊境居民。現今已明白都是片面看法。

古代，蝦夷很早就居住本州的東部，尤其是東北地方，後來一再地被中央政權武力征討，鎌倉時代以後被趕到北海道去，成為北海道的先住民。

第8世紀以後，奈良朝律令國家為了擴張領土征討蝦夷的叛亂一再發動武力征夷。中央政府的「蝦夷觀」認為蝦夷是未開化的野蠻人，以狩獵為生不知農耕，沒道德觀念，具暴力攻擊性的異民族。主張加以壓制統治，使沐浴王化的正當性，因為動輒藉口「侵犯邊界」、「劫略人民」而派遣「征夷軍」。

長久以來，政府的這種化外之民的「蝦夷觀」深入人心，所以蝦夷一直被認為是日本的異民族。

蝦夷Ainu說認為中、近世的「蝦夷」（Ezo）是Ainu，並且亦理解古代的「蝦夷」（Emishi）也是Ainu。在古代，Ainu民族並沒形成為民族，但是蝦夷卻大量地接受了倭人（日本人）的稻作與陶器文化。

一方面，主張蝦夷非Ainu說，認為蝦夷是跟日本人沒兩樣的人種，是居住邊境而被國家蔑視。東北北部地方分布很多Ainu語能解釋的地名（北海道更不用說）。蝦夷的語言是屬於Ainu語的系統，文化方面跟北海道亦有共同的部分，並擁有畿內的要素。強調前者（北海道要素）為「蝦夷Ainu」說，強調後者（畿內的要素）為「蝦夷非Ainu」說。

蝦夷勢力消長的掃描

根據《廣辭苑》的解釋，「Ainu」是「現在居住在北海道，樺太的一個種族。過去曾住在內地，國史上稱為Emishi（蝦夷）、Ezo（蝦夷）」。又說明Ainu是歐洲人種的一支而有蒙古人種的混血。人口約1萬6千人（1967年版）。

再看日本近代漢字學泰斗諸橋轍次等編著的《新漢和辭典》內「蝦夷」條的解釋：昔時住在關東奧（岩手縣）羽（秋田縣），北海道的異民族。對「蝦夷」兩字註明是：Ezo和Emishi，而Ezo又是「北海道的舊稱」。寫成漢字則不管是Ainu、Ezo或Emishi都是「蝦夷」。它變成北海道的異稱了。而蝦夷確非日本民

族的異民族的「日本人」。

第3～4世紀時，邪馬台國聯合、吉備國（岡山）、出雲國（島根）以及畿內的「同級」的「準大和國家」，以及九州的狗奴國逐漸併合建立大和朝廷。以後大和國家更擴張領域指向關東和東北，於是「征夷」討伐蝦夷的戰役一再發生。結果蝦夷或被鎮壓或被壓縮退向東北以北，以至北海道。

古代國家對於未被納入統治的東北居民稱之為Emishi（蝦夷），為擴大領域實施的政策有二：先是「移民」設置城柵、郡國（大化改新645年）。繼則「征伐」，始於公元709年律令國家體制建立之後，持續將近1百年至811年才終止。

東北俘囚國家的大反亂

蝦夷原本以狩獵捕魚為生，被征服後農民化者被稱為「俘囚」（fushiu），有的組成軍隊叫「俘軍」，成為國家的兵力。在平安時代（9～12世紀），被移配到各國（郡國）的俘囚擔任九州對外的防備工作。

前九年之役

蝦夷的勢力在奈良政府長期的「移民」與「征夷」的領域擴大政策的結果大受折損而縮小。公元11世紀的中葉，蝦夷「末裔」連續發生兩次「變亂」的戰役。

蝦夷的末裔，在平安時代的中期有兩大勢力，一為席捲陸奧（岩手縣中南部）的安倍氏。一為控制出羽（秋田縣中央部）地方的清原氏。

這兩大勢力分別在邊境建立半獨立的俘囚國家。先是陸奧的安倍氏對中央抗拒貢租與徭役引發征伐，戰役持續九年是為「前九年之役」。結果，出羽的清原氏竟然接受政府的招諭出兵支援而消滅了「自家同胞」的安倍氏（1062）。

後三年之役

在前九年之役的延長線上發生了「後三年之役」。清原氏以協助政府軍消滅安

倍有功，因而「接受」了安倍氏的六郡領地，成為奧羽一帶的第一豪族。這事又引發清原氏與藤原氏（京城下放土著化的地方官）爭執，政府支援藤原氏而消滅了清原氏。這次後三年之役，藤原氏將政廳移至平泉，開啟了奧州藤原氏三代的榮華時代。平泉的「黃金」創造了今日世界文化遺產的榮光。

第5節 琉球人與騎馬民族說

狀似漢人的琉球人

沖繩原本是琉球王國的國土，公元1879年明治政府將琉球王國「處理」掉改制為沖繩縣。惟時至今日，學術上尤其是地理學上有「琉球」而沒「沖繩」。

由於地理位置的關係，琉球王國在德川幕府成立後沒幾年的公元1609年遭南九州的薩摩藩軍事侵攻，使琉球成為島津氏（藩主）的附庸，琉球國王變成德川將軍的陪臣。以後每逢將軍即位，琉球就得派遣慶賀使團參上江戶（今東京）。

當時數百人的慶賀團人員穿的衣服都是漢式服裝。使節團員的官職名稱都得用中國語發音，連飲食的動作、言行樣態也是中國式的。這樣顯示琉球被認為是薩摩附庸的「異國」。

江戶2百多年間，薩摩藩所導演的這種琉球使節團的「江戶參上」漢文化習俗戲齣的形象浸入人心。結果，連著名的學者新井白石也認為琉球「中世之俗與日本同，近世之俗幾與漢同。」（《南島志》）

近代以來，一般大多有一種印象，就是琉球（沖繩）人不是日本人，似乎是異民族，像是跟中國人接近。這是沒有意義的假定，筆者想像，二次大戰日本如果沒有戰敗，長久下去，台灣人亦會變成日本人吧。

檢驗琉球沖繩人的「身分」

從人種、民族的觀點來看，沖繩人是否為日本人、日本民族？或者是哪種人？

這有幾個面向可為依據：體質人類學、語言和習俗等。前一項是先天的，遺傳的血統DNA最可採信。語言當然是民族的代號，畢竟是屬於後天，可以學習移植的。至於風俗習慣亦不過是「身外之物」，入境就隨俗吧。

首先從體質人類學來檢驗沖繩人和日本人之間有什麼關係。過去明治、大正時代，認為沖繩人「雖然類似日本人，卻是有相當差異的集團」者有之，而亦有人認為是「日本人中的一個地方族群」。惟昭和以後，由於調查漸多，各種相關科學研究，後者的說法漸明確化。

（1）型態上顯著的特徵：沖繩人比起本州和九州的日本人，鼻子低、身高矮。

（2）顏面上，眼瞼有蒙古褶者比本土的日本人多，雙眼皮多。

（3）沖繩人的體毛比一般的日本人多。

（4）沖繩人的腋臭和耳垢比日本人多。

不過學者的意見認為這些「差異」還是在日本人全體的變異幅度內的一個分支。由於島嶼的特殊隔離的地理環境，阻隔了對外交流與緊密的島內結婚，一種疏遠的「近親結婚」而演變衍生了跟其他地方不同的形質特點。不過，先史時代的體格還是遺傳至今。

沖繩人的起源說，從文化習俗來看，金關丈夫提出的「假設說」，認為沖繩的文化裡有南島美拉尼西亞文化要素，亦即從印尼北上，經菲律賓、紅頭嶼、火燒島（即綠島）、八重山、沖繩來到日本本土。

南太平洋的南島民族夾帶語言和文化要素北上經由台灣、沖繩到日本，順循黑潮暖流或海風已是「常識」。著名的語言學者橋本進吉在《國語學概論》（P60）將日本的方言分類為：本土方言，包括東部、西部和九州三方言。琉球方言包括奄美大島、沖繩和先島三方言群。筆者僑居日本東京地方已半世紀，去岩手縣、關西、九州和沖繩有些方言聽不同。但方言的現象存在不能即斷定為「異民族的語言」。別說福佬人聽不懂北京語，不解客語，在同安（福建）搭巴士去漳州的車內，有不少基礎用語（包括數詞）都聽不懂。

騎馬民族征服說

　　日本人，日本民族構成、融合的成員有幾多種族、族群，在第4世紀建立了「日本國」基盤的大和朝廷（奈良地方）。從大和王朝建立的過程來考察時，有一種主張顛覆了長期以來的常識，那就是「騎馬民族」征服王朝說。

江上波夫的主張

　　戰後不久的1948年，東京大學教授江上波夫在一場「日本民族＝文化的源流與日本國家的形成」的座談會上提出日本國家的起源是「東北亞騎馬民族的征服日本」說。其後，1967年出版《騎馬民族國家》（中央公論社出版），展開並確立此一學說。

　　根據江上的說法，在考察古事記、日本書紀的神話、傳承的結果，認為外來民族的「天神」（天孫降臨）征服了先住民族的「國神」而實現了日本國家。

　　這個過程分為兩個階段：第一階段是所謂「天孫降臨」，公元第4世紀前半，東北亞系的騎馬民族（與夫余、高句麗有關係者）以新銳的武器與馬匹侵入支配南朝鮮。不久在任那（弁韓）建立基地，進而侵入北九州（筑紫）。

　　第二階段是，4世紀末到5世紀初，同是天孫族的「神武東征」，從北九州進入（京）畿內（奈良地方），建立大和朝廷，實現在日本的最初的統一國家。而這兩階段的外來騎馬民族征服日本（土著民族）建國者，在「記・紀」神話傳承中的天皇，前一階段是崇神天皇，後一階段為應神天皇。

　　照這個說法，顯然日本人、日本民族的成員，除了史前遠古的（原）住民，有繩文人、彌生人，還有蝦夷、琉球人以及來自大陸的東北亞騎馬民族。而且彌生人中包括華南沿岸的吳、越、閩系族群以及南島系的種族。

　　日本列島位置在歐亞大陸的東端終站，有史以來由於政治、經濟的諸多要因，各種民族族群遷徙聚會而融合混和，外觀單純，內涵卻相當多元。

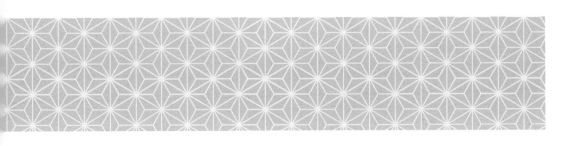

第Ⅲ章

日本史上的人口變遷

第1節 史前時代的人口狀況

一、舊石器時代的人數

在沒文字的史前時代，日本列島上最古早的人，亦就是在群馬縣岩宿所發現的黑曜石的石器（無陶器）時代的人，經過研究後被認為是3萬年前的舊石器時代。當時的人口數有多少，無從得知。

距今1～2萬年前的舊石器時代的遺跡，諸如濱松市的濱北人和沖繩的港北人等，被發現的都是化石人骨而並非集落或居住遺跡。當時人們的生活工具僅有石器，以漁獵採集為生，大多居所不定，很難調查推估人口數。

後來，大約在1萬多年前，日本列島上生產有陶器的新石器文化繩文人開始登場。繩文人的生活上各種遺物，住居遺跡等都能夠很清楚地重現。這樣的繩文時代大約持續到公元前第10～6世紀。

到了繩文時代的晚期，另外一大「股」移民潮從西北邊和西邊湧入日本列島，在九州開始稻作農業文化，從採集經濟進入生產經濟的時代，這就是彌生時代。

由於稻作農業生產確保了食物來源，經濟生活改善而安定，聚落形成發展。同時人口急劇增加，容有地域別的差異，但全體來看，人口數跟經濟生活的連動關係是正面的。

二、繩文時代的人口

如上所述，繩文時代綿延了將近1萬年之久。在這1萬年的期間，日本列島的人口有多少，畢竟很難一概而言。

根據學者專家的研究，繩文時代依據陶器形態的分類可以分成早前中後晚共五期。這五期的人口數時多時而減少。

人口變動，跟生活環境條件關係至為密切。人類除了食物以外，居住、穿著的

材料來源，以及地形、氣候等風土，尤其冷暖溫熱或天災地變息息攸關。

繩文的遠古時代，日本人的人口變動，人數的推估主要是根據三種遺跡的情況：（1）遺跡的數量，（2）居住地，和（3）聚落的規模。

這方面的研究，根據考古學者山內清男的推估，包括北海道全體人口數少時15萬人，多時達25萬人。從遺跡數去推估人口數雖然有相當的冒險性，不過小山修三卻更進一步調查時代別和地域的遺跡數，這方面可參考文物保護委員會於1965年編印的《全國遺跡地圖》全47卷。

時代別分為五期，地域別則除北海道和沖繩之外的本土九地域。再參入聚落的規模要素。從擁有詳細數據的東京以及關東地方的遺跡去推估各時代聚落規模（人口）。

這樣得出來的結果，繩文時代的人口，早期2萬人，前期到中期達到最盛期，從10萬增加26萬多人。過了中期以後，人口逐漸減少，尤其是晚期（公元前2900年），由於日本列島全體寒冷化，人口急劇減少，從16萬人減少到7萬6千人。（參照鬼頭宏《從人口解讀日本的歷史》）

繩文人的平均壽命

這裡順便來看一下繩文人的平均壽命。從墓地、貝塚和崩壞的住宅出土的人骨是提供解讀繩文時代人口現象的適當資料。

考古人類學者小林和正對全國各地發掘出來的人骨的死亡年齡進行研究推定。15歲以下，尤其乳幼兒的骨頭不容易殘存，予以排除。生長到15歲以後的死亡年齡，男性最多30～34歲，女性為20～24歲，可能由於生產關聯的死亡。20世代的死亡近乎佔了半數。活到50歲的很少，60歲以上的高年者更稀少了。

繩文人的平均壽命顯示當時的人極其短命。15歲的人，其餘命是男16‧1年，女16‧3年。換句話說，平均歲數約只有31歲。這比起現今動輒7、80多歲的平均年齡，實在相差懸殊。而且跟江戶時代後期（18～19世紀）可活到55歲

左右的狀況比起來，亦太短命了。況且如果連活不到15歲就死亡的也加以考慮進去，則短命的現象更令人驚訝。

第2節 彌生時代到奈良時代的人口

　　日本沒有文字的史前時代晚期，彌生時代，通說從西元前7、8世紀到西元第3世紀中葉，前後約1千年之久。而奈良時代是日本國家成立後，經過大和朝廷（350～590A.D）和飛鳥時代（590～710A.D）之後約80年（710～795），亦即剛好是公元第8世紀的時代。

　　在這前後長達1,500年左右的期間，較早的彌生時代的中期以後（西元前第3世紀）由於稻作農耕以及鐵器的傳來，生產經濟的飛躍發展，人口急速地增加。到了奈良時代，國家成立後，強犟的政權支配下，戶籍、人口的調查留下相當的資料，可資了解當時的人口狀況現象。

一、彌生時代的人口狀況

　　西曆前第3世紀時，稻作農耕集合體的新文化傳來北九州後，逐漸傳播到西日本各地。這種生產經濟的發展給日本人的生活史引起了重大的轉變。其結果是人口的開始增加，此一人口成長一直延續到第8世紀，是為日本人口史上的第二波人口循環。

　　根據前述鬼頭宏（P16～17）提供的人口變動表，彌生時代日本列島（北海道、沖繩除外）全人口數約60萬人。不過這個數字在同表中，時間上是1,800B.C，應是繩文晚期、彌生早期，據說那時非稻作的原始農業可能已經開始了。

　　採集來的植物果實、根莖的栽培，可以說是一種「農耕」。繩文晚期的遺跡甚至發現旱稻的痕跡，只是這時米食還不是主食，對生活的影響不大。

二、奈良時代的人口狀況

西元350年日本統一國家的大和朝廷（奈良縣）成立以後，經過飛鳥時代（590～710），前後有360年。飛鳥朝於公元710年遷都到奈良（市）是為平城京，進入奈良時代（710～793）。

在這360年間，對於人口調查、戶籍文書的作成，歷史上有著名的「庚午年籍」。事在飛鳥朝的天智天皇9年（670）。

這20年後（690），準此進行第二次「一齊造籍」，而且六年一次修改律令制式造籍。公元701年正式的大寶律令法典完成，翌年就留下現存最古的戶籍文書（現存奈良的正倉院）。

公元第3世紀中葉的邪馬台國時代，跟女王卑彌呼同時代的陳壽，在他的正史名著《三國志》第30卷〈東夷列傳〉的「倭人傳」內，對當時的邪馬台國的戶（家）數有所記述。

倭人傳載，邪馬台國女王屬下有三十國（限於九州和近畿），記明有戶（或家）數者八處，分別為；①千餘戶、②三千許家、③四千餘戶、④千餘戶、⑤二萬餘戶、⑥千餘家、⑦五萬餘戶和、⑧七萬餘戶。

這些戶數總共有15萬餘戶。（前述鬼頭宏著作P52卻作15萬9千餘戶）。問題是每戶大約有多少人？根據3～5世紀的住所遺跡推斷，每戶的規模假定為10人，則八國的人口數為150萬人。惟這不僅沒包括其他22國的人口，並且東日本的人口亦沒估計在內。鬼頭氏認為用繩文晚期到彌生期的增加率推估，則當時的人口應該有220萬人左右。

第8世紀奈良時代，據澤田吾一和鎌田元一兩人的推計，在公元725年的時段，總人口數大約在500萬人（鎌田）～560萬人（澤田）。

公元794年，從奈良遷都到京都，是為平安時代（794～1185）。在這3百多年間，日本的人口只有自然增加率的增加，並不曾有顯著激變。以1150年為準，全國人口約650萬人。這從平安初期的550萬人看來，300年間才增加了100萬人。

第3節 平安時代後中世的人口

一、第三波的人口循環

　　彌生文化的發展帶來了人口的大量增加，公元第3世紀以後至第8世紀的奈良時代可以說是第二波的人口循環。這個成長的趨勢，過了第8世紀開始鈍化。渡過京都平安時代，第11世紀以後到第12世紀，人口成長鈍化而停滯。

　　從第10世紀到13世紀這幾百年間，長期的趨勢看來可以說並沒大的變化。惟第12世紀特別是1181年，氣候的溫暖化、乾燥化一再帶來旱災，造成大饑饉，加上疫病的蔓延，在西日本尤嚴重。

　　人口成長的第三波，據推測是開始於第14、15世紀，其後持續了4～5百年到18世紀。

　　第14世紀初發生了兩件政治上的大事件，先是日本史上第一期武家政治的鎌倉幕府（1186～1333）滅亡，繼則第二期室町幕府的成立（1338）。同時進入南、北朝的對抗時代，將近一甲子後才南北朝合體（1392）。

　　第15世紀的中葉，在京都發生了日本史上「無謂」而悲慘的戰亂，20多萬軍隊對戰了11年，京都被燒成焦土，史稱「應仁之亂」（1467）。接著進入群雄割據113年的戰國時代（1477～1590）。

　　在經過這政治動亂之後，料必是有一番「痛定思痛」而對於生產力與人口問題再度引起關心，實際上進行調查是在16世紀以後。

　　16世紀是日本史上的戰國時代，割據各地的大小諸侯為了「富國強兵」，軍隊的來源，兵糧的增產，賦課的徵收，在在必須掌握土地與人口的實況。豐臣秀吉在統一全國的過程中，逐次實施丈量地積。各地諸侯的戶口調查在進入江戶時代（1603～1867）以後也不斷地盛行。

　　17世紀初的全國人口數，據吉田東伍的推估為1,800萬人。速水融認為吉田依

據每人每年消耗1石米來估算不合理，而推估為頂多1千萬人。不過鬼頭宏的前揭書中的表則推估總人口數為1,227萬人。

　江戶時代長期和平，不曾有大規模的動亂，尤期是前期的人口增加率，可謂「人口爆發」的時代。到了中期、後期則是處於停滯的時代。

　江戶幕府於1721年，第一次實施全國人口調查，得2,605萬人。惟這個人數，只限於一般庶民，至於武士、朝臣以及被差別民（賤民階級），一部分都市民和年幼人口都不算在內。所以被遺漏人口估計多達4～5百萬人，亦即18～19世紀的人口數應有3千多萬人。

二、第四波的人口循環

　幕府最後一次調查所得（1846年）更正人口數為約3,230萬人。這比距125年前的調查（1721），人口才成長了1百萬人。在3千萬人中，平均1年增加不到1萬人，顯然人口在停滯。這亦表示第三波的人口循環面臨終息的局面。同時，19世紀的後期的人口增加，兆示明治期人口增加，人口的變動由於工業化而進入第四波的循環時代。

　公元1868年，倒幕運動的結果，王政復古，明治天皇從京都遷都東京，推行新政，史稱明治維新。從生產經濟與人口變動的側面來看，是工業化的生產革命帶來了人口的高速度成長。

　明治5年（1872）開始的近代戶籍制度時，日本的人口數為3,481萬人。29年後（1900）人口急劇增加了1,104萬人，總數為4,385萬人，亦即平均每年約增加40萬人。再過20年，1920年（大正九年）實施了第一次國勢調查，人口數增至5,596萬人。亦即20年間增加了1,211萬人，單純平均每年增加60萬人。

　第四波的人口循環並非開始於明治初年（1860年代），實際上，江戶末期（18世紀末，19世紀初）的經濟發展開始誘發人口的增加。日本的工業化始期在1880年代，人口成長的始動早在這半世紀前。全國人口在1792年減至最低，以

後轉向回昇。到1822年幾乎完全回復了。6年後的1828年的人口數創下了江戶時代的最多紀錄，約3,265萬人。然後慢慢地增加而銜接明治期的人口成長。

在這個「前工業化」時期，新田的開發，海運的發展、開港，西洋醫術的引進，在在都是支持人口成長的要素。

從工業化展開以後，創生的產業革命的基本特徵，厥為文明所依據的能源：石油、煤炭、天然氣、核能原料，水力發電等生物資源改變為這些非生物資源。這些非生物的能源大規模的使用，促成了未曾有的經濟成長與人口成長。

因為能源的革命，不用薪材而林野減少，耕作地大量轉向為糧食生產。工業生產物大大地提高了農業生產力的水準。例如機械的引進，農藥、化學肥料的投入都是最出色的。

第4節 近代化的人口動態

20世紀後的日本社會，1920年代可以說是日本人口的一個轉機。直言之，就是人口近代化的開始。伴隨着工業化的進展，近代都市生活的形成，以至於都市化乃益形展開。

從日中戰爭到太平洋戰爭（1937～1945），日本人犧牲了3百萬人。這個大「缺口」在戰後復興的過程中，於1950年人口數增為8,390萬人。其後，由於經濟的高度成長，1975年的人口數居然超過1億，為11,194萬人。事實上，在筆者剛來日本的1967年，日本人口已經突破1億人了。目前則已將近1億2千7百萬人。

然而近代人口的成長並非能夠永遠持續下去。據人口學者認為過了2007年，日本的人口會減少，而且，在21世紀的後半，甚至減少到1億以下，更認為2100年時，會減少到6,700萬人。（參照鬼頭宏前揭書P225）

現代的人口循環有幾項內容的突出現象如下。

（一）工業化的進展促成人口集中都市：大都市圈的人口聚集過密化，一方面山野農漁村地域人口嚴重過疏化。

（二）人口年齡結構的高齡化：65歲以上的人口於1997年超過年少人口。老少人口比率，1998年為107.6。

（三）平均壽命的延長：1921～24年時，男42.6年，女43.20年。1998年時男77.16年，女84.01年，使日本成為世界最長壽國。

（四）少產與小家庭化：晚婚和非婚者增加，家庭成員結構縮小。1995年平均每家2.88人，1920年時為4.89人。小家庭的演變造成了許多「孤單老人」之家。

下面附錄日本七大都市人口變遷供參考。

從表中所顯示，自明治維新以降，大規模工業化（1880）以後，人口多的大都市，尤其七大都市集中化。其中作為首都的東京，德川家康於1603年在江戶開創幕府，1867年末大政奉還天皇，翌年明治遷都江戶改稱東京。

包括幕府時的264年，以及明治以來150年的近代國家，這4百多年間，東京（江戶）一直是日本列島政治權力核心所在。由於東京的風土實在太宜人們居

日本七大都市人口變遷

1889年（明治22年）			1950年（昭和25年）			2009年（平成21年）		
序	都市名	人口數	序	都市名	人口數	序	都市名	人口數
1	東京都	1,389,684	1	東京都	5,385,071	1	東京都	8,489,653
2	大阪市	476,271	2	大阪市	1,956,135	2	橫濱市	3,579,628
3	京都市	279,792	3	京都市	1,101,854	3	大阪市	2,628,811
4	名古屋市	162,767	4	名古屋市	1,030,635	4	名古屋市	2,215,062
5	神戶市	135,639	5	橫濱市	951,189	5	札幌市	1,880,863
6	橫濱市	121,985	6	神戶市	765,435	6	神戶市	1,525,393
7	金澤市	94,257	7	福岡市	392,649	7	京都市	1,474,811

（明治22年日本帝國民籍戶口表）　　（昭和25年國勢調查）　　（平成17年國勢調查計算）
參照平凡社《日本地圖帳》

住，而且關東平野廣大的腹地，足以供養千萬人的大穀倉。無論氣候、地勢交通（背有大平野，面臨東京灣）之便，天惠予東京在政治之外，經濟、文化諸多方面居領導地位。

東京具有這些「得天獨厚」的條件，又是日本列島心臟的核心，讓東京的人口一直居全國都會之首。至於關西的魁首大阪市和關東的榜眼橫濱市（承首都芳鄰所賜），兩者在角逐第二位。尤其是橫濱人口的急成長，從19世紀末期的120多萬人，才1百多年增加到三倍的將近360萬人。

北海道的首府札幌，其人口最近躋身第五位序列，一方面千年古都的京都，雖然人口數有增長，序列卻在降低。究其原因，從地理的和風土的側面觀察，京都受困於盆地的侷限，更無法跟近鄰有港灣的大阪進行工業化經濟產業的競爭。

在文化發展上，京都的潛力不容懷疑。惟文化的力量屬於比較靜態，對於居住民的魅力遠不如外地來的（尤其是外國）觀光客。然則，話說回來，一處土地，一個都市是否適宜於人們居住，生活不能光看人口數來論斷。

像中國的人口十幾億，瑞士是個小國寡民，人口多寡不一定是生活環境好壞的唯一指標。

這裡想做一個不成比較的比較。嘗試比較一下日本、中國和台灣的人口。

如所周知，這三個「地域」，土地面積相差懸殊，領域的沿革時代亦迥異，人口數的比較未必具有任何意義，不過不妨「比」看看。

日本現在的面積為377,719平方公里，中國為956萬1,000平方公里，台灣為3萬5,961平方公里。亦即日中台的比是37萬8,000比956萬比3萬6,000。台灣最小為1，則三者的比例是：台日中為1：10.5：265.5，完全不成比例。

再看看三者的人口數的不成比較的比較。目前台灣的人口大約2,300萬人，日本是1億2,700萬人，中國大約為13-14億人，姑且作13億5千萬人。那麼台日中的人口數比是；1：5.52：58.70（人）。亦即，現在台日中三個國家的人口數的比例以台灣最少為1，則為1：5.5：58.7。中國為日本的10倍，台灣的58.7倍。

回頭來看一下過去這三地的人口數，不過時代不同，領域亦不同，人口數當然不同，這就真的只看看做參考，可不能拿來做「比較」。

先來看大國支那的人口變遷，根據手頭所知資料，有關戶口的記錄資料是，班固所撰的《前漢書》第二十八卷下，地理志第八下，有如下的記述：「……孝平凡郡國一百三，……民戶千二百二十三萬三千六十二，口五千九百五十九萬四千九百七十八，漢極盛矣。……」云云。

這裡的漢平帝是前（西）漢的末代皇帝，在位僅6年（西元前1年～西元後5年）即被王莽毒死。亦即西曆紀年開始的時代中國的人口有將近6千萬人。（按戶數約1,223萬3,000，則每戶的人口約4.87人）。這個時代日本列島屬於彌生時代，當時的人口，北海道和沖繩除外，大約是60萬人，亦即日中人口數是1人比100人，中國為日本的1百倍。此時日本還沒建立統一的國家，台灣的歷史更茫然，人口有多少可能沒人知道。

到了20世紀初，中國的清末民初以後，中國的人口數號稱4億5千萬。這個時期日本的人口數增加到5千6百萬人，亦即，日中的人口比是1（日本）：8.9（中國）。同時期的台灣，在日本統治之下，台灣的人口數大約304萬人（1908年，臨時台灣戶口調查部〈臨時台灣戶口調查結果〉參照）。

整理一下20世紀初頭台日中三地的人口比例如下：台灣304萬人、日本5,600萬人，中國4億5千萬人。三者的比例是，台灣（最少為1）1：18.4（日本）：148（中國）。

人口數是一個國家的國力的重要指標，人口多了不一定是國力增強，但是，人口減少，尤其是「激減」，那一定是國力趨於衰弱。如何保持一國一地的「相應」的人口數，應是要審慎的人口政策。

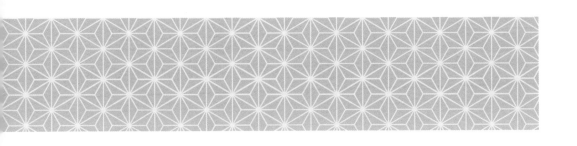

第Ⅳ章

日本的語言

日本人的語言指日本列島上的住民所通行的語言，亦就是日本民族的語言，日本的「民族語」。這種語言，「自古至今」是什麼時候，在什麼地方怎麼樣形成的？內涵究竟又是怎麼樣？換句話說，對日本民族語言的「形成史」及其「特質」的認知，是認識日本的重要途徑。而日本民族語的形成，跟日本「民族的形成」息息相關，可謂一事之兩面。

語言的三大支柱

　　每一種語言不一定要有文字，但是，可不能沒有音韻、語法和語（詞）彙這三種要素做為支柱。在比對兩種語是否同屬一種語系、語言家族，亦即是否系出同一的祖語（基語），判定的依據唯有從這三方面（要素）入手進行分析比對。

　　而語言三大要素：音韻、語法和詞彙當中，音韻（語音）可比喻為人的靈魂特質，語法可比之為人的骨骼結構組織，而詞彙則是衣履裝飾品或肥瘦形態。

　　這三種要素中，音韻的系統，音質特徵最為重要，音韻容或會有些微變化，基本上是牢固成型很少有突變、異變的現象。語法結構是語言構造組成的規律法則，其規律法則如同一國之「憲法」，象徵該語言的特色與其他語言之所不同的形貌。至於詞彙方面，它雖說語言所不可或缺的主要素之一。不過詞彙中，除了生活上的基本詞彙（如身體名稱、家族稱謂、數詞、重要的動詞、形容詞、助詞等）之外，很多詞彙，特別是文化的、科學的用語是可以跟其他語言借用的。

　　例如，日語中借用很多漢語（中國語），而台語裡有很多來自日語的詞彙，筆者所編的台語詞典中，即收錄了將近三百條常用的台語化的日語詞彙。因此詞彙，除了基本詞彙以外，不能作為比對判定語言系屬的依據。

第1節 日本民族語的形成

　　日本民族語（日語）的起源與成立，其探究的方法，學者之間互有不同的看法，主要的有「系統論」和「流入論」。

系統論是主張，拿日語的三大要素（音韻、語法和語彙）跟其他類似的語言比對，逐次「遡往」古代，尋找出同源的祖語，對這個歷程各階段的「旁系語言」的關係進行確認檢證的作業。

也就是說，日本語（和語）並不是最初在日本產生的，究竟在世界的何處有日語的祖先。它隨著不同時代而分裂為各種語言，而其中一種即移徙到日本而成為日本語。這種論述是屬於比較語言學的想法，拿來適用於日本語。

另一種「日語的起源」論認為「系統論」是無法成立的，而認為到底是哪種語言「流（輸）入」進日本人的語言裡，而且日本語是怎樣成立的「成立論」。

意思是說，在日本語成立的過程中，流進日語的究竟有什麼東西，以怎樣的方式做出了貢獻。日本語是許許多多的語言，一點一滴地灌注的方式成立的。

時枝誠在《國語學原論續篇》第六章（1955，岩波）裡就「河川圖式」和「樹幹圖式」比喻說：「國語史對於國語的掌握認為不宜從根源分化發展的『樹幹圖式』去進行，而應該視為是異分子的綜合，集合的『河川圖式』來進行掌握。」

一方面，安本美典提出「流入論」的樣版，就世界近五十種的語言，從音韻、文法上的特徵和基礎語彙跟日語進行比較結果發現有相當的「親近性」。其中主要的有：中國語、高棉系語、印尼系語以及主流的古代極（遠）東的亞洲語，還有緬甸系的「江南語」。

語言是民族的標誌，日本語即日本民族的標誌。那麼從日本民族形成過程的側面切入去接近日本語的形成不失是一種方法。

日本列島上，在群馬縣岩宿地方發現了3萬年前的黑曜石器，雖然未發現人骨，但石器是人所使用的，只是不知是什麼樣的人，使用什麼語言。後來發現了距今2萬年前後的化石人骨，在公元1萬年前，日本列島上的繩文人（古蒙古類人）是來自亞洲的南方及西南方。了西元前4、5世紀以後的彌生人則來自亞洲的北、西北方。這兩種人擁有不同的語言，他們在列島上混血，而語言也融合了。

根據語言學家的研究，認為日本民族語確實有兩種來源，即南方要素和北方要

素。北方說認為日本語是烏拉爾‧阿爾泰語的一種，可以跟朝鮮語連結說，特別是語法結構特徵。南方說認為日本語屬於馬來‧波里尼西亞語，（或澳斯特洛‧亞細亞語族），跟西藏、緬甸語可以連結，特別是眾多語彙的類似性。

此外，日本語在借用漢字表記，引進大量的漢語，亦是日本語大河中的「支流」，水量豐富，可以說是日本語（語彙）的一大特色。

第2節 日語的語言三大要素

日語的語言三大要素音韻、語法和語彙，各具特徵，構成日語之美，略述如下。

一、音韻：優美柔和的二音節語

日本語只有五種母音 a i u e o。音節的結構除了母音單獨一（母）音一音節之外，有二母音結合的複母音（韻）的音節，惟這些音節不多。最多的音節是子音和母音結合的二音節語。例如：miru（看）、kiku（聽）、yiku（去）、kuru（來）、aka（紅）、siro（白）、ama（天）、tsuchi（地）、kaze（風）、ame（雨）……。

音韻結構的特徵令人注目的有「母音調和」與「母音收尾」兩種現象。

母音調和者例如：雨barabara地下，淚poroporo地流，雷gorogoro地響，汗taratara地流……。這些音節中母音a~a，o~o前後呼應調和，特別是用於表象聲詞（擬聲詞）或擬態詞（台語的這兩類品詞亦很發達）。

母音的調和音節裡，亦呈現母音的收尾，雖音節亦有鼻音（n）的收尾卻不算多，而且日語裡沒後（奧）鼻音ng（ŋ），所有鼻音收尾都是n。日本人不但n和ng難區分，也發不出/ə/（注音符號的ㄜ）音。

語言的「軟性」特徵呈現在濁音部分。/b、d、g、z/這四種子音屬於濁音，北京語沒濁音，是一種「硬」甚至有「刺」的語言（音韻），台語裡濁音很發達。而日語的濁音不但豐富，有很多音節連續讀時，後一音節的子音都會濁化。

例如：人人（hitobito），遙遠（harubaru），隅隅（各個角落）（sumizumi）、輕輕（karugaru）、高高（takadaka），富士山（Fujsan／

Fujizan），新橋（Shinhashi／Shimbashi）。

母音調和，母音收尾和濁音現象呈現語音的柔和軟性，容易和曲調配合和協，歌詞顯得優美。

二、語法：連音變化的膠著語

語言的種類，從音韻區分時，主要的有單音節語和複音節語兩種。從語法的語意論觀點，可分為三種：孤立語、膠著語和屈折語。

孤立語指語言的詞彙基本上是單音節的，如漢語、台語。屈折語（Inflexional language），指各種詞根（幹）／root和語法上擔任不同職務功能的各種形式（form），零件（parts）彼此配合運用時，forms或parts會融入詞根內而埋沒掉（失去原形）成為一個新形體，很難看出兩者的界線，已經成為一個新詞。例如印歐語（英語等）；beauty、beautify、beautiful、beautifully、beautification、beautifulness、beautifier。

膠著語（Agglutinative language）又叫粘貼語或添加語。兩個音節合成為一個新詞時，其中一個音節會引起音聲變化，以濁聲化現象最普遍。（上述各例之外）

例如：三（san）和千（sen）→三千（sanzen），樣（sama）疊字→樣樣（samazama）。

日語裡，要表示名詞的「格」時名詞本身的形態（shape）不必改變，但必須伴隨以助詞（te、ni、o、ha~wa）。動詞、形容詞則跟著用種種形式變化活用。

例如：買→買（ka）i（名），要買（ka）u~買（ka）imasu（動）。買（ka）eru~買（ka）emasu（能買），買（ka）imashita~買（ka）atta（買了）。買（ka）atte（買的中止形），買（ka）ware＋ta（或mashita），意為被買去（走）了。買（ka）imashita是買了，而買(ka)emashita是買到。

像這樣詞根固定不變而詞尾變化交替是孤立語所沒有的，屈折語雖詞根固定，而parts卻已失去「自主性」，融入詞根內成為一個新詞，這跟膠著語又不同。日語之外，朝鮮語、滿州語等烏拉爾·阿爾泰語族的語法結構屬於這種膠著語。

三、語彙：善於運用外來詞和敬語詞

日語的單詞（word）或詞（語）彙（vocabulary/words and phrases）的形成：對於新出現的事物或概念的表現方法之一，首先是用既有的語詞予以轉用代替。惟這種方法有時會跟「舊詞」的涵義衝突，或被舊詞義所「綁架」，因而還是直接了當地借用原義的詞語（原語）。

這種借用的詞語，亦即借用詞，也就是外來詞。過去日語的借用詞大多來自漢語和蝦夷語。近世以來則以歐美語、東南亞為多，以致「外來詞」即指這些詞語。而且，漢語多用漢字，而其他外來語則專用片假名。除了上述以外，歷史上各時代被引進日語的外來詞大略如下。

第5世紀左右，漢語大量流入，第6世紀中葉佛教傳入，跟著梵（印度）語起源的詞語也被輸入。當初採用漢字（讀音是日語音韻），書寫漢字、漢語，不啻是語言文字的一種漢化。一直到明治時代，正式文章都是「漢文」（漢字文言文）。

16世紀葡萄牙和西班牙語進來了，接著17世紀荷蘭語，19世紀時英語、法語以及德語俄語和意大利語接踵而來，今天的日語裡幾乎塞滿了世界大語族的詞彙。不過，日本語並沒失去它的自主性和主體性而變成外來詞的殖民地。

第3節 善於運用敬語詞

日語的語言三大要素，音韻、語法和語彙中，音韻的柔和優美，語法的膠著黏貼式細微精密，加上語彙豐富的外來詞，再有就是「用詞遣字」的鄭重親切與心存敬意的敬語詞之多，展現了這種語言的高度文化的「風格」。

「御」的敬語權威詞

一般敬語詞的使用，最普遍而突出的字詞為「御」（讀音go，亦讀o，有時讀mi），「御座居」（gozai）：表示有或無的詞根。助動（接在動詞之後）的masu（否定為masen）。

日語的敬語詞彙豐富，使用廣泛，這裡只介紹較突出的飲食文化敬語和較常用的例子。日語對飲食方面的語詞，物品的名詞或相關動詞都得使用敬語。

　　物品名稱：米（okome）、水（omizu）、茶（ochia）、酒（osake）、鹽（oshio）、醬油（oshoiu）、醋（osuu）、糖（osato）、碗（owan）、筷子（ohashi）、碟子（osara）、米飯（gohan）、粥（okayu）、蕎麥麵（osoba）……。

　　餐桌用語：開動時說itadakimasu（接受、接受進食），請對方用餐說meshiagarimasu / meshiagaru（請吃、喝）。用餐完畢說gochisosama（表示感謝）。

　　用得最普遍的敬語詞是「御～」（o～、go～）。「有」是gozaimasu（亦說arimasu），「無」為gozaimasen（或者是arimasen）。「拜託」是onegaishimasu，向對方詳細說明是moshiagemasu，請對方說是oshattekudasai。請對方做某事是「動詞」＋kudasai，不過如果表（動詞）肯定，則在動詞尾接「te」，否定時接de（濁化）；請「來」是kitekudasai，請「別來」是konaidekudasai。請「吃」是tabetekudasai，請「別吃」是tabenaidekudasai。惟通常表否定時，比較少用或省略掉敬語kudasai。

人稱代名詞稱謂的敬語複雜

　　日語裡的人稱代名詞，不論是第一、第二或第三人稱都十分注重使用敬語。第一人稱的敬語是對自己謙稱，第三人稱也普遍地用敬語，最常用的是kata（漢字寫成「方」），類似華語的「位」。「這位」是konokata，「那位」是anokata、sonokata，「哪位」是donokata或donata，「諸位」是katagata。

　　人稱代名詞的敬詞以第二人稱最重要，用法極其複雜。這裡介紹會話、對話或信函中的第一人稱和第二人稱的敬語詞彙和用法。

　　第一人稱的用語詞彙有；

①boku（僕）、②ore（俺）、③washi（私／我）、④watashi（私／我）、⑤watakushi（私／我）、⑥settsha（拙者、鄙人）、⑦wuchi（內／我、我們、

咱們）、⑧zibun（自分／自己、本人、自身）、⑨ware（我/自我、自己）

　　這八個第一人稱詞彙中，除④⑤⑦⑧以外女性不能使用。女性能使用的加上⑥都可適用於敬詞，而①②③⑨都不是敬詞。

　　人稱代名詞的敬詞以第二人稱代名詞最重要，詞彙多用法可很複雜。先來看一下第二人稱代名詞的詞彙比較常用的，分為非敬詞和敬詞。

　　A、非敬詞：你

　　①omae（御前）：原敬詞，今用於同輩或下屬。②kimi（君）：非敬詞，也非貶稱，通用於omae和anata（貴方）。③nanzi（汝、爾）：同omae、sochi（其方）。④kisama（貴樣）：原為對上輩稱呼，今為對同輩、下屬，同kisama、omae、kimi。⑤sonata（其方）：稱下屬/晚輩，同omae、nanzi、sochi。 onore（己）：自稱時同ware、watakushi，對稱時為對下屬、晚輩。惟多用於貶稱對方責罵時，義同kisama（④）、koitsu（此奴）。⑦sochi/sotchi（其方）同⑤，sotchi是sochi的促音化。⑧koitsu（此奴）：貶稱對方，罵人時，意為你這個傢伙、壞蛋。⑨ōmi（御身）：同omae、nanzi、sonata。⑩onmi（御身）：多少含有敬意，同anata、kimi。⑪onushi（御主）：用於對稱同輩以下者同omae、sonata。

　　B、敬詞：您

　　①anata（貴方、貴男、貴女）：第二人稱代名詞，稱呼對方含有敬意最普遍常用，惟表感情（情緒）成分濃，如果情境失當，反而失禮（詳下）。②anatasama（貴方樣），③anta（anata的音便）。④omaesan（御前樣）。⑤otaku（御宅）：敬稱對方的住所、丈夫、人。⑥kiho（貴方），同anata，kikun（貴君），kiden（貴殿）。⑦kikun（貴君）：同anata、kimi、kikei（貴兄）。⑧kiden（貴殿）：同anata、kika（貴下）。⑨kika（貴下）：同anata，貴殿。⑩so-natasama（其方樣）：同sochiranokata（其方之方<位>），意為您家裡（寶眷）。⑪danna（旦那）：晚輩下屬稱乎尊輩，妻謙稱自己丈夫，尊稱陌生男性、先生、老爺。⑫dannasan（旦那樣）：尊稱他人的丈夫，您先生（老爺）。

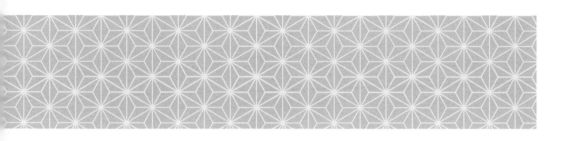

第Ⅴ章

日本的文字

現在的日本人對日語的表記，日文的書寫所動用的文字主要的有三種：漢字、平假名和片假名。現代日語裡，除了這三種以外，也有混入阿拉伯數字和羅馬字（如Yシャツ、X線、JR、OB、OL等）的表記。

這種情形，很像台灣的華語引進台語而動用羅馬字，如A錢、很Q、卡拉OK、B腳、C腳（咖是誤字）等。

古代在奈良時代（710～793），除了漢字以外有萬葉假名，稍後它和平假名及片假名併用而尚未分化。平安時代（794～1185）的中期9世紀末，平假名才完成文字體系。10世紀時萬葉假名使用的不多了，主要地使用起片假名和平假名來。

這三種假名中，萬葉假名是使用漢字的字音來對日本語的表音式書寫的方法。這樣的漢字用法叫萬葉假名。而平假名和片假名都是從漢字演變制定的字體。

第1節 漢文漢字的傳來日本

日本原本沒自己的文字，最初「流進」日本列島的文字是漢文漢字。有關日語的紀錄文獻，現存最早的是第8世紀初葉完全用漢字漢文編纂的《古事紀》、《日本書紀》和《風土記》等書。

換句話說，漢字的傳來最遲在第7世紀（飛鳥時代）前。那麼究竟漢字是什麼時候，怎樣傳來的呢？

「漢委奴國王」印

在第8世紀初，古事記成書（712）以前，日本本身沒文字記錄，有關日本的資訊，主要的透過中國方面或朝鮮方面的記錄。

公元第1世紀的後半，日本人的祖先倭人跋涉渡海，遠道前往洛陽（東漢的首都）去尋求文化的記錄出現在中國的「正史」《後漢書》卷一一五，列傳第七十五「東夷傳」，關於倭人的地理風俗及倭（奴）國被漢帝授以金印的記載：

「倭在韓東南大海中，依山島為居，凡百餘國。……通於漢者三十許國，皆稱王，世世傳統，其大倭王居邪馬台國。……」

又云：「建武中原二年（按即劉秀在位末年，西元57年），倭奴國奉貢賀使，……光武（帝）賜以印綬。安帝永初元年（西元107）倭國王帥升等獻生口百六十人願請見。桓靈（兩帝）間（146～189），倭國大亂，……卑彌呼……共立為王。」

從這些記述，大略可以窺知，在公元第1至第2世紀的兩百年間，日本為小國林立停留在「部落社會」國家群的時代，卻仍積極冒險跨海遠至洛陽向（中國）漢朝獻殷勤而獲賜金印，曰「漢委奴國王」印。得到漢朝（當時的世界最強大國家）的加持，可以威鎮諸部落國家。這也是日本統一建國過程的一個必要的重要階段。

做為歷史見證的這顆金印，於公元1784年（江戶幕府中後期），在北九州（筑前國）的那珂郡志賀島村的田中，被農民甚兵衛發掘出來。

公元57年，中國後漢光武帝賜授日本眾多小邦國之代表國王以「漢委奴國王印」（金印）。

金印的綬在土中已腐爛不存，印本身完好，真是奇蹟。金印的大小為2公分見方，附著蛇形的抓捏。印面的文字完美無缺。

這顆金印是「大漢」的皇帝所賜，那麼貴重的寶物何時、如何被「丟棄」在田土裡？一直是個沒解的「謎」。但是想想從公元57年到1784年被發掘出來畢竟也經歷1,700年的歲月。好在「金印」的存在並非「偽造的」，而是有歷史文獻—《後漢書》有記載的佐證。這才顯示它的寶貴，令人關注，因為它印證了歷史的真實故事。

「漢委奴國王」印的頒授東傳日本，至少可以說公元第1世紀中葉以後，日本已經有了漢文字了。第3世紀初，根據陳壽的《三國志》第三十卷，魏志東夷傳的倭人傳記述同時代的「倭國」：舊時（即漢時）百餘國，今三十國，跟魏的來

往頻繁。魏屬帶方郡（現今的首爾）的太守派遣校尉、行政官等至倭國，而倭的女王亦遣使至郡邑，要求詣謁魏帝朝獻。魏不僅回報以制詔「親魏倭王」卑彌呼，而魏吏有長期滯留倭國者。

漢委奴國王印

魏倭兩國間的交流，外交語文至少必有漢字文。那麼倭人會說漢語，不能說漢字文都闕如。魏的使者肯定有將漢字文帶到日本，而倭人總不至於對漢字文不加學習、研究。

事實上，第3、4世紀曾經出現了「鏡銘」和「刀鏡」之類的漢字文。不過漢字文典籍的傳來究竟何時？根據《古書記》（712）或《日本書紀》（720），這兩本日本最古老、全部以漢字撰寫的文獻的記載：大約第5世紀初朝鮮百濟的歸化人大量移入日本，漢籍跟著傳入。具體說明了百濟學者阿直岐（《古書記》作阿知吉師）和王仁（《古書記》作和邇吉師）傳來《論語》和《千字文》。

一方面從中國大陸流進來的典籍大別為兩類：一是（儒學）經典《論語》、《孝經》以及《史記》、《漢書文選》等中國的漢籍。另一種是漢譯的佛教經典，《妙法蓮華經》、《大般若經》等。這些典籍最初可能經由朝鮮傳入，後來就直接傳來。

第4世紀初，中國的華北、北方民族大規模南侵，爆發了華北的大動亂，北方人大遷徙流徙。西晉滅亡，東晉在南京支撐。大陸的政治動亂，必然會逼使大量集團的流亡遷徙海外，朝鮮和日本是便捷的目標地。

就在中國大陸政權衰弱之時，適是周邊的國家轉強的時機。第4～5世紀，正是

日本眾多小國被統一起來建立大和朝廷（350～590）的強固政權的時代。

第2節 漢字的讀音與假名

漢籍大量傳來日本以後，對日語來說是異語言的表記書寫的文字，不拘是字音、文法以及字彙都是異質性的。

漢字是一個字表記一個音節（syllable），而不是表記一個音素（語音的最小單位phoneme）。漢字的音節由聲母（子音/inital），韻母（母音/vowel）和聲調（調/tone）構成，相較於假名（是一種字母）有聲和韻而沒聲調要素，所以假名不具含義，而漢字則寓有詞素（mopheme），一字至少表一個意義（詞義）。因此漢字是典型的表意（亦是形意）的文字。

由於漢字每個字都是獨立性表音又表意的文字，屬於形聲字。每一字表一音節，又寓有詞素，漢語是單音節語。每個字可以獨立運用來表語言，因而漢字用自由「排列組合」的方式就可形成語句、文句。語文法上，它是以「序列」的方式組成語、文。其特質就是孤立語（Isolating language）。

接觸到漢字，首先要先認讀它的「字音」。惟漢字的字劃多而複雜，又沒標註字音讀法的音標或符號。第3世紀時，曹魏的孫炎著《爾雅音義》，發明反切之法，用兩個漢字替一個漢字標注讀音。後來這個漢字音的標注法（反切）亦被日本人接受了。

面對漢字，除了讀音亦要解讀字義。字音與和（日式）訓的識別，所謂音義、訓釋的研鑽與傳述，對漢籍原文的訓讀、訓法的注記而發明了「訓點」這種方式。

所謂「訓點」是指訓讀符號。讀漢文時，標注在漢字旁邊和下方的日文字母（假名，多是片假名）以及標點符號。而訓讀（kundoku），意為翻譯式的讀法。亦即用日語來讀漢字，在漢文上面標注訓點（訓讀符號），按日語的文法語意來讀漢文。

漢字的三種讀音

日本人用日語讀漢字音，基本上有兩種的方式：一是「音讀」（ondoku），二是「訓讀」（kundoku）。

音讀的原則是模仿中國首都的標準音。這又因為時代不同，標準音亦不同，所以漢字的日語讀音因而不同。

訓讀音則是將漢字的字義迻譯成日語音，亦就是一種翻譯漢字義的讀音。請看以下幾個例。

「上」的訓讀音有：ue、agaru、ageru、noboru、kami。

「下」的訓讀音更多：shita、shimo、moto、sagaru、sageru、kudaru、kudasaru、oriru。

這類漢字的訓讀屬於「一字多讀」。相反地有一種情形卻是一讀（音）多（漢）字的訓讀。

例如：「osameru」；修（身）、治（國）、納（稅）、收（鞘）…。

這些漢字的訓讀音是同一個音。又如訓讀為「hajime」的漢字有：初、始、元、一、肇等。

這種訓讀漢字的現象，讀法在台語裡，因為台語很多常用詞欠缺漢字，採用這種變通的辦法來處理表記問題。例如：

「給」訓讀為ho，「賢」訓讀為gau，「要」為beh，「玩」為chitor，「不」為m。

在台語裡，如果詞語有漢字（本字）就不宜用這種訓讀式的方法來訓用漢字。例如ho為「互」，gau為「勢」、veh可用「欲」、m用「毋」。

漢字在日語裡，有時要讀中國式的音讀，有時得讀日語式的訓讀。例如；

「青果市場」，讀seikashijo，而「青物市場」則讀成ao mono yichiba。前者音讀，後者為訓讀。漢語裡並沒有「青物」這個詞，它是日語就得訓讀。而「青

果」是漢語詞，被引進日語，就得讀它的原音（音讀），所以是seika。至於「市場」，雖說是漢字詞，日語也有，音訓兩讀ok。

要之，漢字用日語解讀時，是要音讀，或要訓讀，判斷的原則，基本上是：日本土產，土生土長的道地的「日本的」東西（人名、地名、物產品…）都要訓讀。

例如：大阪是osaka、不讀daihan，橫濱是yokohama、不讀ohin，上野是ueno、不讀joya，田中是tanaka、不讀denchu，小林是kobayashi、不讀shyorin，著物（和服）是kimono而非chyakubutsu。

固有的名詞、名稱多讀訓讀，但是也免不了有例外，如東京、北海道、京都、約定俗成是音讀。

漢字的音讀：吳音與漢音

漢字的音讀是模仿中國的標準音讀出來的日語音。中國的標準音變了，則日語的音讀音亦隨之而變。

中國的歷史長久，地域廣大，族群多漢字的讀音難保一成不變。古來，漢字音輾轉傳來日本，在沒錄音機的時代，音差的現象之外，因支那的首都標準音的改變，日本的音讀乃有吳音和漢音的區別。

例如，「正」的吳音是sho，漢音是sei。「家」的吳音是ke，漢音是ka，「牛」是gu（吳）和giu（漢），「有」是u（吳）和yiu（漢）。

吳音：華南東吳蘇州、南京一帶的語音，最先在第3、4世紀經由朝鮮傳來日本。吳音亦說對馬音，佛教經典類，特別是南都（奈良）的古宗以及一般生活用品名稱，律令制的官職多吳音。

吳音傳來既早，民間慣用久了，所以多成了「俗音」。亦因此它後來又被叫做「和音」。

漢音：北方華中的語音在第7、8世紀時，主要的由遣唐使帶回日本。奈良時代

（8世紀）末期到平安時代（794～1185），當時的日本朝廷稱漢音為正音。

漢音是模仿長安音音讀的字音，一般的漢籍多讀漢音，政府亦在獎勵。韻書名著《切韻》及其系統的書即屬於漢音系，可以說漢音是「大唐的正音」。

第3節 日語的三種假名

古代日本並沒有自個兒的文字。在公元第1世紀，後漢光武帝頒賜「漢委奴國王」的金印給倭國王。亦即漢字在2千年前已經在日本列島出現。

惟這個時期，列島上眾多小型的國家林立紛爭，演變到第3世紀出現了比較有威望的邪馬台國女王卑彌呼，逐漸形成日本國的雛型。

公元第4世紀中葉，大和朝廷建立了統一國家以後，大量的漢籍經由朝鮮傳來日本，漢字、漢文隨之在列島流傳開來。

在國家權力的「加持」之下，政府、民間僧俗研習漢籍，漢譯佛教經典，習染漢字文久而久之，不但發明了用日語讀漢字文的「訓點」方式，而且能夠運用漢字寫作，又進一步「改造」漢字創制了假名。

奈良時代用「全漢」字萬葉假名撰寫日語的作品，平安時代平假名和片假名取代了萬葉假名，讓漢字和平假名、片假名「合作」為日語的表記與書寫服務。這種漢字和假名的混用表記、書寫（日語），可以說是全世界罕有的現象，這到底有何優點或缺點，似乎值得了解一番。

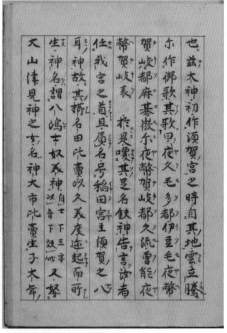

使用萬葉假名寫成的古事記。

日本的三種假名

萬葉假名：對於漢字完全不顧及它的字義，而只借用它的字音來表記日語，可以說把漢字當作一種音標拿來表記日語。這種純粹當注音工具（符號）的漢字就是萬葉假名。在奈良時代盛行，到平安時代的第10世紀就少用了。

它的用法是「一字一音」，根據漢字音（音讀），又叫「音假名」，是漢字，有別於平假名和片假名。不過萬葉假名卻並非現代發音符號的表音式。例如：

上頁圖中《古事記》有一段「夜久毛 多都 伊豆毛夜弊賀岐 都麻……」等語，其中的夜久毛即「八雲」，多都為「立つ」，伊豆毛即「出雲」，夜弊賀岐為「八重垣」，都麻是表記「妻」。

平假名與片假名

到了平安時代（794～1185），在萬葉假名的基礎上發明了新的平假名和片假名。例如從萬葉假名的「曾」（so）字，把它的字劃全體徹底拆散而簡略成「そ」。還有只把起頭的筆劃拿下來用，而把剩餘的筆劃省略掉，這便是片假名的「ソ」（so）。

平假名（上）

安あ	以ゐい	宇う	衣ゑえ	於お
加か	幾き	久く	計けけ	己ここ
左さき	之し	寸すす	世せせ	曾そそ
太たた	知ちち	川つつ	天てて	止とと
奈なに	仁にに	奴ぬぬ	祢ねね	乃のの
波はは	比ひひ	不ふ	部へ	保ほ
末まま	美みみ	武むむ	女めめ	毛もも
也ぬや		由ゆゆ		与よよ
良らら	利りり	留るる	礼れれ	呂ろろ
和わわ	為るゐ		恵ゑゑ	遠ををを
无ゑん				

片假名（下）

ア 阿	イ 伊	ウ 宇	エ 江	オ 於
カ 加	キ 機	ク 久	ケ 介	コ 己
サ 散	シ 之	ス 須	セ 世	ソ 曽
タ 多	チ 千	ツ 川	テ 天	ト 止
ナ 奈	ニ 仁	ヌ 奴	ネ 祢	ノ 乃
ハ 八	ヒ 比	フ 不	ヘ 部	ホ 保
マ 末	ミ 三	ム 牟	メ 女	モ 毛
ヤ 也		ユ 由		ヨ 與
ラ 良	リ 利	ル 流	レ 礼	ロ 呂
ワ 和	ヰ 井		ヱ 惠	ヲ 乎
ン 尓				

平假名（上）與片假名（下）
平假名：字的草體書。在平安時代和風文學取代了唐風文學的過程中，尤其是宮廷女流文學的發達，平假名的產生貢獻殊多。
片假名：古代用漢字做音標，僧侶研讀佛經逐漸摘取漢字邊旁字劃，注漢字日語音，久之形成精簡的片假名系統，應用於法律與碑文重要文書。

這種假名（平假名和片假名）是日本獨創的字母符號（kana/假名）。它們的根源的漢字「曾」的固有意義已經完全喪失掉了。以來一直只是表音的文字（字母）發展下來。雖然是從漢字衍生出來的表音字卻是跟漢字的表意字性質功能完全迥異。

從中世以降，很普遍地傳說，平假名的創作者是弘法大師空海，而片假名的創作者是吉備真備。時至今日仍然往往有人這樣相信。

不過，平假名也好片假名也好，現時的學界並不認為是一個特定的人所創作的。平假名作為文學的體系完成於第9世紀末，而空海已經早此半世紀835年去世。

片假名的作者被認為是吉備真備（693〜755），這從國語史學上是不受承認的。蓋奈良時代（第8世紀）雖然出現了一、二個萬葉假名（漢字）的省劃體，畢竟還沒進展到片假名的階段。何況表記日語的發音，片假名比平假名管用。日語的音韻研究從平安時代才開始，音韻的表示符號是片假名，這跟梵音的佛經研究必有關連。可以說片假名的主要創始者勿寧是南都奈良的學僧，不可能是在這一百多年前已不在世的吉備真備（參照築島裕《國語的歷史》東京大學出版會，1983）。

萬葉假名的古文獻

最早表記、書寫日語的文字是漢字。將漢字的字體、字劃原般不變拿來表記、寫日語，這叫「真假名」，亦就是萬葉假名。

它的用法主要是字音的假名，也有字訓的假名。前者即「音假名」，又分正音（基於同一的讀音）和略音（省略正音的一部分）。後者用於表記字訓，又叫「訓假名」，又分正訓（基於同一讀音的字訓）和略訓（省略正訓的一部分）。

萬葉假名旨在運用、發揮漢字的字音功能（不顧字義），可以說是一種「假借字」。它用作「音假名」時，例如：ametsuchi是「阿米都知」（應作「天

地」，ame是「天」，tsuchi是「地」）。它作「訓假名」時，「江」為e，「友」為tomo，「其」為so，「市」為ichi。

萬葉假名在第8世紀初頭出現的最古文獻，《古事記》和《日本書紀》等書裡大顯身手。

《古事記》三卷，公元712年，太安萬侶所撰進。內容主要為神話、傳說和歌謠詞章。撰者將從前的帝紀、舊詞加以編纂，可見已經有紀錄資料。

全書僅用漢字，寫的是日文，文體又不像漢文，有字音、有字訓。而以「音假名」尤多，試舉一、二例如下

（1）上卷「於是天神諸命已詔耶那岐命伊那耶美命，二柱神，修理因成是多陀用弊流之國賜天沼予而言依賜也。」

（2）下卷「天皇 八田若郎女賜遺御歌，其歌曰：

夜多能、比登母登須宜波，古母多受、多知加阿礼那牟…」

yatano hitonomoto sugiha komotazu tachika arenamu

按羅馬字為筆者所注，漢字全是表音不表意。「夜多能」即八田的，「比登母登須宜波」，意為一枝菅草，「古母多受」是沒孩子，「多知加阿礼那牟」，意為像菅草孤立地站著枯萎下去吧。

《日本書紀》三十卷，公元720年、舍人親王、太安萬侶撰進。內容為從神代至持統天皇（7世紀末）歷代天皇的事蹟，是一本道地的史書。史事部分的文體幾乎近似漢文，頗多受漢籍影響。歌謠以及特殊語句，固有名詞則不依漢譯，而多用音聲表記，一字一音（字音假名）

漢字添寫假名（OKURIKANA）

平假名和片假名原本是為了用表音的方式來表記日語所創制出來的東西。原則上是日語的一音節用一個字表記。

原先為了表記日語全部都用漢字，只取字音（音讀）不顧字義，而產生了萬葉

假名。惟漢字畢竟是表意性「強勢」的文字，所以在編纂古事記或日本書紀等書籍時，仍然要運用漢字的字義（訓用）。

　　一方面在解讀漢字文的過程中，字音和字義的注釋是在字和字之間注記日語（式）音義的別的極小漢字。這樣的「試行錯誤」（try and error）的結果，注記的小型漢字的字劃減少，而成立為片假名。這些小型的漢字又因為手寫「潦草」，而成立了平假名。

　　將漢文翻譯成日語來「訓讀」時，在字與字之間加注進去的小型漢字變成了假名。其中，片假名的這種用法書寫漢文的「漢字片假名混用文」所繼承。惟用片假名寫的是屬於助詞、助動詞之類。同樣，以草書體平假名為主的和文裡用漢字時也一樣。

　　所謂「OKURIKANA」，即在漢字末後加添寫假名，使用「漢字假名混用」的方式書寫日語時，採用的漢字義訓（字訓）的漢字中，必須做個「處置」來確定（這個）漢字的讀法。這時，在漢字的後面把漢字讀法的末了部分加寫上假名。

　　例如，要把「明」訓讀為「akirakani」（音讀mei或mio）時不須加寫假名，只要注音叫furik（g）ana（詳後）。加寫假名的寫法有；「明ni」、「明kani」、「明rakani」和「明kirakani」（註：（平）假名用羅馬字代替，不諳假名的人亦可讀）等都行。不過，這樣對文（章）體有零亂之虞，必須要約定個「通則」，乃有（政府）內閣告示的「添寫假名的添寫法」。結果是減少假名的添寫，akirakani就寫成「明ni」，其後又改成現行的「明rakani」。（參照武部良明《日本語的表記》，1979，角川書店）

　　這種OKURIKANA是日語（文）運用漢字訓讀的異色智慧，是華語所望塵莫及，可謂青出於藍而勝於藍。

假名拼寫法（KANATSUKAI）

日本的假名（平假名和片假名），作為文字體系的特色之一，是可以用於表音來拼寫。不拘是漢字的字訓的讀音拼寫或和語的語音拼寫都可以。

假名拼寫指要表記日語時的假名的使用法。由於發音的微妙變化，過去有ア行的「い、う、え、お與ワ行的わ、ゐ、ゑ、を」差異，其中「ゐ」和「ゑ」已歸一於「い」和「え」。此外，表「z」音的ず和づ以及表「j」音的じ和ぢ都有了明確規定。

戰後，1946年，文部省所屬的國語審議會審議「當用漢字」（1,295字），同時制定了「新的假名拼寫法」後，由內閣告示施行。

「新的假名拼寫法」亦就是「現代假名拼寫法」。除了字音拼寫和語的假名拼寫取得了統一，過去用漢字書寫的部分要改用假名拼寫時，字音跟和語都得採用表音的方式。例如：「春」即「はる」，「來了」拼成「きた」。

注音假名（FURIGANA）

注音假名指在漢字旁邊（縱寫時在右邊，橫寫時在上面）標注假名用以表示漢字的讀音。

漢字的讀音有訓讀和音讀，兩者都可以標注讀音的假名。由於漢字的使用日漸減少，字義的訓讀注音假名亦漸減。倒是人名、地名等固有名詞的音讀用的很多。特別是人名，同一字有不同讀法，各種公式表格姓名欄都有「FURIGANA」欄。

注音所用的假名，雖然有用平假名，不過基本上以片假名用的多。片假名已成為注音（專用）假名，而且亦是外來詞書寫的專用假名。法律等重要的公文書、碑文亦多用片假名（從前碑文多用漢字）。至於平假名則成為書寫日語文的主軸，取代了很多漢字的角色。

第4節 漢字假名混用的書寫體式

　　日本語的現代表記是以使用漢字和假名混合書寫文章為基本。一般稱這為漢字假名混合文。採用夾雜假名文的作法跟從前的舊表記的方式沒兩樣，亦叫「漢字平假名混用文」。

　　用漢字（平）假名文書寫時，例如「御飯を食べます」（Go-han o tabe-masu）這樣的形式。寫這種形式（不同文字的）混合文時，哪個部分用漢字，哪個部分用假名，使各發揮其角色的功能，應有原則規範以便獲得完整的印象。

　　這有以下的原則：

（1）漢字：表實質意義的體言（御飯）以及用言的語幹（食）。

（2）平假名：用於表形式要素的部分，（助詞或助動詞），用言的活用語尾。

（3）片假名：用於表實質意義（外來詞），例如ハンバーグ（漢堡）、白色テロ（恐怖）、チョコレート（巧克力）。

　　要之，表實質意義用漢字或片假名，表形式要素用平假名。漢字字劃多又屬表意文字，片假名是直綫形文字，平假名是曲綫形文字。「分別」書寫對眼睛的刺激以及表意之間有助於平衡感，對視覺印象效果良好。

　　漢字既是表意的，用於體言表實質意義，自然是一個文句的重點，眼睛必然最先被吸引住，亦就是實質的「意義」最先形成印象。至於平假名本身不具任何意義，在文章句子裡表（記）示形式要素，助詞或助動詞之類，猶如一部機器的零件（部品/parts），旨在幫助體言的用言或活用語尾。在掌握漢字之後，隨即「認知」這些假名所表的用言之意義與兩者（漢字和假名）的聯結一體的整體語義。

　　漢字是典型的表意文字，每一字有音更有語義。假名本身不具語義是表音文字（字母），其功能就在表音。語義的關鍵要素是語音而不是文字。不過視覺符號的漢字和聽覺符號的假名，互補為用幫助人們「理解」，解讀語文，具有相得益

彰的效用。

日文裡書寫漢字、平假名和片假名三種不同的文字，是全世界罕見的現象。這種書寫制度體式（lettering system）的學習與運用，其實並不簡單。

蓋不但兩種假名的文字各有47，一共有九十四字。尤其是漢字，不但字劃多，字數更多，多至數千字，如何一一學習讀和寫，確實是一大工事。

因而，19世紀幕末至明治初期，先後有前島密倡言廢止漢字案，森有禮主張國語英語化論。在近代化即西洋化的風潮下，西洋文明優位論斥責日本國字的非效率性，主張：廢止漢字或書寫假名（全部用假名），甚至羅馬字化。

惟這些主張，只看到表層而未進入深層去瞭解語言學與語言心理學的似是而非的形式論。

日語表記（書寫）法首先值得注意的是日本人的閱讀與書寫能力的「高強」。這裡舉兩件「故事」做證。

大清帝國敗給東洋小國日本（甲午戰爭）之後，知識分子大受震盪，而咸思究明小國戰勝大國的原因，於是20世紀末尾有眾多清國青年留學日本。他們看到日本的老嫗、勞動工人，人人會閱讀書籍雜誌擁有相當知識。

當時日本的識字率約八成，而清國的文盲佔八成（識字者僅二成）。既然，國之強弱決於民智之高低，而民智之高低來自識字、語文制度之良窳。於是引發了清末20年之久的的切音字運動，最後在民初制訂了注音符號。

再有個事例是二次大戰結束後，美軍佔領統治日本的時期，美方對日語表記法的難度感到驚異，而想讓日本人放棄漢字和假名，改用羅馬字。在這之前，對所有的日本人先進行讀寫能力的客觀調查。

根據當時參加調查工作的語學者金田一春彥的報告說「文盲接近零」（見所著《日本語》（下）岩波新書，1989，P3）。美方對此結果驚嘆日本教育的卓越。

長久以來，漢字已經浸入日語的「骨髓」，漢語詞藻亦多成了日語的血肉。況

且平假名和片假名又多從漢字衍生出來的。日本人對這些文字有親密的感情。一方面政府（文部省國語會）又認真負責不斷地在改善表記書寫法，尤其對異質語言的漢字的字劃、字數的研訂、公布與教育不怠。

　日本的文字所寫的文章，只要認得一些常用或「當用」的漢字，嫻熟的話是容易讀的。打開報紙，首先只把「大」的漢字（比假名都大）部分看下去，不難掌握大概的內容。這種情形，全部用羅馬字或假名寫的東西是不可能的。

　第一、不同文字混用時，字形不同，大小也不同有「變化」，眼睛較不會疲勞，閱讀效果較好。

　第二、漢字混用假名的寫法本身已有「書寫區隔」，而全假名或全羅馬字，或全漢字時句子如不作區隔也得注標點符號，漢字假名混用寫時，漢字本身就是一個「單元」的中心，所以不必區隔，甚至不必標點。

台語的漢羅書寫體式

　台語是漢語家族的一個支系，基本上使用漢字表記無可厚非。惟台語裡有相當部分的常用詞語並沒漢字或找不到漢字可寫。

　這些有音沒有漢字的詞語的表記問題不好解決。從來有採用羅馬字、（日本）片假名和注音符號嘗試表記。其中用羅馬字的竟提倡全羅，這不但丟棄了台語的漢字文化寶庫，閱讀的效果更不好。至於假名和注音符都無法處理台語的豐富語音。

　有主張制訂台語的假名者，雖不失是一個方向，惟表音功能最佳的文字非音素文字的羅馬字莫屬，那麼現階段，在台語假名制訂之前，唯有漢字羅馬字混用表記書寫法應是類似指向日語的漢字假名混用文，是值得探討的命題。

台語與日語的結緣軌跡

　台語與日語是兩種異質的不同（語言）家族的語言。台語為漢語的一個支系，

屬於漢藏語族（Sino-Tibetic Family），而日語則屬於烏拉爾‧阿爾泰語族（Ural-Altai Family）。

自古以來，漢字、漢語文流入日本列島，日語和台語即透過漢字文這個「媒體」（media）連結了姻緣關係。這種關係的軌跡，在過去的歷史裡曾經有過三次。

第一次是在中國的三國，南朝時代（第3～第5世紀），第二次在唐朝時代（7～9世紀），而第三次是日本殖民統治台灣的時代（19～20世紀）。

第一次的結緣是第3世紀東吳的吳音（蘇州、南京）透過漢字傳來日本。日本人模仿而「音譯」為日語的讀音，叫吳音。

台語的古音，亦即閩南語時代的古早音，是生活用語的口語白話音。這種語音，由於地理上的關係，其源流受南京吳音的影響。東南的吳地畢竟是古代中原文化圈的邊陲，而閩地更在圈外。

台語的源頭的口語音即因地緣的關係，其漢字讀音的音系跟日語的漢字吳音是「系出同源」。

例如；①有[wu]，日語「有頂天」[wuchoten]（歡天喜地），②家[ke]，③牛[gu]，④馬[be（台）/me（日）]，⑤西[sai]，⑥月[geh（台）/getsu（日）]，⑦命[mia（台）/mio（日）]，⑧名[mia（台）/mio]，⑨加[ke]，⑩京[kia /kio]…。

第二次的結緣是唐朝時代，日本的遣唐使一批又一批地去長安學習、「取經」，帶回大量的長安音，在日語裡叫「漢音」（長安音被迻譯入日語裡）。

一方面，唐代武則天時代（7世紀末葉），開漳聖王陳元光祖孫開發漳州，推行教育可視為閩南語文言音的萌芽。後來第8世紀盛唐時代，福建隸屬長安當局的統治，正式開啟文言音教育。長安的標準音被引進閩南語裡，讀儒家的古典的字音，即文言音的音系逐漸成立。

比對日語的漢音跟台語的文言音，兩音的（讀）字音頗為近似，探其原因是同受長安音的影響。

例如：（A）一字詞：①有[yu]，②家[ka]，③牛[giu]，④馬[ma]，⑤西[sei]，

⑥月[guat（台）/gatsu（日）]，⑦命[beng（台）/mei（日）]，⑧名[同⑦]，⑨加[同②]，⑩京[keng（台）/kei（日）]。

（B）兩字詞：①國家，②建設，③人民，④道路，⑤文明。

台音 [kokka]，[kensiat]，[zinbin]，[dolo]，[bunbeng]

日音 [kokka]，[kensetsu]，[zinbin]，[dolo]，[bunmei]

日語的漢音跟台語的文言音，除了有聲調以外兩者幾乎一樣或近似，反而距現代北京音遠多了。

日語與台語的第三次結緣是在日本統治台灣的時代。

日本總督府的第一任學務部長伊澤修二（他的弟弟伊澤多喜男為第十任的台灣總督〔文官〕），著有《日清字音鑑》，到台灣蒞任時，認為日台共同使用漢字，決定透過漢字（否決巴克萊牧師的羅馬字）釐訂語言教育的政策。

在領台（1895）初期，伊澤利用片假名制訂出版《訂正台灣十五音及字母表，附八聲符號》和《台灣十五音字母詳解》兩本小冊子。就這樣片假名替漢字的台語讀音以及表記台語的歷史於焉展開。

日本統治台灣的五十年間，這種片假名表記台語的書寫體式，曾經出版了120多種的書籍，包括會話、語彙集、文法書以及詞典。

一方面，總督府開辦各種台語學習班，訓練所（土語）專修科，強制警察人員、司法吏員、教師學習台語，伊澤本人亦親身參加並督導教學。領台初期的八年可以說是台語教學的黃金時代。

日本統治台灣，要日本的吏員學台語，同時興辦國語學校要台灣人學日語。這樣雙管齊下，結果強勢（統治者）的語言被弱勢（缺乏書寫制度的被統治者）的語言台語所吸收融化為養分。

許許多多的日語常用語詞彙如洪水般湧入台語裡，除了音韻聲調的微妙差異，幾乎分不出是來自日語的台語。日語和台語的半世紀「蜜月」雖因日本戰敗而中斷，但台語中的日語已成就為台語不可分的血肉了。

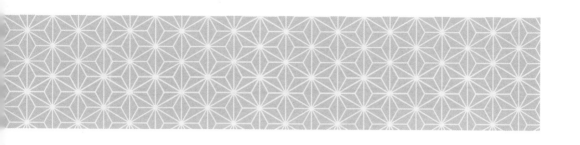

第Ⅵ章

日本神話與建國傳說

第1節 「記紀」神話所隱藏的故事

接觸過日本歷史的人，必然會認識「記紀」這個詞，意思是《古事記》和《日本書紀》並列的簡稱。「記」指《古事記》，「紀」即《日本書紀》。

這兩本書是日本最古的歷史書，《古事記》尚且是繼聖德太子撰的《三經義疏》而為第二本古典。這兩本史書都是全部用漢字（萬葉假名）撰寫的，除音訓部分之外，其餘人名、地名均假借漢字的日語讀音而不顧字義，故頗難解讀。

《古事記》與《日本書紀》

《古事記》是天武天皇敕命太安萬侶編撰，於公元712年成書。全書三卷用漢字寫成，文體以和文讀。序文（上表文）以外，上卷為神代卷，中卷從開國首代天皇神武天皇到應神天皇（第15代天皇），下卷從仁德天皇（16代）至推古天皇（第33代天皇：593～628）。

上卷神話，以傳說故事的方式記述日本的天地自然、國土以至於諸神如何產生形成，以及國家如何成立的過程。

中卷和下卷為人代，將神武天皇東征，平定大和（奈良），開疆闢土，中央以及地方官制的設置，政治機構、國家經營的過程以及天皇系譜等做紀傳體的記述。

《古事記》的敘述以神話和歷史傳說為主。作為文學可以說是敘事文學，收錄頗多傳承故事的歌謠詞章，富於文學性。

《日本書紀》漢文體三十卷，由舍人親王與太安麻侶奉命敕撰，於公元720年成書。書紀是一本編年體的史書，從天地開闢的神話（二卷）到皇室、朝廷的歷史，故事大略與《古事記》同，惟書寫範圍延伸到第7世紀末，多了近百年。

神代的敘述比例較《古事記》少，而對人代的記述較為重視。除神代以外，人代的歷代天皇紀事全部紀年月日，採用干支，例如「X年，夏四月丁亥朔……」

奈良時代（710～793）初成立的《古事記》和《日本書紀》，裡面所記述的

神話和傳說，將古代人的心情傳承到今天，可以說是日本文化源泉的書籍。

　　這裡邊所記述的神話，傳說決非已成過去的東西，時至今日依然繼續還活在日本人的心中。除了大和國家發祥之地的大和，天孫降臨的日向（九州）或是大國

《古事記》與《日本書紀》裡所傳述的是實際故事的神話化、想像化，充滿了浪漫的色彩，頗具人情味和人性的情調。

繩文	彌生	大和	飛鳥	奈良	平安
12,000年前	紀元前5世紀 （近千年）	3世紀後半～590 （300多年）	590～710 （120年）	710～793 （84年）	794～1185 （390年）

主命活躍的出雲（島根縣），以至於在「記紀」裡面登場的眾神、皇族與庶民精彩演出的舞台——日本列島的各地，所纏繞的神話、傳說被不斷地傳承、流傳下來。那些故事的遺跡被用心保存下來，配合傳承舉辦祭禮至今為世人所熟知。

日本神話的特徵

神話（myth）是以神格（神的格式）作為主動者進行的往古事實被傳承的傳說。神話的傳說有其核心的事實，諸如自然現象、文化現象，從未開化的心理狀態做說明敘述的「傳說」。所以神話並非「鬼話」那樣無的放矢式的胡說。

日本的神話，從「記紀」的內容所顯示的，可以看出以下一些特徵。

（一）神人合一思想

古代日本的眾神靈是有「家譜」（世系圖）的。眾神有父神、母神、子神，而且分男神與女神，最浪漫的是兄妹神竟可以成婚生子，很具刺激性。這些都由來於神的富有人性，亦是把人予以擬神化。

神化的核心是有事實存在，只不過予以擬神化的情節，創造浪漫的想像。

這不同於中國式的毫不具人性的胡扯式「神話」。《詩經・商頌・玄鳥》篇記載「天命玄鳥，降而生商」。商朝的祖先契，母親簡狄，某日行浴（洗澡）時，見玄鳥生下蛋，拿來吞下去，結果生了契。

司馬遷的《史記》亦在「鬼扯」，提到周朝的祖先后稷（名棄）的誕生。棄的母親姜嫄，某日到野外看到了巨人的腳印很高興，踩上去後就懷了孕，不久生了（小孩）以為不祥而棄置陋巷，牛馬經過時不踩他。再棄置冰上，竟有眾鳥來翼覆保護，姜嫄「以為神」而收養之。「初欲棄之，因名曰棄。」

再看班固的《漢書》對漢高祖劉邦的出生也像是鬼話而不是神話。《漢書》「抄襲」《史記》，說劉季（邦）的母親在陂塘邊睡覺時夢見跟「神遇」，時雷電交加，她的丈夫去看情形，不得了，看見一條蛟龍爬在太太身上，「已而有身，遂產高祖」。這樣，中國的皇帝便是龍生的，也就有了「龍的傳人」的中華

鎌倉	室町	安土桃山	江戶	明治	大正	昭和
85～1333 (148年)	1338～1573 (235年)	1573～1603 (30年)	1603～1867 (264年)	1868～1911 (44年)	1912～1925 (14年)	1926～1988 (63年)

思想，真是鬼話！

（二）容納異文化的「和」的思想

「記紀」的神話，傳說裡所傳承的古代文化，有許許多多異色異樣的文化要素。裡面有來自南方的海島文化，北中亞（新疆、蒙古）以及滿州（東胡）經由（北）朝鮮進來的騎馬民族的傳說。

由於日本列島位於歐亞大陸東端終站，不拘是陸上或海上的民族「漂流」、遷徙到這裡就停歇下來。南方系海上民族操船航行見海天一色，有「昇天」的想像。北方系的騎馬民族在曠野大草原驅馬馳騁，不能昇天為神，那就認為天神從天而降而有「天孫降臨」的神話。

另外，日本古代除了接受朝鮮的文化，亦引進中國的文化成就彌生文化，水稻農耕的文明。而宗教信仰方面，在明治維新（1868）年頒布「神佛分離令」以前，自古以來是「神佛合一」祭拜，絕沒什麼宗教戰爭的反宗教的行為。

（三）神話人性化，事實想像化

日本古代的神話內容並非毫無事實根據的虛構，言之無物的東西。神話裡頭的角色都是有名的「人性化的神」。眾神都是有頭有面有身體，被擬人化了。祂們有人性的「七情六慾」，喜怒哀樂不模糊。既可以說是神的人性化，亦可以說是把人賦以神性的擬神化。

「記紀」的神話傳述日本列島的誕生，國家的成立的過程，「國之讓渡」、「天孫降臨」以及「神武東征」的開疆闢土。然後有「神功皇后」的遠征新羅以至於大和朝廷的成立。

這些都是歷史上的事實，神話傳述的手法是把這些歷史事實，假託神祇的形態予以想像化。也就是說，日本古代的神話，在「記紀」裡所傳述的是實際故事的神話化、想像化，充滿了浪漫的色彩，頗具人情味和人性的情調。

第2節 創生國土的神代

日本古代史的「神代」，指的是神武天皇即位以前的神話時代。不過戰後，科學的歷史研究，對神武天皇於紀元（西曆）前660年建國已經予以否定。惟「神武東征」傳承神話則仍予保留。

高天原眾神祇誕生

《古事記》的開頭這麼寫的：「天地初發之時，於高天原成神名。」接著列舉了許多天神地祇的名稱。「天之御中主神」為首的三神是萬物生育的「造化三神」。其次列的「五柱之神」都是「獨身神」，他們的名字亮相後就「隱身（消失）」了。然後再列出五組十位男女「雙神」則留在地上。其中，老么伊邪那岐神和其妹伊耶那美神兩位則奉命把漂浮不定的國土給固定下來，意即奉命生日本列島，生出日本國土。

《古事記》記載：「於是天神諸命以詔伊邪那岐命、伊耶那美命二柱神修理因成是多陀用弊流之國。」按，「多陀用弊流」意為泛浮不固定。亦即，這兩位兄妹神奉命營造日本國土（生國）。

兄妹神結婚生下日本列島

伊邪那岐神和妹妹伊耶那美神接下天神的詔命，拿著天神所賜的「天沼矛」，下凡站在「天浮橋」上，把巨大的矛向下攪動潮水，把矛抽上後矛尖的水滴累積成為島嶼。

這個島叫「淤能碁呂」（Onokoro）島（據說是現在大阪灣東南和歌山縣西北角的友之島）。於是兄妹兩神乃天降到島上，並在島上建立天之御柱和「八尋殿」營造他們結婚的「香巢」洞房。兄妹兩人即着手準備生國土，生出來的就是日本列島。這就是「生國（土）的神話」，古事記對這兩位兄妹神如何成婚、媾

合的前前後後的對話與過程描述得很「大膽」而頗饒引人「興趣」。

兄妹媾合的羅曼蒂克

伊邪那岐神和妹神，兄妹兩人的婚約真夠具體。兩人圍繞着「御柱」，男向左，命女向右迴轉，互相招呼對方的一問一答非常赤裸裸。

哥哥問妹妹：「你的身體長得怎麼樣？」妹神回說：「我的身體長的十分好，不過有一處沒生長好。」（原文：「不成合處」指女陰）。

伊邪那岐隨即說：「我的身體長得很好，不過有一個地方「長過頭」（原文：「成餘處一處」，意指男根）了。這樣啦，用我這長過頭的部分插進去塞住你那沒長好的部分（原文：「刺塞汝身不成合處」），來生產國土，怎麼樣？好嗎？」（原文：「以為生成國土，生奈何」）。伊耶那美回說「好呀！」就這樣，兩人的盟約成立，成了夫妻。

這些毫無顧忌、直接了當的一問一答，是《古事記》實際的記述。至於塑造淤能碁呂島的那些從天沼矛頭垂滴下來的「津液」便是精液的象徵。兩兄妹（夫妻）神「交膚搭肉」之後，陸續地生下了四國、九州、本州以及八個島嶼。這樣，今日的日本（國土）原型的「大八島國」於焉誕生。

這之後，夫婦神又生下了許許多多的山之神，海之神等守護日本的神祇。妹神伊耶那美於生產許多子神後，在生火神時被火焰燒了重傷，不久即因此死去。

《古事記》是天皇敕撰的史書（官史），更非一般小說。這樣的官史文獻，居然會又敢做這般連小說也不會的「坦白」記述。一方面，從內容上更可看出日本神是如何的具備人性，神不過是人的化身罷了。

天照大御神姊弟的傳說

「天照大御神」是日本的太陽神，是將太陽神格化的女神。「海」與「天」的讀音亦同，所以也寫成「海照大御神」，是照遍島國之海的神。

繩文	彌生	大和	飛鳥	奈良	平安
12,000年前	紀元前5世紀 （近千年）	3世紀後半～590 （300多年）	590～710 （120年）	710～793 （84年）	794～1185 （390年）

　　一方面，亦可解作「祭祀太陽的女性（巫女）」。她的地位之重要，因為既是日本皇室（天皇家）的祖神，又是日本國民的總氏神。

　　話說伊邪那岐的美麗妻子死去之後悲痛欲絕，想盡辦法去「黃泉國」要把妻子救活過來。可是他失敗了，在黃泉國入口處看到妻子不堪入目的腐朽醜狀立即逃出來。但又覺得自己不該有這樣污穢的存心，因此做了清洗淨化身心。

　　伊邪那岐洗淨身心之後生出了「三貴子」：天照大御神、月讀命和須佐之男命。他把世界委任三貴子，委任天照統治高天原，月讀命統治夜間，須佐之男命支配海原。唯獨須佐不從，而前往高天原會見姊姊天照。兩神按照「誓約」，從須佐的劍生出三女神（祀奉於宗像大社，於2017年聯合國教科文組織登錄為世界文化遺產），從天照的勾玉生了五個男神。

　　這之後，天照大神在高天原鬧了一場躲進「天之岩屋」的鬧劇。其實那是一場「日蝕」騷動。然則須佐卻認為姊姊的自閉天之岩屋的騷動事件是自己的責任，乃引責「下凡」前往出雲國（島根）。

　　出雲地方在彌生時代初期早已引進大陸的文化，而且有「須佐」的地名，須佐原本是這個地方傳說的英雄。後來崇拜太陽的大和朝廷侵入出雲地方的過程中，須佐乃成為跟天照大御神對峙的男神，而被放進《古事記》中，在歷經滄桑之後再度以英雄身份重返鄉里。

第3節 從國神到天神

　　日本神話很多是依據歷史事實的基礎所撰述的，神話故事是事實的影射或想像化。須佐之男命思念已故母親（伊耶那美神葬在出雲）輾轉來到出雲，成為君臨出雲國之神。以後的神話是其子孫以大國主神為中心展開進入「歷史」的時代。

大國主神營造出雲國

　　閱讀《古事記》不難察覺，出雲與大和屬於不同的文化圈。古代圍繞出雲地方

的傳說或遺物的推手究竟是來自何方的哪種人？

西曆紀元前後，長江下游流域以及華南沿海的航海民們，攜帶了農耕文化和青銅器來到北九州移住。福岡附近的宗像大社（祭祀海神、伊邪那岐神的女兒神）以及出雲地方的出雲大社，日本海東南沿海，北陸地方形成一大貿易、文化圈。這跟大和地方的北方系騎馬民族文化圈性質不同。

神祇的傳說漸漸接近人的時代了，神話與歷史的聯結就要開始了。

大國主神在經歷了許多苦難與考驗之後，得到暫時統治出雲的須佐之男命的肯定，繼為出雲國之王，建設這個地域，成為第一位「地上」的統治者。

被認為跟天照大御神同等之神的大國主神，是居住在有水源的山的「水之神」，亦即開墾土地者的守護神、農耕之神。他歷訪各地（戰爭、教化），使各地豪族服屬，並娶了他們的女性，生下了好多子女，形成一大勢力，亦即地域豪族的大聯合。

「讓國」與「天孫降臨」

出雲地方由於大國主神「建國」而繁榮發展起來。在高天原的天照大御神看到這種情形，下決心認為該統治這個地方的不是「國之神」的大國主神，而是「天之神」的自己子孫。因而派遣兒子到出雲國去要求「讓國」。

其實，在出雲「建國」的過程，高天原方面的神曾來協助，並且當初亦曾經承諾過天孫要統治地上。因此「讓國」的交涉雖然發生過紛爭和抗爭，最後在答應給大國主神蓋建與天孫同等高大的豪華宮殿（就是出雲大社）的條件下成立了。

於是，高天原派遣天孫（天照大御神的嫡孫）邇邇藝命，與眾多隨從之神浩浩蕩蕩下降到九州東南的日向國之高千穗峰。這位邇邇藝命的曾孫正是日本的第一代天皇，神武天皇。

天孫降臨後，《古事記》的重要記述是邇邇藝命的兒子間的鬥爭。其中末子成為天孫（代表大和朝廷），長子成了隼人的祖先，而隼人直到第7、8世紀時才能

繩文 12,000年前	彌生 紀元前5世紀 （近千年）	大和 3世紀後半～590 （300多年）	飛鳥 590～710 （120年）	奈良 710～793 （84年）	平安 794～1185 （390年）

在朝廷擔任藝能樂舞職務。

可以這麼說，日本的神話至此乃是國神的出雲神話和高天原的大和神話的結合，然後是日向神話繼承了高天原神話。日向神話的前提重頭戲是所謂的神武天皇東征。

從這些神話的記述，我們得知，古代的日本人創造出國土的行為是生出國來的「生國」，而營造治理好國土叫做「建國」。

伊邪那岐命與妹神結為夫妻生國（日本列島），指令剛出生的長女天照大御神（日本的皇祖神）統治高天原。而她的弟弟須佐之男命則歷盡劫難至出雲地方「建國」，尤其是後繼者的「出雲國之王」大國主神，則是開拓農地開始從事水稻農耕的遠祖之神格化。

從歷史的觀點來看，「讓國」和「天孫降臨」的這些神話，其實是大和朝廷對出雲的侵略戰爭勝利，完成大和朝廷的國家統一神話式的記述。

出雲大社的拜殿與本殿。

出雲和大和的祭政一體

出雲的大國主神是國魂之神，高天原的天照大御神亦被視為「巫女」。在較古的時代，所謂「國」的概念並非指一個統一的大型的國家，而是指有特定的土地和幾千人口的地域。

這種「國」，在紀元前後有百餘個以上。在日語裡，「國」和「鄉」同音，亦是同義，為故鄉、鄉里的意思。列島的島嶼和谷地到處都是，各成勢力範圍，成為一個「國」。

在古代，繩文人以後，出現對自然界產生精靈崇拜的信仰。在這種信仰當中，守護小國的土地之神便是「國魂」。

大約第2世紀中葉，出雲地方的各處（小國）的豪族（首長）聚集舉行祭祀國魂。這說明出雲各地的豪族透過信仰統合起來了。大國主神也以建立高聳的神殿來象徵統治的權威。

在出雲開始的國魂信仰逐漸發展到各地，祭祀大國主神的神社隨之傳佈全國。一方面，皇室祖先的王家也在祭祀國魂。第3世紀初，他們在大和的纏向（今日奈良縣櫻井市三輪山西北一帶）營造有勢力的小國家（豪族），在三輪山祭祀，把祭祀各地國魂的首長編入支配之下。

彌生時代以降，日本人認為祖先的靈魂之神住在海上彼方的「常住國」。這個觀念是南方航海民傳入日本的。

但是，第5世紀末，有大批的渡來人（移民），他們受到騎馬民族的影響，認為神祇住在天上。這種思想影響了中央豪族和王家，乃認為在天上的神比在海上的神偉大。這以後，中央豪族對天皇家向心力增強，乃團結起來加強對地方豪族的支配。到了6世紀初，開始祭祀天照大御神成為王家的皇祖神。而第7世紀末，天武天皇敕命撰《古事記》的時代，日本已達成了某種程度的中央集權（參照武光誠《古事記的世界》，小學館，2012）。

第4節 神武東征與大和朝廷的誕生

神武天皇東征的虛與實

日本的皇祖神天照大御神的孫子邇邇藝命之曾孫神武天皇（本名：神倭伊波禮毘古命），從九州東南的日向國「千里迢迢」遠征大和（奈良、大阪），在大和國的橿原宮（天理市西南方）即位，是為初代天皇。這年為辛酉年，即西元前660年。

然則，西元前第7世紀的日本是繩文時代末期進入彌生時代的初期的過渡時代，不只是日本本身，中國大陸的史料對這件大事全沒資料。別說是歷史學者，即使連考古學者也認為是虛構的神話。

其實，神話背後倒是有隱藏事實，只不過事實被想像化、神話化了。那就是神武東征的傳說是第6世紀大和朝廷時代（350～590），繼體天皇時代創造出來的故事（記紀是第8世紀初才撰成的）。並且認為實際上第十代的崇神天皇才是初代天皇（在此之前的天皇都是虛構的），為歷史上的「大和政權」或「大和王權」的開始。不過這還不算是日本統一國家的政府。

依照「記紀」的記述，大和朝廷的起源要回溯到男女兩神創造天地（日本列島）的神話。太陽神（女性）天照大御神要求出雲地方的統治者「讓國」給高天原的自己的子孫，而有「天孫降臨」（邇邇藝命）。天孫的曾孫神武天皇東征，歷史乃從神代進入「人王」的時代（人代）。亦就是王→大王→天皇統治的時代，這已經是公元第4世紀以後了。

神武東征的傳說

天照大御神的七代孫神武天皇某日在日向高千穗宮內與兄長商議，日向國在日本的西南邊（九州東南隅）不適於做國都，沒法監控全體日本，乃思謀求適當的國都之地。

　　於是神武統整軍隊及大船團，從日向啟航東征。大軍經由九州東北端進入瀨戶內海（四國北邊與本州廣島、岡山間的內海）。然後東進，到達廣島安藝國，在這裡滯留了七年。繼續東進後又在吉備的備前國（岡山平野）停留八年，然後跨越明石海峽，在東大阪市登陸。

　　從這裡擬由西向東進入大和受阻。再度乘船南下到達紀伊半島南部的熊野。從這裡捨船登陸繞道北上。東征軍要進入大和盆地必須越過吉野的險峻山地。幸虧太陽神的使者三足的「八咫烏（鴉）」前來帶路，才得順利地進入大和國。

　　神武天皇所率領的東征軍從日向出發後，在廣島地方停留七年，在岡山地方也滯留了八年，亦即前後十五年以上的歲月。一路來到奈良，沿途征服或綏靖了不少地方「國」家。最後在奈良地方征服消滅許多豪族的國家，而神武天皇乃在橿原市（奈良盆地西南邊）的白檮原宮即位成為神武天皇。

　　據考，關於這部分的記述，是在反映公元第6世紀以後的大和朝廷的狀況。

大和朝廷的誕生

　　神武天皇即位的地點是現在的橿原市，在奈良盆地的西南邊境。然而，大和朝廷發祥之地則在奈良盆地東南偏東的櫻井市三輪山麓附近的「纏向遺跡」。

　　公元第3世紀初期，亦就是彌生時代的中後期，水稻農耕的生產經濟發展，青銅器、鐵器製作祭器、農具、武器等工藝發達，同時亦是戰爭頻繁的時代。在三輪山（467公尺高）西北麓的纏向遺跡出現了龐大勢力的聚落，其規模約一平方公里，可說是「古代都市」，亦是大和地方的「王都」。這裡被認為是崇神天皇（虛擬的十代中實存的第二代）做為都城整備起來的。

　　這個時期所建造的大型古墳被發掘出來，證實古墳時代前期的開始。櫻井市的纏向地方誕生大和朝廷為公元220年左右。這時大和的王家（後來的天皇家）統合了大和各地豪族之國成為大和國聯合的盟主，建立大和朝廷。在軍事力量方面必須藉由神的力量來統御，王家乃在三輪山祭祀出雲地方傳來的「大物主神」

（即大國主神的異稱），而三輪山本身就是御神體。

眾神領導者的大物主神（大國主命）領導各國（地方）的氏神（豪族之神）守護日本的土地。王家（天皇家）乃將各豪族祭祀的神收編在大物主神的屬下。這裡又突顯祭政一體的實態，而且亦聯結了神道信仰的發展。

到了公元6世紀，王家的祖先神從大物主神被天照大御神取代。大國主神是古來在日本各地被祭祀的神，而大物主神則雖備其名，卻並非統治日本全體的神，只是「守護大和的大國主命」而已。因而，統轄全國的神就只有天照大御神了。

第5節 大和朝廷統一日本

公元第3世紀初，日本從彌生文化時代進入古墳文化的時代。大約150年後的第4世紀中葉（350），大和朝廷統一了日本。

古代的日本，有位跟須佐之男命（天照大御神的弟神）並稱的傳說中的英雄倭建命，漢字又寫成日本武尊。而在政治實力上的權力者則有兩位「女強人」，卑彌呼和神功皇后。

悲劇英雄日本武尊的開疆闢土

倭建命是一位傳說的悲劇英雄。他歷盡諸多苦難西伐東征平定了許多國土，卻在返回故鄉途中觸怒了神意受懲罰而死，他的靈魂變成白鳥飛往高空。

第12代天皇（崇神天皇的孫子）景行天皇之子倭建命，兇悍而勇猛，卻又奸詐多智。一生才活了三十歲，犯了幾次大禁忌，結果因而喪命。

（一）在成年前，徒手把奪取父親寵妃的哥哥打死。

（二）父皇害怕他的兇猛要把他趕離都城，於是命令他去九州討伐熊曾（襲）建兄弟。他卻扮成女裝潛入參加宴會時，乘敵人毫無戒備而予以刺殺。

（三）征服九州的熊襲之後，他又前往出雲，在這裡他又使出詭詐的手法，先與出雲建親密，交換劍後進行決鬥，他給對方的是木劍，結果刺死對方。

（四）倭建命於征途到尾張國（名古屋），與美夜受比売（比売〔hime〕即姬之意，公主也）婚約。酒宴時，見比売裙襬有月經，互相唱和「御歌」後，即進行「御合」（媾合），又犯一大忌。（《古事記》中卷）

（五）在前往近江國伊吹山（琵琶湖附近邊）登山時，見一白豬大如牛，想徒手出擊。忽然冰雹暴襲而受重傷，不久病重不起。白豬者乃山神本身也。

現在回頭來看看才活了三十歲的倭建命的軍功與對大和朝廷統一日本的貢獻。

首先，奉父皇之命自奈良去九州南部平定熊襲。然後征討出雲，亦是用詐術奇襲取勝。

回朝後，天皇因怕他兇悍詭詐，再度命令他出征東方各國。於是又從大和出發東征，先到達相模國（神奈川縣），然後再東進到三浦半島（神奈川縣東南），繼續東進房總半島（千葉縣）。從這裡轉向北進常陸國（茨城縣）。倭建命平定關東地方各國，或用武力或用會談，終於完成任務，並參與祭祀當地信仰的山川的神祇。

《古事記》和《日本書紀》記述了倭建命的英雄譚，但倭建命並非一個人的固有名詞。他的名字中的「建」意思是「勇武的英雄」。「倭建」意謂「大和的勇者」，「命、尊」都是上古對神或人的尊稱之詞，倭建命是「大和的英勇尊者」。

倭建命東征西討過程中，出現了熊襲「建」、出雲「建」是指各該地（國）的勇者。那些「～建」，其實是各地武將武勇們集約在一個英雄身上的代名詞。

在「記紀」撰書時代（第8世紀初），大和朝廷正制定大寶律令，擺脫「征戰」的時代，就要進入「依據律令政制統治國家的時代」，對開疆闢土的國家統一事業有貢獻的勇士們的敬意已隨時代變遷而淡化了。記述倭建命一再地犯禁忌，不無有這種寓意的可能性。

邪馬台國與大和朝廷

繩文 12,000年前	彌生 紀元前5世紀 （近千年）	大和 3世紀後半～590 （300多年）	飛鳥 590～710 （120年）	奈良 710～793 （84年）	平安 794～1185 （390年）

日本文化的原形是在邪馬台國的時代創制的，而基於邪馬台國的文化才創成了大和朝廷的文化。大和朝廷的方針雖說是藉由大王（後來的天皇）的權威統治全國，惟其政治形態的基本，跟邪馬台國沒什麼兩樣。

邪馬台國的女王卑彌呼以傳聞神諭受敬重擁戴。同樣地，大和朝廷的大王亦以授受神意統領各國豪族，也就是行使祭政一體的統治。

邪馬台國是三十餘國聯合的盟主國，女王卑彌呼對（中國的）魏國擁有外交權。卑彌呼的時代是第3世紀初、中期。公元239年，女王遣使朝曹魏，被賜以「親魏倭王」，受金印。十年後，卑彌呼歿，其宗女臺與女王於266年曾遣使朝貢晉朝（司馬炎）。以後約150年間，支那方面有關日本的記述完全闕如。

漢字於第3～4世紀傳來日本，到第7世紀以後才廣泛地被使用。日本最早的史書撰成於第8世紀初，全部用漢字。這之前，要知道有關日本的事情只有靠周邊國的史書。其中最早涉及日本的現象事件者，為第1世紀後期成書的班固《前漢書》地理志。其次為陳壽（233～297）《三國志》的魏志東夷傳中的倭人（條）項，亦即《魏志倭人傳》。還有第5世紀劉宋時范曄的《後漢書東夷傳》。這些都對邪馬台國有詳細的「介紹」，而日本本身反而沒有。

西元前1世紀，日本北九州有百餘小國分立，西元第1世紀東漢光武帝授金印予其中一國（在博多的倭奴國）之王以「漢委奴國王」的金印。第2世紀末期，倭各國大亂與漢朝「國交」杜絕。到了第3世紀，邪馬台國的卑彌呼崛起。惟公元266～413年的一個半世紀之間，大陸方面完全沒有日本的「情資」，可能的情形有二：一是日本國內大戰亂，邪馬台國被消滅；二是邪馬台國「消滅式的發展」擴大統合全國。換句話說，若是邪馬台國被消滅，則可能是遭大和方面的勢力（例如倭建命進攻九州），或是來自北方的騎馬民族入侵。日本各國（地）的統一是否為邪馬台國征服大和地方而建立大和朝廷，甚至有人認為邪馬台的地點就在大和。

這些「眾說」紛紜，到最近雖然收斂了，卻仍未塵埃落定。不過，就各種文獻

資料，甚至考古的發掘，基本上大多認為邪馬台國的地理位置是在九州而非大和。而大和朝廷的成立亦非邪馬台國發展的結果。它可能在臺與女王後（第3世紀後期）被消滅了。

大和地方乃彌生文化的一處中心區域。很早就出現了有勢力的豪族，各豪族國家中，後來成為皇室的祖先（當時稱為「王家」）崛起，逐漸統合各小國形成以王家（大王）為中心的「大和國聯合」。

「記紀」有關神武東征或倭建命的開疆闢土，固然有助於對大和朝廷的國家統一的了解，畢竟神話的成分濃厚，實則謎雲團團看起來難免霧裡看花。

不過，經過學者的比對研究，大和（纏向）政權的誕生是在公元第3世紀初（220），這跟卑彌呼的邪馬台時代並行。惟大和這邊的情資大陸那邊的文獻完全闕如，而日本則要到第8世紀初的「記紀」，才有神話的傳述。倭建命的事跡在第5世紀，他的東國遠征路徑跟大和朝廷的勢力範圍大略一致。這時（第3世紀後半以後）日本文化史進入「古墳時代」。

第6節 大和朝廷的發展

神功皇后的遠征三韓

公元第3世紀末葉以後的一百五十年間，邪馬台國在歷史舞台上消聲斂跡（日本內部本來就沒文獻記錄，大陸方面也沒再見到）。代之而起的是在西日本的近畿（奈良、大阪）的大和地方崛起之大和朝廷。

大和國聯合的盟主（王家，後來的天皇家）透過交易、水稻農耕服屬了近邊豪族「國造」，逐步擴張勢力征服吉備（岡山）、出雲（島根）等國聯合，平定九州與東國（東京關東地方）統一日本全國（東北以北除外）。而大和朝廷在統一國內勢力後，為了發展對外交易，仁德天皇（倭建命的曾孫）將王宮從櫻井的纏向遷往大阪的難波（大阪灣東北隅）。第4世紀時代，大和王權已經成為代表日

本的勢力了。

第4世紀後葉，日本（大和朝廷）開始跟朝鮮的百濟邦交。日本書紀根據百濟的記錄傳述大和朝廷的故事，並附加獨自的神話。

公元第4世紀中葉，在南朝鮮的西部，百濟崛起統一馬韓，東部則是新羅崛起統一辰韓，與北朝鮮（含遼東）的高句麗形成朝鮮的三國時代。惟半島南端的弁韓則從第3世紀即在日本的支配之下。

高句麗廣開土王碑的證言

廣開土王（好太王，在位374～412）碑建立在中國吉林省集安市（414）。銘文1770字，記述倭軍在朝鮮半島軍事作戰的情形，全文用漢字，以干支年代記述。

大和朝廷於4世紀中葉後，統合畿內大和的勢力和北九州的勢力。朝鮮的百濟被新羅侵攻求救於倭。大和朝廷乃於公元391年（辛卯年），渡海征韓。碑文云：「倭以辛卯年來渡海破百□□新羅以為臣民」。按百殘即百濟，□□兩字擦剝不明。

這意思是，倭國渡海征伐南朝鮮使成為殖民地域屬國。這時是高句麗的全盛時代，不久高句麗大敗百濟，後又在新羅擊退倭軍救新羅（400），而倭軍捲土重來北上進擊到平壤（404）。

公元第4、5世紀交接的時期，日本軍在朝鮮半島的軍事行動頻頻，亦就

廣開土王碑拓本，與碑文的一部分

是日本史上的神功皇后的征伐三韓。日本書紀根據好太王碑的證言記述大和朝廷神功皇后的征韓神話傳說。

神功皇后征韓傳說

倭建命（日本武尊）這位大和朝廷西討東征建功立業，卻年紀輕輕（30歲）就「死於非命」的悲劇英雄，其子仲哀天皇（時還是「大王」，後來才追贈諡號為天皇），神諭要他去征討遍地黃金的新羅，然而他不信神諭這一套而不從。這時，他正在征討九州熊襲途中，詎料因此而「猝死」。他的伴侶神功皇后隨即中止征討熊襲，而揮軍渡海進攻朝鮮半島。

皇后的大軍船團從北九州福岡附近玄界灘啟航，經過對馬島，北上半島東南新羅的慶州城。這個航路亦是當時倭韓的交易路。面對皇后的軍勢，新羅和百濟先後「不戰而降」，皇后隨即平定南朝鮮。她更向北進擊北朝鮮的高句麗，逼使高句麗也承諾朝貢倭國。

據說，征韓當時皇后正懷有身孕，即後來的兒子應神天皇（仁德天皇之父）。她使用「腌石」（鎮懷石）讓肚子涼冷，遲延分娩以指揮作戰，真是罕有的女強人。

女傑神功皇后的事蹟，《日本書紀》尚且引用《魏志倭人傳》加以描述。她深信神諭，意為與神結合如同邪馬台國女王卑彌呼（巫女），而曾被誤認為同一人物。惟皇后的事蹟是發生在在卑彌呼的120年之後的時代。

話說回來，根據歷史的實證研究，「記紀」對神功的傳述虛構成分很多。其實，連她的丈夫仲哀天皇的存在也非常可疑。因為仲哀的父親倭建命30歲過世後36年才生仲哀，這是不可能的。而且好太王碑銘文中並沒有神功皇后相關的文字記述。

總之，神功皇后遠征平定朝鮮半島的事蹟故事乃是後來才整理假託皇后之名寫出來的。她的兒子應神天皇前後的時代，日本（大和）對半島顯示武威後，半島的先進文物、技術傳來列島是為事實的反映。

倭之五王時代

　　日本史上有一個著名而重要的時代叫「倭的五王」時代，時間上是第4世紀末葉到第5世紀末的百年間，亦就是第5世紀。

　　在日本，一直到第8世紀初，並沒有任何有關日本本身包括九州近畿等的史書，一般都透過大陸方面的史書了解日本（倭、大和）。所以所謂「倭之五王」亦是來自中國的晉書和南朝的宋齊梁書，尤其是宋書帝紀和夷蠻傳裡所記載的。

　　這些史籍記述在公元413年到502年之間，倭的五個國王曾經有13次派遣使臣來朝，請求賜封（大）將軍與（倭國）王號。這五個國王的名字，用中國式寫成；①讚②珍（或彌）③濟④興⑤武。

　　據宋書，②是①之弟。③的身分不明（系譜），④和⑤都是③之子，而④是⑤的哥哥，即④、⑤是兄弟關係。這五王的事蹟在好太王碑（414建立）裡當然看不到。而日方的史籍「記紀」成書在這200年後，成書前又乏史籍。根據「記紀」，年代上接近的有應神天皇（倭建命之孫，神功皇后的兒子）歿於西元394年。

　　那麼就從應神做基準點，他以後的天皇有兒子①仁德及仁德三子②履中③反正

《宋書》的倭五王與《日本書紀》記載之天皇對比

第3世紀後半豪族的聯合政權誕生了「大和政權」對外發展。第5世紀時勢力擴及朝鮮半島，與中國南朝交往。

《宋書》倭五王	《日本書紀》天皇（大王）
①倭王 讚	①可能為應神、仁德或履中天皇
②倭王 珍	②可能為仁德或反正天皇（①之弟）
③倭王 濟	③允恭天皇
④倭王 興	④安康天皇（③之子，⑤之兄）
⑤倭王 武	⑤雄略天皇（③之子）

④允恭和允恭子⑤安康⑥雄略。那麼把雙方記述的世系比對，可以確定的是；濟即允恭，興和武分別為安康和雄略。允恭長兄履中不曾朝貢（劉）宋。

問題是宋書的①讚和②珍（梁書作彌）二人的分身，宋書認為是兄弟是誤認，應是父子。亦即讚是仁德天皇，珍是其子反正天皇（允恭二兄）。

這五王（大王，還不是天皇）的時代，正適大陸南朝的（劉）宋齊梁的時代。大和王朝王宮遷到河內（大阪）除了統一國內，更積極對外交易發展經濟，同時經營朝鮮半島，對中國主動外交。大和的大王先後獲得大陸南朝政權認可為「使持節都督倭、新羅、任那、加羅、秦（辰）韓、慕（馬）韓六國諸軍事、安東大將軍倭王」。這樣確立了大和王權在東北亞的「權威」。

巨大古墳與大和王權

彌生時代的後期日本歷史進入古墳時代。公元第3世紀後半到第7世紀，列島各地，尤其是近畿大和、北九州的統治階級，豪族首長以及王家（天皇）競相營造巨大的墳墓，是為古墳時代。

巨墳的建造最古的是在大和的基地纏向遺跡內，全長208公尺的箸墓古墳（位於天理市南櫻井市），時為大和的三輪山古王朝。

可以說，大和（Yamato）政權成立後，巨大的墳墓跟著誕生。從奈良而大阪（河內）、瀨戶內海、西北九州建造巨大墳墓成為風潮遍及列島各地。在時期上正適值日本古代國家的統一時期。

巨墳的建築無疑地在顯示權力和財力，換句話說，巨墳是威勢的象徵。1985年日本建築業的巨擘大林組曾經估算，世界級最大型的仁德天皇陵（位於大阪灣東北岸邊，叫大仙陵古墳，5世紀中葉建造），總面積46萬4千平方公尺，前方後圓型，工期（每日2千人8小時以古代工法施工）要15年8個月，總勞動者670萬人次，總工費約796億日圓。（《季刊大林》20號）。

仁德陵前方後圓的墳丘主軸長475公尺，前方部寬305公尺，高27公尺。後圓

部的直徑245公尺，高30公尺，這麼駭人的規模。巨墳的規模，以長度看大者全長300公尺以上，小者也有150公尺以上。就數量看，以奈良和大阪最多，說明大和朝廷的所在地王家或貴族居處，巨大陵墳在死後還在誇示權威。

百舌鳥古墳群
大和政權成立後，第3世紀後半至第6世紀末，以近畿地方為中心，王族豪族競相興建巨型墳墓。圖中大仙陵古墳面積約46萬平方公尺，墳丘主軸475公尺長，305公尺寬，圓形部直徑245公尺。此一古墳群於今年（2019）被聯合國教科文組織指定為世界文化遺產。

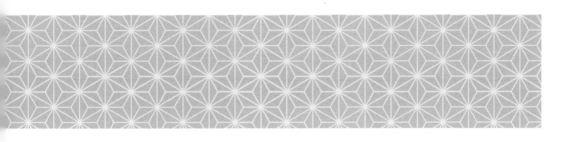

第VII章

律令體制國家的形成

　　日本古代國家成立於何時，一般有三種的說法，分別為第3世紀、5世紀和7世紀後半的所謂「三五七」論爭。

　　國家成立的定義，大致分為重視統治組織的形成狀況說與統治領域的支配說。前者著重於官僚機構、租稅制度以及軍隊組織的成熟度。後者則重視統治支配的政治領域之廣域的統合。

　　從上述的觀點，日本古代國家的成立三種時期的說法大致如下。

（一）第3世紀成立說，邪馬台國聯合被認為是初期的（倭）國家階段。卑彌呼是邪馬台國三十多個部落式國家的共主。在第2世紀末，倭國（眾多國家）大亂，卑彌呼在收拾亂局的過程被推為共主，不但在政治上整合了「國家聯合」，而且派遣使臣朝貢當時的文明先進國（魏）獲賜授以「親魏倭王」的金印及封號。可見邪馬台國這個代表「倭」的國家被認定是一個「國家」了。

（二）第5世紀成立說：奈良盆地的「原大和國」崛起後擴大領域，開拓河內（大阪灣東北沿岸），統屬大和國聯合各豪族王國，大和政權的大王成為盟主。《宋書》中記述的「倭之五王」統一倭後，對外與朝鮮半島的百濟聯合，在半島南部的任那設「代表處」，誇示勢力達到半島以資加強對國內的支配。一方面與中國南朝劉宋「通交」，獲得認定為日本和南朝鮮「六國」統領權（安東將軍）倭國王。大和朝廷「倭之五王」的王權支配下，官僚機構、軍隊組織茁壯成熟，可以認定是國家形成上的重要階段。

（三）第7世紀後半成立說：在聖德太子制定的「憲法十七條」（604）的基礎上，孝德天皇又進行「大化革新」，政治體制逐漸走向律令的基礎。國郡制、身分制、官僚制、戶籍制（670年制定庚午年戶籍令），稅制、軍隊、交通等整備就緒，進入律令國家成立期，不折不扣為國家成立的階段。

第1節 律令國家的胎動—飛鳥時代

日本歷史上的「飛鳥時代」是公元第7世紀的1百年間（590～710）。這個時代的最顯著的日本國家的「動能」是營造律令體制的國家架構，換句話說，就是律令國家的胎動時代。

這個時代因日本的王宮、皇宮位在飛鳥地方（奈良盆地最南部）而得名。聖德太子施行的憲法十七條，孝德天皇的大化革新以及（文武天皇）大寶律令的完成（701）。以律令做為基本法的古代國家稱之為律令國家。這種體制的國家崩壞後，其律令仍保存生命，形式上直到明治初年的一千二百年間擁有效力。

日本人心靈上的故鄉：飛鳥

大阪灣東岸的大阪平野東邊，奈良縣西北部奈良盆地的南部（天理市南邊），現在的明日香村以北，三輪山西南，畝傍山以東的區域自古以來叫做「飛鳥」，而明日香這村名與飛鳥讀音也相同。

此地畝傍山的南麓附近有橿原神宮，古代神武天皇東征在這裡「即位」。第7世紀時成為日本的中心舞台。公元592年，崇峻天皇被舅父蘇我馬子（天皇母小姊君之兄）弒殺之後，他的異母妹推古天皇就在明日香村的豐浦宮即位，成為日本、亞洲的首位女帝。

在《日本書紀》和《萬葉集》（最古老和歌集）的記述、歌詠裡頭，宮殿、寺院、邸宅和庭園曾經燦爛風華多時。悠閒平靜的田野、山丘圍繞的農村取向的日本原風景，今日仍在若隱若現地吐露昔日歷史、文化榮華的幽光。這裡被視為是「日本人的內心故鄉」，一點兒也不虛言。

日本最古的壯麗偉構的佛寺飛鳥寺，公元588年建立在明日香村的北部。篤信三寶的聖德太子創建的世界最古老的木造巨剎法隆寺雖位於飛鳥域外北邊，卻是屬於飛鳥文化圈。著名的藤原宮即在域內的北部，飛鳥寺南邊有橘寺、飛鳥宮。

飛鳥川從東南向西北悠悠漫流在域內。

　　飛鳥之地，是「日本國」的誕生地，政治、經濟、文化、藝術的出發地點。日本的國名從「倭」變更為「日本」，不但日本列島的統合，「天皇」的稱號開始使用。對外日本國亦因遣隋、唐使的活躍，堂堂地走上國際舞台。

渡來人與佛教的傳來

　　「渡來人」這個詞語的意思是「來日本的移民」，這裡指的是「飛鳥時代以前，從朝鮮半島移住日本的人」。後來在奈良時代（710～793）後半，像鑑真和

世界最古老的木造巨剎法隆寺，是聖德太子創建的南都七大寺之一。

尚（揚州人）等從唐國東渡日本的人，則不稱作渡來人。

　　公元第5世紀後半到6世紀初，「倭之五王」的末代「武」王（雄略天皇）時代，日本跟南朝鮮的百濟往來頻繁。一直到第7世紀末的飛鳥末期的一百多年間，日本的古代文化是在移往日本的渡來人的主導下大量地發展起來。

　　第5世紀後葉雄略天皇時，高句麗攻陷百濟的首都漢城（475），渡來人東漢氏祖先移住飛鳥南部。未久，秦氏的祖先移往日本。之後渡來人（歸化人）不斷地湧入日本近畿地方，成為地方豪族，被稱為「渡來系氏族」。

　　公元538（另一說為552）年，渡來人把佛教傳來日本。引起飛鳥朝廷內迎佛派（蘇我氏）與排佛派（物部氏）的「政爭」，結果擁立佛教的蘇我氏消滅物部氏，佛教在飛鳥發展起來。588年蘇我馬子創建的三金堂（正殿）高塔的大規模豪華壯麗的飛鳥寺，是日本最古的入流的佛寺，象徵飛鳥文化的高度文明。

　　一方面第5世紀後葉以降，鐵製的甲冑、馬具、貼金的裝飾品等朝鮮半島的寶品在日本各地流傳。列島的古墳內高句麗北方騎馬民族的馬具成為副葬品。在這次戰亂（高句麗攻陷百濟首都漢城）中逃難來日本的渡來人把各種技術和文化傳來日本。

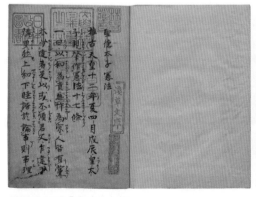

聖德太子的「憲法十七條」

推古天皇與惡霸蘇我氏

　　被烙印為「飛鳥的惡霸」的蘇我氏，在古代日本的黎明期曾經扮演政治嚮導的角色。1世紀長的飛鳥時代，布滿了蘇我稻目、馬子、蝦夷和入鹿祖孫四代榮華的足跡。

　　蘇我氏的出身被認為可能是百濟的「渡來人」。公元475年，百濟的首都被高句麗攻陷後，蘇我氏的祖先（木刕滿致）與王族南下。此時，渡海到飛鳥的渡來人（歸化人）中，東漢氏即在飛島盆地南部定居，後來發展成一大勢力的豪族。蘇我滿智（可能即為木刕滿致）的曾孫稻目，從葛城氏（飛鳥西南部）分支出來跟東漢氏親密。

　　這個時期，大和朝廷的大王（後來的天皇）的王宮建造在先進地的飛鳥。第6世紀後半欽明天皇時代，蘇我氏代代歷任大臣（首相），成長為朝廷最大的豪族。

　　蘇我躍居最高權勢的主因應該說是「政略結婚」。稻目把兩個女兒都嫁給欽明天皇做姿室。其中，蘇我堅塩媛就是推古天皇與用明天皇（推古的胞兄，聖德太子之父）的母親。而蘇我小姊君是崇峻天皇的生母。非常厲害，兩個女兒生了三

天皇（大王）家與蘇我家的政略婚姻關係

①蘇我稻目二女均嫁給欽明天皇。長女生下用明天皇與推古天皇（與敏達天皇成親）。
②稻目次女嫁欽明天皇，兒子為崇峻天皇，女兒嫁用明天皇，生下聖德太子。
③稻目之子馬子，三名女兒分別嫁給崇峻天皇、聖德太子與舒明天皇。
④崇峻、推古均為蘇我馬子所擁立，舒明與皇極（舒明之后，重祚為齊明）為蝦夷（馬子之子）所擁立。
⑤馬子後來殺害崇峻，入鹿（蝦夷之子）殺害聖德太子之子，後被舒明之子（後來的天智天皇）所殺。

位天皇，其中，推古為第一位女帝。

百濟的聖明王將佛像和佛典贈送給日本時（538），蘇我馬子主張迎佛，物部尾輿大加反對。雙方鬥爭時，蘇我氏與東漢氏聯手，結果演成兵戎相見，物部氏被消滅（587）。為了紀念這次的勝利，蘇我馬子大興土木建造飛鳥寺（法興寺）。同時，推古天皇的胞兄用明天皇（與異母妹結婚生聖德太子）死後繼位的崇峻天皇才做五年的天皇就遭舅父蘇我馬子暗殺。

崇峻的異母妹推古天皇繼位（推古也跟異母兄敏達天皇結婚，當時同父異母兄妹結婚不成為問題），雖然推古任命聖德太子（推古為太子的姑母）攝政，但實際政權在蘇我馬子手中。馬子的三個女兒分別嫁給崇峻天皇、聖德太子、舒明天皇，大剌剌地專權獨裁。

推古做了36年的女帝，死後，蘇我蝦夷（馬子之子）強行斥退太子的兒子而擁立舒明天皇。舒明死後，蝦夷和兒子入鹿擁立舒明的皇后為皇極天皇，入鹿在朝中「權傾」天皇。而且，入鹿竟又將有人望的聖德太子之子及其家族全部攻滅。

時朝中大臣藤原（中臣）鎌足與中大兄皇子（舒明天皇之子，後來的天智天皇）感到危機乃聯手誘殺入鹿。而入鹿之父蝦夷則在自宅縱火自殺。此一事變後，蘇我氏族完全沒落了。

第2節 聖德太子的重要功績

飛鳥時代，乃至日本史上被視為最重要人物之一的聖德太子（574〜622），在政治、外交以及文化各方面留下不可磨滅的事蹟，影響後世至深且鉅。並且被神話為「聖德太子的信仰」。

聖德太子的形像

聖德太子「生做圓抑扁」、長相為何？他的大眾形象一般都從日本紙幣塑造的。1930年的百圓兌換券，以後的五千圓日幣，尤其是1958年發行、1986年停

止，前後通用28年的壹萬圓紙幣上面的肖像，廣為人知。

　　日幣壹萬圓的肖像，聖德太子以後就是現行的福澤諭吉（明治的思想家、教育家，慶應大學的創辦人）。太子的壹萬圓比福澤的不但大（型），而且幣值「重」。筆者在半世紀前（1967）來日本留學時，每個月由日本文部省發給三枚太子像的壹萬圓，對太子有了「最愛」的印象。當時1個太子勝過現在5個以上的福澤，租一間六帖榻榻米的房間大約5～6千圓，現在要4～5萬圓，搭電車要20圓，現在則是120圓起跳。

　　太子的別名有三種：厩戶皇子、上宮王和豐聰耳（Toyo to mimi）。他的母親（也是父親的同父異母妹）在禁中巡禮監察諸司時，來到「馬宮」毫無煩惱安產下太子而得名。或許受耶穌生於馬房故事傳說的影響吧。

　　上宮王是因他父親的寵愛讓他住在王宮的上殿而得名。據說他耳聰過人，同時可以聽十人的訴願，被取「綽號」為豐聰耳，形容他多麼聰明。

聖德太子的功蹟

　　推古天皇即位後，指定厩戶皇子為皇太子，並被任命為攝政（593年，太子20歲）。其實，當時最高權力者是太子的舅公，亦是岳父蘇我馬子（推古的舅父，擁立推古為帝，而推古是太子的姑母，所以馬子也是太子雙親的舅父），所以年紀弱冠的他參政，並非單獨「攝

聖德太子在日本紙幣上的頭像，出自這幅聖德太子與二王子像。據說此像是太子逝世百年以後才繪成的，為太子形象的代表。他20歲時擔任姑母推古天皇的攝政，建立起中央集權的政治體制，興隆佛教。在政治與文化上功績顯赫。

政」。不過太子可能是帝位繼承者，所以初期還算很有權限，做了不少政治改革的措施。

太子參政後，翌年（594）頒布振興佛教的詔敕。第一次派遣隋使（600），翌年營建斑鳩宮，斑鳩之里成為佛教聖地法隆寺的基地。過兩年，先後制定「冠位十二階」和「憲法十七條」。公元607年，派遣小野妹子通隋，同年蓋建世界最古的木造佛寺法隆寺（1993被登錄為世界文化遺產，日本第一號）。晚年離開政界，潛居斑鳩之里，勤修佛事，亦與蘇我馬子著錄《天皇記》和《國記》，622年卒，享年才49歲。

二十出頭的聖德太子參與舅公蘇我馬子執政後積極推行改革的新政，主要的內政為；制定「冠位十二階」和「憲法十七條」。其目的在確立皇室的權威，建設中央集權的國家體制。他的政治哲學裡引進中國的儒教思想，更以佛教化為依據建設文化國家。

冠位十二階的制訂

聖德太子在內政方面首先著手改革的是制訂「冠位十二階」。冠位十二階即冠（帽子）的十二種類，依顏色和大小分為十二等級，顯示吏員在朝廷內的身份地

日本古代史上的哲人政治家聖德太子的功績

聖德太子（574～622）20歲時成為攝政，當時天皇為其姑母推古天皇。

①制定冠位12階，冠色分紫、青、赤、黃、白、黑等6色，各分濃淡。
②制定憲法17條，為最初的成文法、道德律。
③派遣隋使，力圖與中國對等外交。
④建立中央集權體制。
⑤興隆佛教，著述《三經義疏》，建造南都七大寺，以法隆寺、四天王寺最為著名。

位的「冠位制度」。

依據儒家的德目區分為「德、仁、禮、信、義、智」各分大和小。再配以「紫青赤黃白黑」六種顏色，計十二種。從冠服顏色和濃淡可看出大王為中心的官吏的身份位階（紫色最高）。冠位由國家授與。授冠的依據是個人的才能和功績，只限一代不得世襲。這是國家晉用人材的客觀制度，旨在打破從來以姓氏門閥家世任官的世襲制度弊害。

這種美好的制度施行僅限於畿內一帶，而且王族和蘇我氏不在對象之內，另一種的「刑不上大夫」吧。其實這種是參考百濟和高句麗的制度，施行了44年。

憲法十七條的制訂

在制訂冠位十二階的翌（607）年，制訂十七條憲法是為日本最初的成文法。其內容是規定要豪族和官吏必須遵守的十七條道德的訓戒（用漢文寫成），顯示太子尋求儒家的教化政治的理想，是一種政治的基本原則。以今日的法律概念來看不符合法律之名。雖有道德戒律的規定，卻全沒制裁事項的規定。

且看十七條中比較重要的部分。

（1）以和為貴、（2）篤敬三寶、（3）服從天皇、（4）禮法為基本、（5）以信為義之根本、（6）不可獨斷，必與眾論。

可見十七條憲法引進佛法、儒家和法家的思想，跟冠位十二階有互為呼應的部分。強調天皇的權威，要求豪族們以和為貴。今日日本社會尤其企業內「和」的精神，團隊團結合作的精神可取。對儒家的德目「仁義禮智信」的序列另有創見，認為禮和信尤重要，而更改為「仁禮信義智」。

派遣隋使拚對等外交

聖德太子的治績，除了上述的內政改革，建設中央集權的律令制國家，在文化方面振興佛教（詳後文化篇）。對外，尤其是對隋國（中國）拚對等外交，擺脫

過去屈辱式的朝貢外交。

古代的日中的外交關係，第1世紀中葉（57）時，東漢的光武帝對於來獻見（朝貢、朝覲）的倭（日本）的小國聯合之一的「奴國」的「王」賜給「漢委奴國王」的金印。

第3世紀（239）時，邪馬台國聯合的女王卑彌呼對曹魏朝貢時，則受封以「親魏倭王」金印。不久後「外交」中斷一百多年。

第5世紀初，大和朝廷的大王（五王時代）跟中國南朝的劉宋朝貢，接受「安東（大）將軍倭國王」的稱號。從5世紀末葉以降又斷絕了一百多年。到公元600年，聖德太子執政後，中國則隋朝統一南北朝對立的亂局，乃第一次派遣隋使，引進中國的制度、文物。

太子在世時前後遣隋使有四次。第一次時，使者（姓名不詳）被隋文帝楊堅問起倭國的政情時，回答說：「我王以天為兄，日為弟。兄（天）於天未明即到王宮執行政務，日（弟）出之後，停止政務，委任弟。」文帝聽得「一頭霧水」。（隋書倭國傳）。第二和第三次（607、608）的使節都是小野妹子，他向隋煬帝提出的國書劈頭就寫「日出處天子致日沒處天子書」，楊廣震怒評為「蠻夷之書」、「無禮」。在前近代要進行對等外交談何容易，卻也可以看出聖德太子對於對等外交的努力。

聖德太子執政時期除了在內政整備制度為律令式中央集權體制鋪路，在外交方面致力與中國（隋）進行對等外交。第一次派遣隋使，開啟了日中外交關係長達三百多年。（關於遣唐使部分詳後「遣唐使的悲歌」）太子的偉大貢獻毋寧說是振興佛教、發展佛教文化。不但建立佛寺，研究佛教經典，抑且將佛教提昇為國教打下了久遠的基礎（詳後文化篇）。

大化革新之詔

公元622年，聖德太子才49歲就往生。他的遠大理想乏人繼承。在政治方面要

抑制豪族，挽回王家（後來的天皇）絕對權威的國勢。太子生前跟岳父亦是舅公蘇我馬子共同執政。馬子兩個姐妹，一嫁太子之父，一個是崇峻的母親，而且馬子的三個女兒，一嫁太子，一嫁崇峻天皇（被馬子弒殺），另一嫁舒明天皇（為馬子之子入鹿所擁立）。

　　推古天皇（蘇我馬子的外甥女，馬子所擁立）歿後，帝位繼承問題惹來聖德太子之子一族被馬子之孫入鹿殺害（643）。蘇我氏權傾王室，殘暴專橫，朝中危機重重。而國外，新羅（反日）在半島飆起，中國則李唐滅隋崛起。在這種內外情勢之下，遣隋使學問僧、留學生長期留學後相繼回國，深感不安，思索有必要進行政治改革，將在隋唐學來的律令制度、政治體制做為樣板，進行「宣教」，引起朝中以中大兄皇子（舒明與皇極天皇〔夫妻都是蘇我入鹿擁立為帝〕的兒子，後為天智天皇）為中心，中臣（後為藤原）謙足等人的支持，聯手在太極殿殺害入鹿，翌日其父蝦夷自殺（645），於是清除了政治改革的最大障礙。

　　蘇我氏被打倒後，立即成立新政府組織，皇極天皇（女帝）退位禪讓給弟弟孝德天皇，開始立年號建元為「大化」（645），中大兄皇子為皇太子主政。新政府為削弱豪族的氣勢將王室遷到難波（大阪灣東北岸）。翌（646）年元旦，頒布「大化革新（四條主文）詔書」，指出新政權的政治方針。

　　（1）廢止私地私民，（2）制訂地方行政制度，（3）制訂戶籍、記帳、班田收授法，（4）制訂新稅制。

　　大化革新的詔書真實性與實行性曾被質疑，因為「公民體制」在30年後的公元675年時，「部曲」（「私兵」）廢止後才創始。第一條的廢止「私地私民」恐怕非事實。至於制訂地方政制則確實有所改革。豪族受賜「封戶」享受貢納的食祿，這跟土地人民私有無異，豪族乃 變為官僚貴族。大化革新雖說得上是政治改革，却說不上是社會改革。不過大和朝廷確實朝向中央集權國家邁出了一步。

第3節 中央集權律令制的試運轉

第7世紀，前半的飛鳥時代，王室的外戚蘇我馬子、蝦夷和入鹿祖孫三代凌駕王權，其勢力終於公元645年被殲滅。同時，領導政變的中心人物中大兄皇子（後為天智天皇）崛起，他母親皇極天皇（蝦夷所擁立）默認這次的政變。

皇極退位（禪讓）給弟弟孝德天皇，開始推行大化革新的律令式體制。實際上，內外政治則由中大兄皇子操控。

白村江之戰

古代，在第7世紀中葉，日中韓之間發生最慘烈的一次「三國聯軍」的國際戰爭，影響東北亞的局勢，特別是朝鮮半島與日本的關係。

正當飛鳥的大和朝廷在進行大化改革的時期，朝鮮半島的風雲告急。公元660年，新羅聯合唐攻滅百濟。日本與百濟長年友好，飛鳥當局害怕唐的勢力逼進日本，乃派遣大軍渡海支援百濟復興。

公元663年（天智二年）八月二十七〜二十八日，倭的第一軍五千人，第二軍二萬七千人和百濟的聯合軍與唐和新羅的聯合軍在百濟錦江的河口白村江發生激戰。日軍戰船從河口遡上時，唐艦170艘待機迎擊，前後激戰四次，最後唐、新

白村江之戰（古代東北亞最大的國際戰爭）

倭軍應百濟請求救援，出兵朝鮮對抗唐、新羅聯軍。

①時間	《日本書紀》天皇（大王）
②地點	朝鮮半島的西南的百濟國錦江口（白村江口）。
③陣容	A軍－倭、百濟聯軍。倭軍3萬2千名，別働隊（支隊）1萬。 B軍－唐、新羅聯軍。唐水軍戰船170艘。
④結果	A軍慘敗。《唐書》記載：「燒倭船400艘，海水皆赤」。百濟宮女3千人投江殉國。 戰後，日本不再經營半島。

羅軍全勝。

　同時間，在陸上的戰鬥，日本軍亦敗退。這次戰役，唐方的紀錄說：「燒倭船四百艘，海水皆赤。」《日本書紀》說：「官軍潰敗，赴水溺死者眾」。戰事的慘烈可以想像。據說百濟宮女三千人，眼見國家敗亡，在錦江中流的白馬江落花岩（懸崖）投身江中，彷彿「落花猶似墜樓人」，而尤悲慘。

　白村江戰敗後，大和朝廷的對外政策由進「攻」朝鮮半島，轉而防「守」唐、新羅的侵攻。因而除了在大和地方建造儲倉的高安城，在北九州筑紫建設了水城等數座防禦城池。

壬申之亂：邁向中央集權的國家體制

　為了防禦目的，朝廷在白村江戰敗後遷到大津（琵琶湖西南）是為「近江朝」。對半島的支配死了心，乃專心經營內政，極力模仿唐朝的律令國家形式。天智天皇除了頒布「近江令」，編制最初的戶籍（670，庚午年籍）。革新政治逐步推行中，晚年卻發生了後繼者問題。

　天智歿後，兒子和弟弟之間為了繼位兩派對立。惟其弟先是剃髮出家到吉野山內修行，為近江朝中擁皇子的勢力所不容。皇弟（吉野派）遂決然舉兵圍攻近江大津城，皇子自殺，史稱「壬申之亂」。

　這次叔侄為了皇位相殘，結果近江朝消滅，皇弟大海人皇子即位（673）為天武天皇，王都又遷回飛鳥。天武在大動亂中取得勝利被視為神的加持，於是天皇的絕對權威被神格化。天皇的強權政治之下，中央集權的國家體制益形鞏固。過去王權都是世襲或被（蘇我氏）擁立的。這回是用「力」取得的，而且在眾多支持勢力結集之下實現。

　在強力的支持基盤之上，天皇的政治首先廢止部曲和食封，貫徹「公地公民」主義，制訂「八色之姓」，用姓取代了諸氏（舊時代）。頒布「飛鳥淨御原律令」，大大推進大化革新詔的理念。

「日本」國號的誕生

古代日本的國號叫「倭」，在中國的史籍裡有關倭人的記述，「倭」人指的就是日本人。這在漢初（西元前2～1世紀）就出現了。第1世紀中葉東漢光武帝賜授的「漢委（即倭）奴國王印」，尤其是第3世紀曹魏授「親魏倭王」金印給邪馬台國的卑彌呼女王。陳壽的三國志魏志有倭人傳更是著名。

「倭」代表日本，用了好幾百年，第7世紀初，聖德太子為了打破屈居在中國歷代王朝之下的「倭」，而提出了「日出處天子」的國書，是爭取對等外交的嘗試。

到了第7世紀末葉，日本的國號從用了七、八百年的「倭」改變為「日本」，這事發生在天武天皇時代（673～686），但缺乏事實證據。有一說是大寶律令施行（702）以後開始使用「日本」代替「倭」。不過有項證據，就是天武天皇敕命撰述的《日本書紀》，書名用「日本」，雖說成書於公元720年，但可以想像「日本」的國號在天武在世時應已出現。

另外已發現兩件確切的證據，近年發掘的兩塊墓碑銘文，一是公元713年埋葬的唐朝高官杜嗣先。另一是日本遣唐使隨行的留學生井真成的墓誌銘。井於717年（19歲）到唐國滯留17年，開元22年（734）卒，享年36歲。

這兩塊墓碑中，杜的墓誌文第22行末尾到第23行，有云：「皇明遠被，日本來庭，有……敕令公（即杜）與……等賓于蕃使，共其語話。」

井真成的墓誌首行即云：「公姓

井真成的墓誌銘。

井、字真成，國號日本，才稱天縱……。」

從這兩則墓誌銘內刻有「日本」的國號，皆發生在第8世紀初，因此可以判斷在這稍前的第7世紀後葉「日本」國號應已誕生。至於「日本」二字的發音，日語的讀音有「Nihon」和「Nippon」兩種。依語源與唐代長安音有關，源自「Ribun」、「Nibun」，故應是後者「Nippon」。

「天皇」稱號的由來

公元673年，天武天皇即位時，第一次登上「高御座」，即天皇的玉座。這「高御座」是中古以後天皇在朝賀，接見「蕃客」（外國使節）時才登坐的。

玉座的構造是三層塗墨色的祭壇上設「座椅」，上面裝置似神輿的八角形油漆墨色的屋形架構。屋頂上有大鳳、小鳳、鏡子，屋內有椅子。這張玉座安置在大極殿或紫宸宮。

天武天皇用武力奪取王位，為顯示大王具有絕對權威，在即位時特別設置跟中國皇帝即位儀式用的相同特別玉座。這樣，天武一則成為第一位日本的天皇（過去是大王），一則宣言跟中國的皇帝「同格」，而號稱是「天皇」。同時，把以往比中國低一級的「倭國」的國號廢掉，對外使用「日本」這個名稱。

此時，「大后」改稱「皇后」，「大兄」改稱「皇太子」。而且大王之子的「王子」的表記亦改為「皇子」。日本進入了新的時代。

其實，「天皇」這個名號，其語意寓有道教的性格，北極星神格化的道教之神「天皇大帝」被略稱為「天皇」。唐高宗李治重視道教，公元674年（天武天皇即位翌年）即曾宣稱為「天皇」，武則天稱「天后」，時李治即位已24年。

日本最初的計劃都市模仿長安

飛鳥時代（590～710）末期的大化革新（645）以後，中央集權體制試運轉，強化天皇的統治權威的重要措施之一厥為「京城」的建設。於是模仿唐國首

都長安城的「首都營造」，日本有了「都市」，而且是計劃都市。

古來，天皇居住的「宮」限於一代就遷移成了慣例，無所謂固定式的都城。第一位「名」符其實的天皇——天武天皇過世後，他的正室（也是其姪女）持統天皇繼位（690），為了推行以唐國為樣板的中央集權國家建設，在飛鳥盆地的北方，營建都計畫都市藤原京後「遷都」。

藤原京的中心為帝之宮藤原宮，周圍為計劃式的市街地，形式為「京」的都市，即「都」城。亦即宮闕被安置在（京）都的中央，被市街民宅所「包圍」。持統以後，文武天皇（持統的孫子）和元明天皇（女帝，是文武的母親也是持統的異母妹妹）三代天皇的國都皆在這裡。

公元704年，遣唐使當中著名的栗田真人從唐歸國後，基於在唐所見提出改革的建言。其中對於都城問題，鑑於唐朝皇帝生活的場所在長安城的北邊，閒雜庶民不易接近，可以保持皇帝的權威。而日本天皇的居所在市街中央，任何人可以隨意接近，不但有損天皇權威，維安亦有問題。

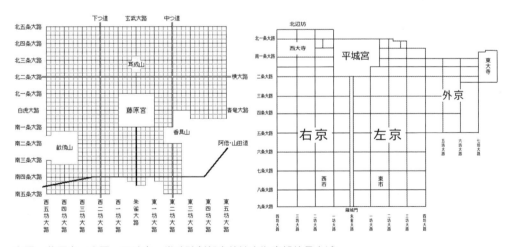

左圖－藤原京，右圖－平城京。當時計劃都市的範本為唐朝的長安城。

　　因此，皇室在奈良盆地的北邊營造新的都城叫平城京，持統之妹元明天皇乃遷都平城京，日本進入奈良時代（710～793）。

　　平城京（奈良）是一座模仿長安城的計劃式都市。它的城域，東西4.3公里，南北4‧8公里，東北部為突出的外京。城的北部設置「大裏區域」，包括中央宮殿，東部北邊為「內裏」做為天皇的住居與皇居，其南邊為大極殿和朝堂院（中央行政官廳）。

　　平城京內除了宮闕以外，大寺院林立，後來由於僧人干政，桓武天皇時再度遷都長岡京（793）。奈良平城京做為國都約80年，今日其遺跡被聯合國教科文組織（UNESCO）登錄為世界文化遺產（奈良的八處世界文化遺產之一，京都有十七處）。

第4節 女帝的世紀

兄弟相繼皇位

　　日本古代史有將近一個世紀之久，是女帝登場統治國家，從第一位推古天皇（實際是大王，要到天武天皇即位〈673年〉以後才算是天皇）於公元593年即位（在位35年）以後，到稱德天皇（孝謙天皇重祚的帝號）末年（770），前後約180年，其間誕生了六個女帝：推古、皇極（重祚的帝號為齊明）、持統、元明、孝謙（重祚帝號為稱德），擔任八代的帝王。

　　從推古到稱德歷八代（六人）180年間，天皇十五代中有八代約80年為女帝。而且其中的元明天皇和元正天皇是母女相繼為帝王，皇極和孝謙兩人都重祚。這麼多，又都集中產生女帝的時代，在世界史上真是罕見的現象。這種女帝登場的背景跟皇位繼承制度有關，而女帝角色的終了是由於平安（京都）初期，皇太子制度整備就緒。

　　基本上，女帝的時代，國家政情比較不穩定。女帝的登場是帝位繼承制度失衡

的產物，並非繼位制度的當然，而是被「他力本願」所擁立，或者是過渡式的「代打或中繼」登場。

古代皇位的繼承特徵是「兄弟繼承」制為主流。兄終弟繼，這一代的兄弟都輪流繼位後，次一代即為父傳子，然後又是兄死弟繼。由於沒皇太子制度（尚未有天皇有關），而且兄弟相繼限於（至少是）同母兄弟。惟遇有異母兄弟中有野心的，或如天智天皇不傳給胞弟天武而傳給兒子，以致後來引發了叔侄兵戎相見，而有天武天皇的誕生。

天武天皇用「實力」取得皇位，死後皇后立即按照天武之意「臨朝稱制」（未即位）。這（鸕野）皇后是天武的胞兄天智天皇的女兒，亦就是叔父和姪女結婚為夫婦成為帝與后。

首位女帝的誕生

第一位女帝推古（聖德太子的姑母）的所以即位，因為崇峻天皇（才在位五年）被舅父蘇我馬子派人殺弒，並無立皇后，而王妃的子女無權繼位，嗣位既空，群臣乃擁戴敏達天皇（崇峻的兄長）皇后推古（亦是敏達的同父異母妹）為帝，是為第一位女帝的誕生。「群臣擁立」是必要的「形式」。而持統天皇則端靠丈夫天武天皇的「超凡領袖魅力」，沒得到群臣的擁護就能稱制。一則當時的慣例，要成為天皇必須30歲以上（不成文法的規定），皇子當時才25歲。

天武朝的女帝

持統天皇稱制第四年（46歲），皇子已死，皇孫才7歲，「只好」自己正式即帝位。天武有眾多皇子按理應該由他們輪流做，然而持統為了將來讓自己孫子（要等20多年後）繼承帝位而「鐵下心」即位。

持統女帝（687～696）繼承（夫君）天武朝，頗有作為：實施淨御原令（律令），作成庚寅年籍，尤其興建遷都藤原京（最初的計畫都市、京城），終結1

世紀的飛鳥京時代。其意義在於加強中央集權體制的推行。

持統排斥了從來兄弟相繼的慣例，執意確立直系相繼制的新規範，建制了皇太子東宮坊的組織。她53歲時「讓位」給嫡系皇孫（15歲），是為文武天皇，也是史上「年少天皇」的誕生。而她則成就為（稱制的）太上天皇，實際在幕後操作「共治」。

持統讓位5年後死去，又經過4年，孫兒文武天皇以病重而「讓位」給生母，為第四位（亦是第5代）女帝元明天皇。這元明是與持統相差16歲的妹妹，亦是持統的兒媳婦，持統跟丈夫天武天皇是叔姪關係。說好聽是肥水不外流的近親繁殖，實則是未免「亂倫」了吧。這種情形見怪不怪，先代的欽明（推古之夫、敏達天皇之父）的時代就已經如此了。

兒傳母、母傳女的皇位

元明女帝接受兒子（文武）的「讓位」而即位（707），這也是史無前例的怪現象。她在兒子死後一個月就即位了。可她並非徒具虛位的女帝，而是頗有作為

女帝的世紀女帝關係

公元593～769年間誕生了六位、八代女帝。

	在位年間	家族關係
①推古	593～628， 在位36年	繼同父（欽明天皇）異母兄長崇峻天皇後為女帝，兄長用明天皇之子聖德太子攝政。
②皇極	642～645	655～661重祚為齊明，為舒明天皇之后。
③持統	687～696	天智天皇之女，嫁給叔父天武為后。
④元明	707～714	文武之母，繼子位為帝，名君聖武的祖母。
⑤元正	715～723	元明之女，繼母位為帝。
⑥孝謙	749～757	765～769重祚為稱德，聖武之女。

積極施政：發行「和同開珎」（錢幣之始，708），完成編纂《古事記》和《風土記》，以及建造遷都平城京（奈良，710，當時遷都藤原京後才13年）。

　　元明在政治上的另一重大的任務是，兒子過世而孫兒（後來的名君聖武天皇）尚年少，要如何安排才能夠繼承皇位。她一方面趕緊把皇孫（文武天皇之子）立為皇太子（14歲），一方面把女兒破格高昇。即位八年後，元明天皇（55歲）讓位給女兒（未婚，36歲）是為元正天皇（母女相繼）。惟很明確地立意以元正為「中繼」過渡以便交棒給皇太子（聖武天皇時15歲）。

　　要之，這一連串地集中的出現女帝登場，其背景遡自天智天皇有弟天武而無視兄弟相繼的慣例，私心刻意傳位兒子（引發叔侄相殘）的口諭，「不改常典」。為了這個「常典」（傳位嫡子），「逼」出幾個女帝，其結果產生了強烈的皇統意識，同時從皇統排除了女帝，限制女帝的出現。

　　按照「不改常典」的諭示，文武天皇（天武之子）應傳位給兒子聖武天皇，但因聖武還年幼，而（文武）讓母親（元明），元明再讓位女兒元正。這樣經母女兩代女帝，最後傳給聖武（元明之孫，文武之子），亦即聖武接受姑母的讓位。姑母為了聖武能夠繼位，費盡心神努力了10年終於實現，所以聖武視姑母情逾生母，亦是感人的故事。

　　元正過世時69歲，聖武天皇為姑母祈求冥福，動員全國諸寺僧尼敬禮讀經，寫經（法華經）供養。聖武天皇時佛教鎮護國家，佛事盛行，天皇發願造立東大寺大佛，為第8世紀中葉，佛教興盛的指標（詳文化篇佛教）。

女性皇太子的踐祚

　　當時的權臣亦是外戚的藤原不比等（協助天智天皇消滅蘇我勢力的中臣〈改藤原〉謙足之子），仿效先代的蘇我氏，利用政略結婚把女兒嫁天皇，掌握絕大權力。

　　藤原不比等把兩個女兒分別嫁給兩個天皇，一女宮子嫁給文武天皇，另一女光

明子嫁給文武天皇之子聖武天皇。換句話說，聖武天皇娶姨母做老婆（母親變成姊姊，父親成了姊夫）。

聖武有兩男一女，光明子生阿倍內親王（女），九年後生皇子，未滿1歲就夭逝了。同時期，另一妃子生了次男，17歲時死去。在聖武天皇的主導之下，冊立21歲的阿倍內親王為皇太子（異例），11年後（32歲）接受父皇的讓位（749）成為女帝孝謙天皇。

惟當時貴族社會的通念並不承認女帝為皇統的繼承者。皇嗣，亦即皇位的繼承者是男子，所謂「不改常典」是唯一的原理。否則未婚女性做女帝嗣位，而跟異種或族外男性有了兒子，這可就麻煩了。所以阿倍內親王雖被立為皇太子卻久久不即位而發生批判、反對事件。

孝謙天皇既是聖武唯一的直系嫡女，繼嗣為帝且有正統性，父親的讓位加持，授與生殺予奪大權無異於「不改常典」。同時，母親亦以延續皇統勸諭她即位。

天皇孝謙重祚為稱德天皇

孝謙在位9年間，忠實認真遵循父母所按排的軌道推行政務，大半的時間耗費在實現父親宿願的大佛（盧舍那佛）的造立事業和東大寺的營造。即位第3年（752）舉行盛大的東大寺大佛開眼齋会，有一萬人僧侶參列盛況空前絕後。兩年後，她跟父母一同在東大寺大佛殿前的戒壇接受唐國高僧鑑真和尚的受戒。他們三人雖然曾經由行基受過戒，惟本式的受戒是首次，也是聖武的願望，時鑑真剛到日本才3個月。

女帝孝謙天皇在位9年後，讓位給她所立的太子是為淳仁天皇（藤原仲麻呂的養子），而以太上皇（758）代理執政（院政）。孝謙與淳仁早就不和，第六年，天皇家的輔弼仲麻呂（孝謙舅父之子）謀反失敗被誅滅。一方面淳仁天皇廢位（764），自己重行踐祚，帝號「稱德」。這是自大化革新後皇極天皇（舒明的皇后，重祚帝號齊明）以來隔109年的女帝重祚。孝謙的重祚執意表明自己繼

承天武直系的嫡系皇嗣的正統性。而且「重祚」對女帝實是特有的方便之門。

孝謙受過戒，而且讓位後出過家為僧尼（未婚無子）。重祚後的稱德天皇舉行盛大的「大嘗祭」，也就是天皇即位禮後初次舉行的新嘗祭，用該年的新穀物祭祀天照大御神與天神地祇。這時候，出家天皇舉辦朝廷傳統的最大神事的大嘗祭史無前例，稱德乃頒下詔敕力說並倡導神佛合一，僧俗（白衣）一同供奉神事的必要性（鼓吹神佛習合思想）。

稱德重祚6年（764～770），死時53歲，最大的失政是重用又誤用了僧侶道鏡為太政大臣禪師，竟宣稱出家皇帝之世應有出家大臣的一廂情願的邏輯。抑且任命道鏡為「法王」（法界之主），形同可與俗界之主的稱德「並肩」而立。至是道鏡乃成就為「宗、俗」兩界的統治者，出現了聖俗「共治」的現象。不過，稱德仍以宅心貴族官人（吉備真備等）的支持，盡力整備議政官體制。晚年立皇太子，也順遂即位，孝謙（稱德）也完成女帝的任務，成為末代的女帝。

從第6世紀末年的首位女帝推古天皇（大王）到第8世紀後葉的孝謙（稱德），一百多年間接連出現了六個（八代）女帝，是日本（古代）史上特有的現象，世界史上罕見的事例（中國只有唐代武則天，且是改國號者）。

國家統治權力的中心，皇位的移轉繼承一旦出了差錯，必然引發亂局，影響至大，因而女帝的世紀是值得關注的時代。一般常聽說日本的皇室，天皇是「萬世一系」的說法，探討了這「女帝的世紀」之後，必然認識了那是「無稽之談」。

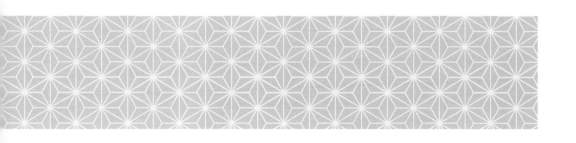

第Ⅷ章

從奈良到京都

第1節 平城京時代掃描

女帝元明天皇時代（707～714），將都城從奈良南部的藤原京（694遷至此地）遷到奈良市西邊的平城京（710）。這以後到公元784年的74年間，首都在奈良，史稱奈良時代。（編按，784年後10年間遷都長岡京。）

國際化的奈良時代

奈良時代很像現在平成時代的日本，是個國際化的時代。主要的原因是派遣唐使到唐（中）國引進當時最先進的文化、技術和人物（例如鑑真和尚等），學問僧引進佛教，成為鎮護國家的力量，留學生更將文物制度、學問思想移植列島。同時，唐的國際主義如同今日的美國，西亞、近東波斯、印度的文物流入長安也輾轉傳入日本。

另有東亞新羅（朝鮮）以及渤海國（滿州南部）等國來朝，國際交流頻繁，其結果乃促使國際化的天平文化在奈良之都開花燦爛。

不過，國際交流而無預防措施的門戶洞開卻產生了一種負面的結果，那就是讓傳染病湧進列島，尤其是首都奈良。

奈良時代，許多疾病從海外（特別是中國）傳入，尤其是天花的致死率高到令人恐怖。公元737年，更因為天花的關係發生了政權交替事件。當時的最高權力者藤原氏四兄弟擔任太政官機構的議政官，亦即今日的重要閣員，他們同時期全部病逝。四兄弟的生父是當時的最高權力者藤原不比等，他的兩個女兒一個嫁給文武天皇，另一個嫁給文武天皇的兒子聖武天皇。

奈良時代的國際化展現在遣唐使對中國的交流。這是延續飛鳥時代（590～710），舒明天皇初次派遣唐使（630）至天智天皇時代第七次（669），以後中斷33年的再開。平城京時代前後派遣了十次（第八～第十七）。（詳下一節「遣唐使悲歌」）

權力鬥爭不斷，女帝接連登場

天武天皇用武力從哥哥（天智天皇）的兒子手中奪得政權成為強勢的統治者。天武死後，皇后（天武兄長天智的女兒，叔姪近親婚）為了讓皇太子能夠繼承皇位，立即先行「稱制」，不即位而執政，後來即位是為持統天皇。

在天武的殯宮儀禮之際，太子異母弟（大津皇子）謀反事件敗露被處刑（24歲）。惟大津謀反事件被認為是持統天皇所設計誣陷的。因為太子病弱又低能，而大津儀表堂堂有能力和人望，一直成為太子的威脅。依制，皇太子必須輔佐天皇的政務，卻並無繼位的保障。如果皇太子（草壁）即位，他的孩子還小（4歲）不可能佐政，那麼他的異母弟有人要被安排為皇太子。

因此持統的算計是讓自己先稱制，等到孫兒成長後，讓兒子繼位天皇，孫兒為皇太子。可是她的盤算落空，兒子不久死了（28歲），這時她索性即位為天皇，排除丈夫天武的好幾位兒子繼位，毀棄「兄弟相繼」的慣例。

持統為了讓孫子能當上天皇，要求最高權力者藤原不比等協助，屆時讓孫兒娶不比等的女兒為妻。後來，15歲的孫兒即位為文武天皇，不比等的權勢從此大增，而與持統的「合作」密切，時為第7、8世紀之交。

不比等除了推動藤原京的營造，編纂大寶律令，把兩個女兒分別嫁給文武天皇和聖武天皇（文武的兒子），有如第二個蘇我馬子。

持統過世後不久，孫兒文武天皇多病，於是讓位給母親，為女帝元明天皇（是持統之妹亦是兒媳），不久文武去世（24歲）。這種子傳母的皇位繼承前所未聞，而這位女帝又為了要傳帝位給年幼孫兒（後來的聖武天皇），於是再度效法母親持統稱帝。然後把皇權讓給女兒（元正天皇，文武之妹）。待藤原不比等（聖武的外公）死後，皇族中長屋王（天武的孫兒）出來對抗外戚藤原四兄弟，結果被誣為造反被逼自殺。

後來四兄弟感染大陸傳來的天花相繼死亡。於是皇族中橘諸兄一時崛起，可是

藤原仲麻呂因光明皇后（不比等之女，聖武后）的寵愛而當權。聖武天皇兒子早逝，死後女兒繼位為孝謙天皇（重祚為稱德天皇）。這孝謙又寵愛給自己治病的僧人道鏡，竟想傳位給他，而引發仲麻呂叛變，事敗被斬首。道鏡僭越當權招忌，女帝死後隨即被新皇（光仁）放逐。此後進入名君桓武天皇的時代，而都城亦在公元787年先遷至長岡，794年再遷至京都，進入平安時代。

平城京的探訪報告

第8世紀是平城京的時代，大陸方面是從盛唐至中唐，武則天篡唐建周至唐朝傾頹，節度使跋扈時代。奈良朝廷在大化革新（645）以形成大王（後來的天皇）為中心的中央集權國家為目標。天皇、皇族、豪族的私有地乃變成「公地公民」制，實則並未生效。公元702年象徵實現「公地公民」制的大寶律令亦形同具文。同時期給予農民的口分田「班田收授」制竟是「六年一班」，以每六年編一次的戶籍為準分予農民，然而租庸調義務有加無減。為了逃避這些「義務」，農民紛紛投身豪族或貴族籬下，口分田制亦告荒廢。其後朝廷又准許農民開墾土地私有，卻限制「三世一身法」，屆時要返還國家（723）。

到了743年（聖武天皇）又准許土地無期限私有的「墾田永年私財法」，朝廷自廢「公地公民制」。此後，貴族以及寺社的私有地不斷增加，而產生了「莊園」，終而公地公民制完全破產。

桓武天皇從奈良遷都至長岡京，10年後再遷都到京都為平安京。成為千年文化古都。一方面也開疆闢土，使東北地方納入領土。

鎌倉	室町	安土桃山	江戶	明治	大正	昭和
185～1333 （148年）	1338～1573 （235年）	1573～1603 （30年）	1603～1867 （264年）	1868～1911 （44年）	1912～1925 （14年）	1926～1988 （63年）

　　與農民疲弊窮困相對照的是京城奈良的榮華風光。當時日本全國的人口大約五百萬人，其中奈良的人口為十萬人左右（戰前認為二十萬人）。這裡居住的天皇及其血族數十人，天皇手下的大小官員，位階正一位至五位屬於貴族，大官不過百幾十人，連同家族頂多千人。

　　中央官制，頂點是太政官設太政大臣和左、右大臣計三人。下轄八省一台、五衛府，中間有幾個議政官，叫納言或弁官。

　　六位以下的吏員約六百人，除了在中央官廳，有些擔任國司統轄地方。此外包括無官職但在官衙工作的人員約有一萬人，如果把他們的家人也算進去則不下四、五萬人，佔了一半左右。另外是地方豪族派遣的兵衛、地方農民服務朝廷的雜役、都城的衛士、其他勞動者。神社、佛寺的僧侶眾多，中國、印度來的外國人，朝廷貴族的奴僕等等。市的周邊有多數商人，奈良城就這麼繁雜，充滿了活氣。

　　不過，可別忽略注意一下貴族與庶民上下階層的「差距」。正一位太政大臣的年收約現在的6億日圓（1‧7億台幣），正五位為3千萬圓，正六位7百萬圓，下級吏員則必須在家的空地種蔬菜才能生活。至於庶民生活就更悲慘了，據《萬葉集》描寫當時農民貧困的生活，吃的只有一青菜湯、一醬漬菜、鹽和糙米飯，夠苦的了。（參照河合敦《平城京的歷史》）

第2節 遣唐使悲歌

遣隋使與遣唐使

　　遣唐使是繼遣隋使之後，日本對中國先進技術文物的仰慕，對內引進律令營造中央集權體制的國家，對外爭取脫離對大陸從屬的「倭國」的朝貢外交，跟隋唐對等關係的日本國地位。惟由於隋朝短命，在日本古代史上，遣隋使存在的影子淡化，而突顯出遣唐使存在的重要性。

　　如前已述，日中交涉關係史在古代早期的日本（倭），先有第1世紀東漢光武帝受賜的「漢委奴國王印」，繼則第3世紀有曹魏授賜邪馬台國女王卑彌呼的「親魏倭王印」。

　　在中斷百多年後的第5世紀，倭的五王積極對大陸南朝劉宋朝貢外交的「冊封關係」。大和朝廷因而在眾多倭的地方豪族同盟的權威支配權。到了6世紀，倭國外交重點在與朝鮮半島，尤其與百濟關係密切，卻與中國的東亞世界的冊封體制脫離關係。

　　第6世紀末期，楊堅終結南北朝時代建立隋朝（581）。這時，倭的首位女帝推古天皇（實則大王）的攝政聖德太子時代，乃再度開啟對大陸（隋）的外交（600）。首次對遣隋使因《日本書紀》沒記錄詳情不明。第二次的遣隋使（607），聖德太子安排的「日出處天子致日沒處天子」的國書觸怒了隋煬帝的逸話，亦讓遣隋大使小野妹子陪同隋的「返禮使」裴世清到倭國而成為歷史人物。

　　其後，倭又派遣兩次（608、614）使節團到隋朝，小野妹子、高向玄理、僧旻等人歸國對日本的政治與文化做出了重大貢獻。未幾，隋朝覆亡，李淵建立唐王朝（618～907）。唐朝成立12年後，太宗貞觀四年時倭的舒明天皇（大王）重開對中國的外交，於公元630年首次派出遣唐使。

　　倭國日本計劃派遣的遣唐使凡二十次，惟有四次中止，實際派出15次。最後一次（894），菅原道真大使認為唐朝已沒落，上表停止出使。不久唐朝滅亡，遣唐使的歷史隨之落幕。此後，日本已是平安（京都）時代，古代國家的時代亦告結束，對他國派遣使者，他國的使者來朝均告絕跡，古代國家的外交亦成為過去。

遣唐使面面觀

　　遣唐使在引進唐的文化、技術、典章制度律令制（律是刑法，令為行政法）以及傳播佛教等方面做出極大的貢獻。在日本古代史佔有極大的一席之地，而且在大唐帝國領導群倫的二百多年間的東亞國際政治舞台上扮演了重要的角色。

鎌倉	室町	安土桃山	江戶	明治	大正	昭和
85~1333 （148年）	1338~1573 （235年）	1573~1603 （30年）	1603~1867 （264年）	1868~1911 （44年）	1912~1925 （14年）	1926~1988 （63年）

前後計劃了20次，實現了15次的遣唐使節團，跟立國將近三百年的大陸王朝互動的情形如何，以下做個鳥瞰式面面觀速寫。

遣唐使船隊通常是四艘，第1次不詳，第2和13次各僅一艘，第3、4、15和17次船隊各只兩艘屬例外。每艘船乘百餘人，每次出使五百多人。使節團的構成員除外交使節吏員、職員、醫護人員以及雜役人員以外，有留學僧、留學生。每次出使往返期間（包括滯留首都長安等地）不等，一般至少1年多至2年以上，有的長達4年（第8次）、6年（第10次），甚至有16年之久的（第8次的副使）。第10次的第4船回程遭難，阿倍仲麻呂折回唐。有的船則往程漂流到南海，大使遭殺害（第4次，659年）。一般往路需時4~6個月，公元752年（聖武天皇時代），第12次遣唐使歸途中第1船漂流到安南，大使藤原清河折回唐國就不返回日本，因為航海太危險了。

遣唐使的路程與航路，往路的陸路都由奈良（平城）或京都（平安）出發，前往難波（大阪灣東北岸）搭船經由瀨戶內海（四國西北邊）至北九州（博多、玄海灘、松浦等地），然後搭船出海。但亦有從北九州西岸南下坊津（鹿兒島縣西南端），再輾轉「跳島」到南邊的奄美大島後出洋往中國大陸。

從九州出發後的航路一般有兩道：前期時（第1~7次，唐太宗和高宗時）是循北路，即由北九州出海西航至朝鮮半島南端後，沿西岸北上，更沿遼東半島東岸西南下，到山東半島登州（蓬萊）捨船登陸，然後經由陸路前往長安。

公元663年，朝鮮半島發生白村江之戰，十三年後新羅統一半島，日鮮關係緊張，遣唐使無法走此路改走南島路（從奄美大島出海，702~752）。這條航路從奄美大島西航到浙江杭州灣登陸。不過走的次數不多。這以後（777）至838年的末次遣唐使走的是南路，亦即從北九州出海西南西行直抵長江口後登陸。至於返程，末次遣唐使走的是從江蘇山東交界的海岸出海循海岸北上，到山東東端後航向朝鮮半島西南岸再折向東航到九州北岸。

遣唐使悲歌

　　飛鳥時代中期（630）開始對唐（太宗初年）派出第一次遣唐使，至平安時代初期派遣的最後一次（第16次，838年）。從日本遣出的船36艘，有26艘歸國。亦就是有紀錄的遭難船隻有10艘，每船約150人，犧牲了約1500多人。兩百多年間，眾多的使節團員裡邊包括留學僧和留學生，上演了諸多令人心折感動的故事和讓人唏噓感嘆的悲情。而使節團航程遭遇的挫折或葬身海中的悲劇交織成血淚史。

　　當時造船技術還不成熟，船隻都是平底船，經不起橫向波浪的衝撞，航海技術又不夠先進，航行幾乎全靠風勢。四艘船中只要有一艘順利來回達到目的就要謝天謝地了。果然第8世紀的9回出使中，全船平安往返者竟只有一次。公元753年鑑真和尚搭乘來日的回程船，四艘船隊中藤原清河大使的第1船漂流到安南後，他就折回唐國不回日本，而成為終生的望鄉人了。

　　第一次遣唐使陪同唐的使節來日本時，唐使竟因跟王子爭論「接見禮」鬧翻而未宣朝命就回唐去，因而中斷了23年才派第二次遣唐使（653，高宗時），接著16年間連續派了五次。

　　這以後受白村江之戰的影響，從公元669年到702年中斷了33年之久。栗田真人使唐時得以謁見武則天，並賜宴招待，且與高官會談，證實「倭」已改用國號「日本」。（前出之杜嗣先墓誌銘）

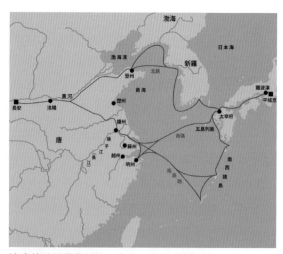

遣唐使的路程與航路，北路、南島路與南路。

　　15年後（717）唐玄宗開元五年，日本的學者官僚如玄昉、阿倍仲麻呂、吉備真備等人參加使節團到長安留學。此時，十九歲的井真成（前出墓誌銘）加入到唐留學，滯留長安17年，36歲時病逝異域，亦成為魂牽故國的不歸人。

　　第8世紀中葉，唐發生安史之亂（755～763），其後藩鎮節度使兵禍連結，唐國衰敝，遣唐使又中斷了18年，於777年再開，兩年後又再派遣，隔了24年（803）的使節團有兩名奠定日本佛教發展方向的高僧最澄（天台宗）和空海（真言宗）參加。又過了32年，最後一次的遣唐使（838），天台請益僧圓仁（慈覺大師）參加赴唐留學九年，碰上了唐朝的「會昌毀佛」（迫害僧尼）。圓仁著有《入唐求法巡禮行記》，錄寫親身見聞，被列為世界三大著名旅行記之一。（另兩書為玄奘的《大唐西域記》和馬可波羅的《東方見聞錄》）。

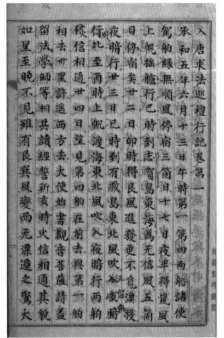

　　遣唐使，並非單純的外交使節，而是第8、9世紀的奈良、京都的貴族、官僚了解日本落後於唐帝國，急於要引進唐的先進技術文物制度以便發展日本國格的最大悲願。

　　為了達成這個宏願，天皇親身主導此項壯大的國家計畫事業。使節團承擔了國家的期待，在當時渡海到大陸，充滿了苦難，甚至是今日無法想像的冒險，對死亡已有覺悟。然而，一方面，使節團的領導都是當時頂尖人才，留學僧和留學生則懷抱着信心，憧憬着未來，浪漫的彩虹必會帶回來美麗的明天。官僚則夢想着回國後榮昇的前景。所以儘管遣唐使的故事是悲

現今收藏於台灣國家圖書館的《入唐求法巡禮行記》書影。

壯哀慟的史詩，團員卻大多在使命感的驅使之下，為了成就國家的偉業，祈求八幡神宮的保祐航海的安全，而展現出「捨我其誰」的氣概和熱情。

第3節 從奈良到京都

平城京與版圖的擴大

天智天皇的女兒，女帝元明天皇（女帝持統天皇的妹妹，嫁天智之弟天武），放棄藤原京遷都至大和平野的北部，今日奈良市的西部，是為平城京。古代日本的帝都就在這壯大規模的「準長安城」虎踞了74年（710～784）。這個時代被稱為「奈良時代」，對內營造中央集權的律令國家，對外爭取脫離冊封關係的從屬國家，成為國際化且與中國隋唐帝國對等的國格。

第8世紀中葉，元明女帝的孫兒聖武天皇全力投入振興佛教，聖武的女兒（女帝孝謙天皇）甚至讓位後出家，導致僧人干政。其後桓武天皇時代，為了重建被道鏡專橫造成的政治混亂，排除從來的佛教勢力（政教分離），以及謀求水運的便利，乃於784年遷都山背國長岡京（京都西南邊，桂川西北）。遷都後，京城的營造使被暗殺，洪水災害和疫病連連，才10年，建設未及完成，再次遷都到京都，但願成為「平安樂土」之地，乃稱之為「平安京」。日本的歷史即進入將近四百年的「平安時代」（794～1185）。千年的古都從此營造釀成日本的傳統文化，而律令國家體制亦趨瓦解。

平城京奈良做為律令規範各地諸豪族的統一國家的首都，確實令人覺得「彷彿」唐都長安般繁榮。其實不然，形貌固然類似長安，內實則相當脆弱，只要走出都城郊外一步，即可發現地面豎穴，屋頂蓋茅草的住居。人民幾乎是農民，而且是窮困貧苦，可以說全國只有首都奈良「與眾不同」的一枝獨秀，非常刺眼地不調和。它的繁榮並非建立在國家經濟的實體土壤之上。

這個時代的日本的社會還欠缺多樣性與多元價值，一望過去盡是農民或採集生

鎌倉	室町	安土桃山	江戶	明治	大正	昭和
85～1333 (148年)	1338～1573 (235年)	1573～1603 (30年)	1603～1867 (264年)	1868～1911 (44年)	1912～1925 (14年)	1926～1988 (63年)

活者而已。而且，日本語亦未成熟，尤其文字受限於不同語文的漢字，一般生活用語以外，論述用的抽象詞語稚拙不足以提昇文化、思考樣式，司馬遼太郎指出此為：「民可使由之，不可使知之」的狀態。（參照司馬遼太郎《這個國家的原型》）

東北的開疆拓土

第7世紀中葉大化革新以後，邁向國家的中央集權化朝廷，同時致力於擴張統治地域。除了對大和周邊，尤其是對東北地方的拓疆征服蝦夷，擴大了版圖。

先是在日本海東岸新潟地方設置淳足柵和磐舟山（647～8）。繼之在秋田縣設置秋田城（733）和雄勝城（795）。這是中央派遣阿倍比羅夫遠征秋田和津輕地方的結果跟蝦夷連結了關係。

到了第8世紀如上述新設出羽（日本海東岸）和秋田城。至於東北太平洋方面，青森、岩手和宮城地方設置多賀城（724，今塩釜市）作為東北的軍事據點，並設置陸奧國府。如此拓疆北部和東北之後，設置柵或城等軍事基地的防禦城堡。8世紀中葉到9世紀初，在東北地方，不斷地征服而設置軍事基地，如伊治城、胆沢城和志波城。

西南的九州方面，8世紀初制伏南九州的隼人後設置大隅國（鹿兒島東邊）。接著南進種子島、屋久島和奄美大島，作為新羅獨霸朝鮮後遣唐使渡唐的南島航路碇泊地。

這樣，在奈良時代確立了65國、3島，地理區劃為「五畿七道」的地方政制（757）。五畿指畿內的大和、山城、和良、河內和攝津的五國。七道是：東海、東山、北陸、山陽、山陰、南海和西海。

七道之間有幹線道路貫通各國首府（國府）。中央與地方的連繫緊密，建立驛傳制維繫交通。

恆久之都平安京

奈良作為首都70幾年後，遷都到京都盆地西南邊的長岡京，經過十年後再遷都到京都是為平安京。從桓武天皇遷都平安京至明治天皇奠都江戶（東京）歷時千餘年（794～1868），京都允為千年的帝都，而且又是日本傳統社會，文化形成的搖籃，至今仍是日本的恆久的文化古都。

興隆佛教，自稱「三寶之奴」，退位後出家的聖武天皇無子，女兒孝謙天皇（重祚後為稱德天皇）歿後，由天智天皇之孫光仁天皇繼位，終結了近百年的天武天皇（天智之弟）的世系。桓武天皇正是光仁的兒子。天武以武力奪得侄兒（天智之子）的皇位，兄弟倆係世仇。

桓武遷都除了有這個背景（奈良朝無異是叔祖系的王朝），遷都的主要原因還是佛教的問題。

首都剛被遷到奈良不久，遠近各地的大寺陸陸續續地遷來新首都。大寺集中首都不得不說是異常的現象。佛寺都是官寺（國立寺院），僧侶是官僧，即領官糧餉的國家公務員，等同官吏。

本來奈良的佛教是以隋唐佛教為本家展開的。隋唐佛教的大原理是鎮護國家，那奈良的大寺的僧便是國家的守護者。官僧不但不思救濟一般人，同僚之間互相傾軋，派閥抗爭，鬧得政界烏煙瘴氣。首都內外僧侶充斥，僧侶令人夠厭煩的了。問題不只如此，稱德女帝寵愛的僧侶道鏡，居然還敢圖謀奪取皇位，可見政治和尚的囂張了。

桓武天皇為甩開這些佛教的包袱，毅然丟棄奈良首都，過渡長岡京後，把首都移到平安京。在京都重新興起的平安佛教，其面目內容迥然不同。

平安京裡禁止蓋大佛寺。今日京都佛寺、古剎「林立」，其實大多數是後來豐臣秀吉時期，或是江戶時代所建的。平安時代以降，有多數的「門跡寺院」，與其說是寺，本質上是僧的住居，實際被稱為里房。

平安時代僅有的佛教兩大勢力，其一是最澄的比叡山延曆寺，另一是空海的高野山金剛峯寺。這兩者都遠離京城，前者在京郊近琵琶湖，後者更遠在紀伊半島的山巒間，均與政治無緣。

平安京的風格與風華

平安京的都市形成，有頗多部分偏離模仿長安的範疇。例如京的南端中央點羅城門的左右（東西）兩側各計劃蓋東寺和西寺。東寺缺錢沒建成就讓給空海經營成私寺。當時，桓武朝正花錢在從事軍事征伐、經營東北地方，又在營建首都，所以，新都平安京不僅沒大型佛寺，更沒官寺和官僧。

這裡提到的東寺、西寺的「寺」，並非一般所認知的佛寺或寺院的「寺」這個字的詞義，除了「閹寺」（宦官）、「婦寺」是女人或宦官，在古代「寺」是用於官署的名稱，例如「太常寺」，指職司宗廟祭祀的官署，「鴻臚寺」指接待國賓司禮機關，亦就是鴻臚館、貴賓館。

平安京即今京都，為王朝的首都。由於遷都前夕，水災疫病連連，「遷地為良」後期待新都是個平安樂土，所以叫做平安京。至於地名叫做「京都」，這個詞的語意就是「京

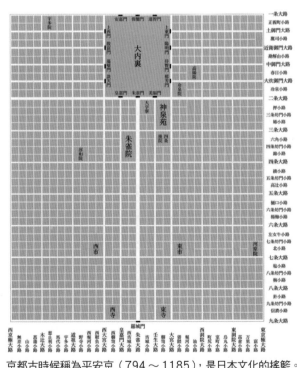

京都古時候稱為平安京（794～1185），是日本文化的搖籃。

師、國都」。這裡是日本古代最後的都城。

　　先來鳥瞰整體京城的地理位置與形勢。平安京就像一個長方形的棋盤被安置在
京都盆地上。棋盤東邊有南北縱流的鴨川，西邊有從西北向東南流的桂川形成東
西兩條「護京河」。京城外鴨川東部的東山，山科以東屬於山區。桂川以西亦盡
是山區，連綿北部山區到東部山區。西北東三面是山地，南面是開放的平野地
帶。這樣，古來被稱為山背國、山城國的「襟帶」之地，正是平安京的態勢。

　　京城東西約4‧5公里，南北5‧2公里的方形地。北部中央設「大內裏」區，為
政治中樞（平安宮），跟這遙遙相對的南邊羅城門有一道貫通南北的朱雀大路。
路東為左京（洛陽城），路西側為右京（長安城），可見是仿效西長安，東洛陽
的稱呼。左右兩京區各有巨大市場東市和西市，而且設置迎接外賓用的東鴻臚館
和西鴻臚館。

　　京城內的都市區劃，東西13條大路（条），南北11條大路（坊），構成棋盤目
形狀的交叉式的「条坊」制。藤原京和平城京均採此制。這種条坊制分為分割地
割型和集積地割型兩種類。平安京可以說是律令制都城的最後形態。

　　從上述平安京的營造理念，顯然透露出當時朝廷對漢唐的帝都長安以及洛陽的
思慕，所以京都亦「雅稱」為「京洛」，而有「上洛」（上京），或洛北、洛中
的地名稱法。而更重要的，這裡成就為平安貴族文化的舞台：平假名、片假名等
日本文字，空前絕後的文學名著《源氏物語》，貴族的邸宅以及庭園（園林），
例如嵯峨天皇的後院冷泉院，極園池庭林石組藝術之致的「文創」。京都的伽藍
瀟洒秀逸，跟奈良的大寺之笨重粗大風貌迥異，匠心亦截然不同。至於生活上傳
統工藝、衣飾都是京之所產（詳見文化篇）。

　　歷史上的平安時代雖只延續了四百年（794～1185），但是做為日本國的首都
在京都卻維持了千餘年之久。日本史上在平安京以後，曾經出現過三個幕府時
代，從鎌倉幕府成立到江戶幕府落幕（1185～1868），歷時683年之久，扣掉鎌
倉至室町間三年，室町至江戶間三十年，也有650年。亦即京都至東京（794～

鎌倉 185～1333 (148年)	室町 1338～1573 (235年)	安土桃山 1573～1603 (30年)	江戶 1603～1867 (264年)	明治 1868～1911 (44年)	大正 1912～1925 (14年)	昭和 1926～1988 (63年)

1868）的1154年間，天皇大權旁落了650年。難道天皇一直鎮坐在京都做夢睡覺？這光景很難想像。

我曾為台南市文化局發行的刊物《鹽分地帶文學》撰寫了十幾篇日本世界遺產探訪巡禮記。其中京都的有兩篇，奈良一篇。奈良的世界文化遺產有8件，其中平城京跡只重建大極殿。而京都有17件，包括城（二条城）1件，神社3件，寺院13件。

京都是日本傳統文化的搖籃，文部省的文化廳也遷移京都。千年古都的風華今日依然在飄香。

第4節 王朝國家與貴族政治

藤原氏的再起與霸道

桓武天皇主要的為了擺脫奈良都城的僧侶橫行綁架政治，先是遷都到長岡京，十年後（794）再遷都到平安京，日本的歷史進入平安時代。從第9世紀初持續了到12世紀末（1185），源賴朝建立武人政治的鎌倉幕府前後約四百年之久。

進入平安時代以後，過去在奈良時代藤原鎌足和不比等父子將女兒嫁天皇當了天皇的丈人或外公，掌握權力，甚至操控政治。曾幾何時子孫（因天然痘死亡）而沒落，沈悶了半世紀之後，遷都平安京（京都）之後不久，如同「死灰復燃」而且炎勢擴大沖天，不但綁架了朝廷，甚至奪取了天皇的權力，加上當了天皇的外公，任意廢立天皇。

藤原良房於866年就任攝政，直到1068年後三条天皇親政廢止藤原氏外戚關係為止，藤原氏在朝廷橫行霸道長達兩百年。尤其是藤原道長和賴通父子兩代如日中天，借重天皇的「威光」，但權勢壓倒天皇，擔任先行審閱給天皇奏章的「內覽」，攝政和「關白」（關白即為天皇成年後的攝政，接受政務「報告」的職位）長達七十年之久。不但破壞了中央集權的律令政制，造成王朝國家時代政治

143

腐化，武士、地方勢力崛起，豪族、寺社的莊園經濟肥大化，突顯貴族政治的外榮內枯的弱體化，形成武士執政的幕府時代背景。

　　藤原氏在平安時代再次崛起，是藤原冬嗣因得嵯峨天皇的信任成為「藏人頭」（天皇的秘書官長），他的兒子良房娶了嵯峨天皇的皇女，而良房之妹順子成了仁明天皇的侍寢。良房擁立妹妹的兒子做天皇（文德），就這樣利用裙帶關係又排斥政敵而起家（9世紀初）。

　　這種跟天皇家結親而製造天皇是奪取最高權力最管用的「漚步」，藤原氏如法炮製了飛鳥時代的蘇我氏以及先代奈良時代的祖先藤原不比等的不好招式。

　　良房的女兒明子生下清和天皇，才九歲即位，他竟當了攝政，開了非皇族當攝政的先例。

　　從來能當攝政的只限於皇族，如聖德太子當姑母女帝推古天皇的攝政，中大兄皇子（後來的天智天皇）當了齊明（女帝）的攝政。

　　良房的養子基經更厲害，他自己當了攝政後，廢掉陽成天皇擁立光孝天皇而當上了首任關白（888）。而且有四個女兒當中，兩個跟天皇（清和）侍寢，兩個

天皇家與藤原氏北家的姻戚關係

平安時代藤原氏北家重演古代蘇我氏與天皇家的姻戚關係。

①產生了19名攝政關白，其中有些後來成為天皇外公。
②皇后6人，皇妃2人（1人為帝母），中宮（與皇后同格的妃子，正宮）3名，女御（陪侍天皇，次於皇后、中宮的高女官）10名。
③3名中宮其中2名（中子與彰子）各生下天皇，1名生了皇后。
④10名女御生下7位天皇。
⑤藤原基經廢陽成天皇，立光孝天皇，4個女兒有2個當上皇后，2個為女御。藤原兼家3個女兒當中有1位皇后、1位皇妃、1位女御，皇后與女御各生下1帝。兼家之子道長的5名女兒，3名為帝后且生2帝，1名為親王妃生1帝，1名為女御。

當了帝后（宇多和醍醐），其中醍醐的皇后還生下兩位天皇（朱雀和村上）。

到了10世紀末11世紀中葉，藤原道長父子女更達到了絕頂的極盛期。他本身成了內覽後再以外公的身份當攝政。兒子賴通當了攝政和關白。還有他的四個女兒分別被送進四代的天皇後宮裡三個是皇后。她們總共生了三個天皇（後一条、後朱雀、後冷泉）。

這樣藤原氏長期對皇室作為五代的外戚掌握政治的實權極盡榮華的全盛，亦破壞了律令體制。

攝關政治破壞了律令官制

廣義的律令政治是第6世紀末聖德太子擔任姑母推古天皇的攝政時代，他制訂憲法十七條，派遣隋使到中國引進律令制度開啟這條通道。半世紀後的大化革新確立中央官制鞏固中央政權。惟中央集權的律令政制的成熟則在制訂大寶律令（701）以及養老律令的制訂（718）以後。可以說，奈良時代（710～793）是律令國家的繁榮時代。

遷都平安京之後，桓武天皇對於律令國家的再興曾經做了一番努力。他抑制寺院兼併土地以隔離佛教政治，配合社會進展修改律令條文。首要的民政經濟，班田制六年一班改為十二年，禁止大土地所有的發展。嚴加監督地方長官（國司）的不正，徵集豪族子弟為「健兒」以加強朝廷的武力。

然而律令制度的再興畢竟有其限度，對於構成律令制基盤的「公地公民制」的解體還是無法抑制。中期以降，尤其是在攝關政治的興風作浪之下，律令制度崩潰的浪潮只能任其橫流。

平安時代以降，由於朝廷天皇或皇子的權力鬥爭，產生了令外（法外）官職，例如「藏人頭」、「檢非違使」（京都的FBI），都屬於私有化色彩的官職。比較有權力的「令外官」則有關白、按察使、鎮守府將軍和征夷大將軍。反之，太政官組織（宰相府）卻逐漸有名無實化。

一方面法制的改正則大量搬出「格」和「式」。所謂「格」是為了修正補足律令，而「式」則是律令的施行細則，「格式」即律令的輔助法令。比較著名的有「弘仁格式」（嵯峨天皇，820），「貞觀格式」（清和天皇，869、871）和「延喜格式」（醍醐天皇，927）。

以上這些平安初期的政治上的法制措施可以說是律令制形式上走向崩盤的背景。而促使律令瓦解的主要動量厥為攝關政治。

「攝關政治」指攝政和關白輔弼天皇的政治。然而如上述平安時代的攝關政治幾乎被藤原氏一族包辦世襲，他們表面上是輔佐天皇，實則取代了天皇執政。

如上所述，藤原一族再以謀略誣告陷害的「漚步」，排斥了政敵而起家。一方面利用女兒跟天皇聯姻生皇子做天皇。藤原氏則以天皇的丈人或外公的身分干政，甚至奪取皇權取代而之。

先是利用天皇年幼，居然以臣下非皇族身分代替天皇執政成為「攝政」。繼則由於廢立天皇有功而成為「關白」。攝政是天皇年幼時輔政，關白則天皇成人時竟把政務「萬機巨細」悉委任關白，亦即百官政務向關白「稟告」。攝政、關白寓意都是天皇的私人輔佐，卻變成蹂躪律令官制。第10世紀中葉以降，律令政制完全崩壞，所謂藤原氏的攝關政治確立起來。

攝關在形式上是在輔佐天皇，實質上則在奪取天皇的權力，政治實權名實都落入藤原氏手中。攝關的專橫之尤甚者其行為公然無視天皇，甚至多跟天皇衝突。蓋攝關的權威即天皇的權威，而加上攝關又是天皇的外祖父這個強大的親權。

在攝關政治盛行之下，律令政治的中央集權性格完全退了色。公私不分，先是破壞了律令的太政官機能，官職的任免大權在握，公卿大臣大多屬於自己的黨派所佔有。朝廷成為儀式和年中行事（形式化）的場所。這種私有化的外戚，攝關政治被認為是貴族政治，亦即貴族政治是攝關政治的特質。

第5節 院政、莊園、武士與僧兵

太上天皇亂政的院政

破壞律令政治的攝關政治到了11世紀的中葉，由於（後三条）天皇的親政，藤原氏不再生皇子做外戚而衰退。然而，代之而起的是另一種變則的政治形態，即院政。

後三条天皇並非攝關之女所生，在皇太子時代長期跟關白（藤原賴通）對立。即位後不准攝關干政而親政。他的治世雖然只有5年（40歲就死去），卻積極推行「莊園整理令」，整理藤原氏等貴族的莊園，一方面在各地設置天皇「敕旨田」的直轄地，擴大皇室的經濟地盤，做為加強政治權力的後盾。

繼位的白河天皇時代，皇室勢力愈趨強固，讓位後，卻憑藉強大的皇室勢力親自執行政治，是為所謂「院政」的開始（1086）。於是政治權力不在朝廷，而集中到「院」的手下，一切政令出自太上天皇的私設家政機關「院廳」。

所謂「院政」意為退（讓）位後的天皇，即太上天皇是為「上皇」，若出家則叫「法皇」。上皇或法皇退位後繼續執政，把現職的天皇視同東宮太子毫不給予參政權，這種政治就叫院政。

院政的「院」的意思是「治天之君」。它本來指太上天皇的住居，不久，變成指上皇、法皇本身。院廳的人員，即「院近臣」是來自地方的莊園受領層或武士層所代表的社會新興勢力。這種院政時代，竟然從白河天皇（在位14年）開端而白河上皇（院政達43年之久）歷經鳥羽、後白河和後鳥羽的院政長達一百多年，已經是鎌倉幕府的時代了。相對於攝關政治是天皇母方尊屬等外戚的干政統治，院政則是天皇的父方尊屬上皇（院）破壞體制的統治。

莊園的發達

所謂「莊園」亦寫成「庄園」。從字義來看詞意是廣大的田園中有大型邸宅。

其含義包括；（1）別墅、別邸而擁有大片土地。（2）廣大私有土地的所有，經營方式。（3）在日本古代中世奈良、平安到鎌倉初期，貴族、神社、（佛）寺院私有大片土地，又叫「莊田」。

人類的歷史上，有一個共通的現象，在中世時代，不論歐洲、中國（宋）和日本（奈良、平安），都「不約而同」地出現了「莊園」這種土地私有且剝削農民的「制度」。英語稱為manor，漢語是采地或采邑。

莊園在奈良時代就已經出現了。不過，當時的莊園是要向國家繳納田租的所謂「輸租田」。這種性質的莊園，亦即律令國家對於莊園的增加並沒有那麼必要去抑制。

聖武天皇時代成立的「墾田永年私財法」（743）之下，初期的莊園制（亦即墾田地系莊園）成立了。這時莊園的經營依存於律令國家的國郡制（地方政制）。主要由附近農民租借，並沒有「莊民」，到10世紀趨於衰退，一方面班田制乃告崩壞。

到了平安時代第9、10世紀以後，大社寺、貴族和豪族的私地日益增加，不願意受國家的支配。當時，皇室的「敕旨田」和寺院的土地尤其是「不輸（納）租田」都是可以不必向國家繳納地租，因而大土地所有者乃藉著種種名目努力使自己的土地變成「不輸租田」。

向中央申請獲得「太政官符、民部省符」被認可的不輸租田叫「官省符莊」，獲得地方國郡認可的則叫「國免莊」。於是不輸租的莊園乃跟「公領」的全面對立起來。其中更有用不正的手段取得「不輸租」特權的莊園，脅威到國家財政。

莊園的所有者，除中央的貴族、社寺之外，有地方的豪族。前者取得不輸的特權便宜，後者則不但要面臨國司的取締，而且在莊園互相侵略時則顯得無力。因此地方豪族為了跟國司或別的豪族對抗就把名義上的所有權移交貴族，自己則仍保留為土地的事實上的管理者，訂立所謂的「捐贈契約」。這種契約關係的貴族叫「領家」。如果依靠領家還沒法抗拒種種壓迫，就向更上層的權威者「院、

鎌倉	室町	安土桃山	江戶	明治	大正	昭和
185～1333 （148年）	1338～1573 （235年）	1573～1603 （30年）	1603～1867 （264年）	1868～1911 （44年）	1912～1925 （14年）	1926～1988 （63年）

宮」「捐贈」以求保護，那就是「本家」。

第10世紀以後，這種「捐贈地系的莊園」益為發達，藤原氏為首的攝關家因為成了「領家」或「本家」而獲得莫大的土地（莊園）的利益鞏固了政治權力。後來院政抬頭，太上天皇亦是靠這種莊園制維持院政的權力。

武士、武士團的勃興

在律令制度裡，從律令公民所徵調的士兵作為衛士、防人擔當其任務。惟隨著律令制的鬆弛，這個制度也不管用了。桓武天皇曾經一度制訂地方郡司的子弟構成「健兒」，雖不久也崩壞。然而地方郡司豪族的子弟卻因此而熟習了弓馬之術，為日後武士登場的基礎。

再者，9世紀末10世紀初，由於律令制的衰退而地方政治紛亂，治安無法維持。國司與莊園領主對立紛爭不斷。莊園主為了防禦所有地被侵害，自行維護地方的秩序，乃給予其一族或從屬者武裝起來並使習練武藝，結果遂經常擁有武力。這樣，就是武士的起源。他們當中，較強大的迫使附近的武士從屬，於是在各地產生了各種大小的武士團。這些武士團為了擴充自己的領地而相互侵略領地，經常不斷地鬥爭，而逐漸被統合成為大型的組織，並從屬於強大的的武士（棟樑）統率者之下。這些「棟樑」，是在中央未能得志的賜姓皇族或中下級貴族流浪到地方，統率地方的豪族武士團。其中最著名的是桓武天皇之平氏和清和天皇之源氏。

這兩氏在平安時代末期崛起，源平之爭後，歷史即進入鎌倉（源氏）幕府的武士政治的時代。亦即，在地方積蓄武力的豪族，不久即回頭「上京」尋求緣故，進而掌握朝政。

僧兵的跋扈橫行

從武士興隆的時代到院政的時代（10世紀初到11世紀末），有一種「奇異」的

現象可不能忽視的就是僧兵問題。

僧兵，就是寺院的武力。這個時代，奈良和京都的大寺院，如延曆寺（京都）、東大寺和興福寺（奈良）擁有多數龐大的莊園，寺院的世俗勢力之大尤不可小覷。為了保護寺院或寺領莊園開始擁有武力，這就是所謂的「僧兵」。

僧兵主要是以寺院的下級僧侶為中心，集結被稱為「堂眾」的俗人和莊園的士兵所構成的武力組織。僧兵的任務是收取莊園的「年貢」，保衛莊園不被別的勢力所侵害。

僧兵的勢力增大之後，自然而然地在寺院內形成一大勢力，不僅不聽命於統制寺院的「座主」，甚至依恃其力量不斷地跟其他的寺院互相鬥爭。更有甚者，還縱任其聲勢對朝廷「強訴」，很常貫徹自己的主張。

僧兵在「強訴」的時候，常利用貴族最畏懼的「神威」。例如奈良興福寺的徒眾則抬出春日大社的神木，而延曆寺的僧兵則扛起日吉神社的神輿，竄入京都。貴族叫他們為「奈良法師」或「山法師」，而感到恐懼，在神木或神輿之前，束手無策，只好屈服而乖乖接受他們的主張。擁有僧兵的寺院勢力，竟至於以公然的勢力對抗國家，其跋扈橫行，可謂歷史上的怪現象。（以上參照安田元久《日本史新研究》）（註： 平安時代的京都是日本傳統文化的搖籃。由於唐朝的沒落，遣唐使終止，日本的國風文化取代了唐風文化，國文學發達，學藝、哲學（佛學）思想全面燦爛開花的情形詳文化篇。）

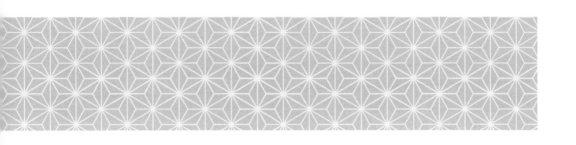

第IX章

幕府政治的運轉

鳥瞰三個幕府時代

日本歷史上出現過三個幕府時代。幕府，原本是將軍出征時的營帳，後來將軍主政時，它的涵義便成為「將軍（主政）的政府」。亦就是說，幕府政治是將軍主政，是「武家」政治，即武士掌政的政治。

雖說日本天皇是「萬世一系」綿延不絕，其史實性可疑。尤其是在幕府時代，將軍掌握大權號令天下，那時天皇完全被架空起來，成為有虛位無實權的等同「傀儡」狀態。

日本史上的三個幕府時代，分別是：

（一）鎌倉幕府，1185年～1333年，前後約148年。

（二）室町幕府，1338年～1573年，前後約235年。

（三）江戶幕府，1603年～1867年，前後長達264年。

這三個幕府政治的時代，從12世紀末至19世紀後葉，總共維持650年之久。況且第一次和第二次之間才隔了5年。這短暫的5年雖然有後醍醐天皇的所謂「建武中興」，不過是曇花一現即消失。同時，室町幕府成立，卻進入日本史上的「南北朝爭亂時代」（1336～1393）將近60年之久。

至於江戶幕府則出現在室町幕府滅亡的30年後。事實上，早在室町幕府時代後期西元1467年發生「應仁之亂」後，隨即進入日本史上戰亂136年之久的「戰國時代」（1467～1603）。

所以，認真講起來，日本的歷史從「統一」日本的大和朝廷時代（西元350～590）起算至今一千六百多年。從中世到近世的將近七百年，幕府政治和武士扮演主角的「南北朝」對立紛亂或「戰國時代」的戰亂無寧日，其尚武好戰的「精神」值得注意。

鎌倉幕府的出現是源氏（賴朝）跟平氏（清盛）爭亂的結果。賴朝進入鎌倉確保了「東國」（東方諸地）的勢力之後，於1192年被任命為「征夷大將軍」，開

啟日本史上第一個幕府政治的時代。幕府的「軍都」設在鎌倉，故叫鎌倉幕府。

惟賴朝的外戚，尤其是北条氏勢力強大，九任將軍中出自源氏的將軍（幕府的最高領導人）只有前三任。其餘六名將軍則由北条氏以「執權」（將軍的輔助、執政官）的權力恣意廢立非源氏的少年（十歲以下）充任，故將軍祇徒具虛位。因此，鎌倉幕府不稱作「源幕府」也不稱作「北条幕府」。

室町幕府和江戶幕府分別是開創者足利尊和德川家康，一族代代世襲將軍職，所以別稱足利幕府或德川幕府。

室町幕府的將軍的邸殿位在京都（今上京區）的室町通，因而稱為室町幕府。德川家康早在豐臣秀吉統一全國時（1590）即進據江戶（現今東京）。13年後（1603）被天皇任命為「征夷大將軍」，即在江戶開創幕府，世襲傳了十五代，既叫江戶幕府，又叫德川幕府。

德川幕府比起前兩個幕府時代，顯得太平又出現盛世。除了偶有小規模的民變蜂起，基本上政權安泰。對外雖然採取鎖國，在長崎地區卻准許中國（明、清）和荷蘭「互通」。後期則西洋勢力壓迫開國，由於幕府主政者抗拒時代潮流對應失當，才導致幕府的「落幕」。然則，德川幕府能夠世襲安泰持久，亦是耐人尋味的。以下擬就這三個幕府六百多年，日本史上的中世～近世，以幕府為主軸，透視歷史的演進。至於文化方面，另闢文化篇，逐一來鑑賞日本傳統文化的「真髓」。

第1節 源、平兩氏的起與落

源氏與平氏的崛起

平安初期（814），嵯峨天皇將眾多皇子皇女降格為擁有「源」姓的「臣籍」。擁有一般臣民身份的臣籍，得到官位的機會可能較多。

「源」姓的創設：「源」字據說寓意為「起源」於天皇家。不過，「源」是中國式的一字姓。在中國複姓多出身於異族，不受看重。夷史多兩字名；匈奴、鮮

卑、女真、契丹。唯有中國王朝則用一字：夏、商、周、秦、漢……。

　　源姓者，連名字的樣式也改了，把日本式的多字名改成單一字或兩字。例如：「葛野麻呂」改為「賀龍」。最初被降為臣籍者的名字是源信和源融兩人。

　　「平」姓的創設：源姓成立後不久（825），桓武天皇把葛源親王的兒子降為臣籍，創設了「平」姓。最初的平姓者是平高棟，跟他同時代的初期平氏一族的名字亦都採用新的樣式（中國式），例如平高望、平知信、平良兼等。這些形式上是中國式的姓名，事實上則採用訓讀的命名法，通行至今。

　　這之後，源姓和平姓大量地被創設出來。

　　源氏方面，包括最初的嵯峨天皇，有淳和、村上、醍醐、清和……等十名天皇的支脈大量成為源氏。他們多數經過數代後，成為零細的存在。其中，尤其是清和天皇的源氏在地方上土著化，成為武家（武士）化，最後居然稱霸了關東地帶。

　　平氏方面，包括桓武、仁明、文德和光孝四名天皇的分支被賜姓平氏。他們在關東定居土著化被稱為「桓武平氏」，各以地名為姓，在平安末期乃有所謂「坂東八平氏」。坂東亦即關東，八平氏指千葉、上總、三浦、秩父……等八個地方的平氏。他們以坂東的「開發者」而自豪其武力、勢力。

「武士」與「兵士」的起源

　　古代律令中對武士與兵士的不同有規定；「公式令」中謂：「五衞府、軍團及各帶仗者為武。」這裡「武」即指武士，以武藝而帶仗就職朝廷者屬於武士的範疇。

　　至於兵士，依「軍防令」謂：「使於弓馬者為騎兵，其餘為步兵隊。」這顯然和上述「武士」大為不同。惟這兩者的差異後來逐漸有名無實。而「武士」卻日益抬頭成為巨大力量，而有各種武士團。武士與兵士實質上的不同，前者比較屬於「私人」化的民間武裝人員，而兵士則屬於朝廷的武力部隊。

不過探討武士的起源則不單純。其一是國（郡國）衙軍制，朝廷派往地方任職的國司之直屬軍稱作「國之兵」，亦就是國司直轄的館侍（武士）。

其二是，平安初期富豪開墾私營田，收編沒落的農民，為守護私有土地而組織武裝集團形成武士團。這些豪族亦有擔任國衙的官吏者，介入地方行政。

武士的另一個起源是「名主」。莊園領主田地的承包經營者稱為「田堵」或「田頭」。他們對自己所承包、耕作的土地主張土地權利，稱之為「名田」。名田之主為「名主」，其中經營規模大的稱作「大名田堵」，或只稱「大名」。後來乃有所謂的「守護大名」，「戰國大名」。大名即指平安末期擁有大量名田的人，鎌倉時代則指擁有廣大土地的武士。後來戰國時代變成「諸侯」的意思。

平氏政權的成立

9世紀末到10世紀初，在國司與莊園領主對立的混亂地方政治當中，出現了武裝地方貴族和開發領主。他們是被「下放」到地方的賜姓皇族或中、下級貴族為統率者形成的武士團。這些武士團中，最具勢力的代表是出自桓武天皇的桓武平氏和出自清和天皇的清和源氏。

桓武天皇的孫高棟王（賜平姓）支系產生廷臣的平氏，高棟之弟（高見王）的兒子高望王（賜平姓）開始成為武士。

高望王的子孫在東國（關東地方）土著化，逐漸發展擴大勢力。惟後來由於平將門之亂（在常陸國，今茨城縣）失去地盤。將門的堂兄弟平貞盛之子，以伊勢為根據地發展成為「伊勢平氏」這一大勢力。

到了12世紀初，伊勢的平正盛和忠盛父子以武家（武士）而跨進中央政權。正盛乃成為白河上皇的近臣，奉命追討源義親（鎌倉幕府開創者源賴朝的曾祖父）。忠盛則「接受」白河上皇賜予寵愛過的女性，她所生的孩子就是平清盛。

平清盛在家譜上是忠盛的兒子，其實生父是白河上皇，而忠盛只是養父。因此，也莫怪清盛才十二歲就登上「從五位下」的官階，十八歲時是「從四位下」

（從前遣唐使的正使的官階）。平清盛主要「靠」這個「爸」（白河上皇）的關係搭直昇機高昇騰達。

這個時期，源平兩氏在朝中的勢力原本相拮抗。惟院政當局卻逐漸偏袒平氏，到了12世紀中葉，忠盛的全盛時期壓倒了源氏。不論防禦僧兵的暴衝或討伐海賊，莫不借重平家的武力。

平氏培植在朝中的地位除了武勳以外，更費盡心思於政略上巴結皇室。到了平清盛的時代由於上皇與天皇之間皇位繼承的紛爭，一些貴族大臣、攝關也捲入政爭，先後發生了「保元之亂」（1156）。結果源義朝（賴朝之父）和平清盛兩人「獨領風騷」成為群雄的領袖。

然而義朝不滿當局論功行賞偏袒清盛而冷落自己。於是又捲起了貴族間的權力鬥爭，於1159年又發生了「平治之亂」。

這次的戰亂，源義朝被平清盛擊敗，而且敗軍主將都被斬殺。平清盛在亂後一路晉升，才八年就從「正三位」參議晉升到「從一位」太政大臣，並且一門族人在清盛得道後也雞犬升天式地個個榮達做了大官。

平氏政權誕生後，清盛將妻之妹送進後白河上皇的懷抱。然後又將自己的女兒

平氏政權（武士崛起）年表

桓武天皇後裔平氏（伊勢平氏）的崛起。

①1097年	平正盛被任命為「北面武士」。
②1113年	平正盛鎮壓阻止南都興福寺與北嶺延曆寺傭兵入京。後成為白河上皇近侍。
③1129年	正盛子忠盛平定西國海賊，接受上皇寵愛之有孕女子，生下清盛。
④1160年	清盛任參議，這是武士初任公卿。5年後任內大臣。
⑤1167年	清盛任從一位太政大臣，平氏一門公卿16人。
⑥1171年	清盛之女生安德天皇，1179年清盛幽禁後白河法皇。

送給小姨子跟後白河上皇之子高倉天皇做「中宮」。也就是跟早前的藤原氏一樣攀上跟天皇的外戚關係。

　　平氏政權雖然亦致力於日宋貿易，但是由於軍事獨裁，不但私用族人佔有朝廷官職，領有土地知行國三十餘國，所有莊園五百餘處。平氏已經失去代表新興武士階級的性格，在中央尚能操控大權，地方則是四面楚歌的狀態。

源平的爭亂（1180～1185）

　　被幽閉的後白河法皇的皇子，以仁王聯合各國源氏傳出討伐平氏的令旨。此一計謀被平氏發覺，結果戰敗。源賴朝雖然沒參加這個計劃行動，仍進行組織要消滅平氏的軍事力量。

源賴朝的崛起

　　鎌倉幕府的創幕將軍源賴朝53年（1147～1199）的人生真是波瀾萬丈。

　　前述「平治之亂」時，他的父親被平清盛打敗後被家臣所殺，才13歲的賴朝亦被捕送京，可他天命大，平清盛的後母竟替賴朝求情免死，所以遭流刑到伊豆。在伊豆「服刑」期間，這位時代風雲兒不知是幸或不幸，竟然有一位愛他愛到「發狂」的女性北条政子。據說政子20歲時跟30歲的賴朝結婚（賴朝是再婚）。

　　當時賴朝被公認為武士中的「貴種」，高門世第，雖然他並沒參加「以仁王之變」，但消滅平氏報仇之念未滅。賴朝在伊豆舉兵討伐平氏，卻在相模國石橋山潰敗而渡海到安房。沒想到東國的武士北条、三浦以及上總下總的豪族紛紛聚集來支援，聲勢乃急激大增。

不戰之戰的「富士川之戰」

　　擁有這些東國大軍的賴朝不久進入鎌倉。平清盛聞訊驚駭，隨即派出兩萬大軍東下對付賴朝軍。於是源平兩軍就在富士川（富士市）對峙。是時前來支援賴朝的甲

斐（山梨）源氏軍隊抄到平家軍的後方。此時，在富士川的沼澤休息的水鳥大群突然一齊飛起來。平家軍聽到了水鳥的振翼起飛聲，誤以為是敵軍的夜襲，未及待到天明即總撤退。這就是歷史上的所謂不戰之戰的「富士川之戰」（1180）。

第2節 鎌倉幕府的興亡

平氏敗亡（1185）

平家軍在富士川誤中「水鳥振翼起飛計」不戰而全軍總撤退回京都吃了敗仗。源賴朝中止追擊不西行而回師鎌倉，鞏固在東國的勢力，並安頓東國武士團，治理關東諸國。

翌年（1181）初，平清盛病死，未幾發生大饑饉，京都尤甚。賴朝的叔父的兒子源義仲從北陸道回師進攻京都，以火牛陣擊敗平氏軍，入京後大掠奪（1183）。後白河法皇要求討伐義仲，而以承認賴朝東國的統治權回報。賴朝派常勝將軍、末弟源義經討伐義仲，法皇並要求討伐平氏。

此後幾年（1183～85），賴朝的軍勢在義經領軍之下每戰必勝，先後討伐義仲，大勝平家軍。最後一戰，在本州西南端與九州北端之間的的壇之浦戰役，平氏軍被源軍徹底殲滅，主帥平宗盛被俘，主將均戰死。至此平氏政權以及一族勢力完全敗亡。

鎌倉政權的成立（1185～）

源賴朝在平清盛幽禁後白河法皇（自天皇退位後出家再干政）的翌年，1180年舉兵參加討伐平氏。厥後在「源平爭亂」的過程中，以鎌倉為根據地，一方面逐步鞏固在東國的勢力並積極擴大，樹立東方軍事權，形成跟「擁抱」京都朝廷的平宗盛（清盛死後）西國政權並立的局勢。

在這期間，賴朝一方面在東方構築政權的組織體制，一方面則在西方派遣弟弟

範賴和義經先後進擊源義仲和平家軍，取得（後白河）法皇的重用與信任。

這裡來考察一下源賴朝的幕府政權，日本史上第一次的武士（軍人）政治中心為什麼不在京都，而是在鎌倉？

鎌倉的位置在東京西南的神奈川縣三浦半島根部的西側。東西北三面環山，南面臨相模灣。幕府時代的鎌倉北部有源賴朝所建蓋，祭祀源氏守護神的鶴岡八幡宮（現今仍在），東側即幕府舊址。八幡宮向南通海濱的參拜道長約2公里，稱為若宮大路，是模仿朱雀大路建造的。

除了位置形勢為要衝之地，鎌倉亦是源家的「永住之地」。賴朝的高曾祖源賴義時擁有邸宅，其父義朝也在鎌倉住過，所以是久有因緣之地。再者賴朝亦擔心如果在京都難免會遭受後白河法皇的圍困或軟禁。況且東國的武士都聚集在他的鎌倉旗下，更不宜棄關東而趨京都。

賴朝「定都」的方針早已成算，於是統合各地的武士，設置「侍所」，也就是軍事警察機關。賴朝對於支持的武士及家屬都視同自家人叫做「御家人」，把地方武士組織起來，建立主從關係的「御家人制度」，成為後來的封建制的基礎。對御家人保證其私領（土）的領有權。而御家人則必須對「主君」（賴朝）克盡

鎌倉幕府成立年表

清和天皇後裔源氏崛起。

①1159～60年	平治之亂當中源賴朝父遭殺害，被處流刑伊豆（時13歲）。
②1180年	賴朝於伊豆舉兵，失敗後東渡安房，東國武士來援。
③1181年	平清盛病逝，賴朝據有鎌倉。
④1183年	源義仲攻入京，平氏西逃。
⑤1185年	源義經在九州北端消滅平家軍，平氏亡。
⑥1189年	賴朝平定奧州（東北），1192年為征夷大將軍。

奉公的義務。對將軍的命令必須絕對服從，將軍的權威非常強大，是單方面的身分支配。反之御家人的「隸屬性」極強，顯示有古代奴隸制的特徵。

這之後，隨著平氏討伐的進展，陸續設置「公文所」和「問注所」。前者掌理一般政務，後者專司訴訟裁判。這樣建置武家（士）獨特的政治機關，一步一步地將支配體制發展成全國性的，以至於京都的朝廷亦不得不予承認。亦即，這種「私的」家政機關終於成為「公的」武士政治的中央政治機關，而被稱為幕府。

幕府一詞原意為將軍的居所，將軍的幕營叫幕府。源賴朝於後白河法皇死後被任命為征夷大將軍（1192），被認為名實均為幕府的創立者。惟一般多「主張」平氏敗亡後的那年（1185）賴朝的鎌倉幕府政權已經成立了。

鎌倉幕府的成立並非賴朝做出了宣言或聲明，這個名稱是後世史家所命名的。賴朝為了將御家人制度做基幹實現支配統治全國，建請朝廷准其設置「守護」和「地頭」，亦在於追討弟弟義經。

賴朝對義經的追殲與殘忍

源義經是今日在日本仍擁有眾多粉絲的傳奇英雄人物。他的故事不僅被搬上銀幕或舞台，筆者讀國小時還在教科書讀過他的故事「牛若丸和弁慶」。

義經幼名牛若丸，是賴朝的異母么弟。乃父義朝跟平清盛爭鬥敗走被殺，母子被俘至京都，賴朝被流放伊豆，義經年幼被軟禁京都，後來知道身世後決心報仇滅平家，而前往東北投靠奧州藤原氏，改名源九郎義經。

賴朝在伊豆舉兵討伐平氏時，義經才21歲，與賴朝再會。嗣後討伐源義仲，以及在討伐甚至消滅平氏的戰役時（1185）才26歲，堪稱是稀世的名將。

在消滅平氏後賴朝不准義經凱旋進入鎌倉，被禁足在鎌倉西南7公里處。因為賴朝認為這之前，義經未獲賴朝推薦就接受後白河法皇的授官，疑其可能造反。義經被逼回京都，卻遭到賴朝派人夜襲，因而奏請法皇宣旨討伐賴朝，惟呼應者不多。法皇反而宣旨討伐義經。義經開始「走路」逃亡，從吉野（奈良南方）再

逃到奧州（平泉）。

　公元1189年，奧州藤原氏在賴朝的壓迫下攻擊，義經最後自殺（也有傳說義經逃往北海道，甚至逃到蒙古成為成吉思汗）。

　義經在吉野山與妻子靜御前分手後，乃妻被護送到鎌倉。某日被迫以懷孕之身舞蹈，唸誦懷念義經詞句得觀眾同情，反而激發賴朝動怒。嗣後所生為男孩，竟被賴朝飭令丟棄海中，殘忍。

執權政治的成立

　建久十年（1199），當了八年的鎌倉幕府將軍的源賴朝，據說因從馬背上掉下來以及糖尿病而歿（52歲）。18歲的兒子賴家繼位為將軍，因與母方北条氏對立而被暗殺。12歲的賴家之弟實朝被母親北条政子立為第三代將軍，後來被賴家的遺兒暗殺，而這個遺兒被擊殺。這樣源氏絕了嗣，鎌倉幕府源氏將軍三代而絕。

　這一連串的暗殺，後鳥羽上皇認為是北条義時（政子的兄弟）的陰謀，乃宣旨出兵討伐。這也是利用幕府內紛，朝廷倒幕收回政權的良機。京都上皇的武士約1～3萬人，而幕府軍分三路計19萬合攻京都，是為「承久之亂」（1221）。

　結果，幕府軍全面勝利，上皇被流放到隱岐島（島根縣與鳥取縣境西北10公里海上）終生未回京都。幕府在京都設置「六波羅探題」代替「守護」，監視朝廷。甚至干涉皇位的繼承，幕府跟朝廷的立場易位，幕府執權政治，武士政權進入安定期。

執權政治的展開

　鎌倉幕府的政治首先是源賴朝時代的將軍獨裁階段，之後經過執權政治的階段，再移轉到北条氏嫡系的繼承人（戶主）中心的「得宗」專制階段。

　源賴朝死後，十八歲的兒子賴家繼位為第二代將軍，他的外公北条時政及舅父北条義時早懷野心。先是剝奪將軍的訴訟裁決權，繼則把他暗殺掉而奪取權力，

擁立12歲的實朝為將軍。北条時政成為將軍輔政，稱之為「執權」。

　　嗣後第三代將軍又被暗殺掉，於是義時（第二代執權）和其子孫就世襲成了掌握實權的執權。北条氏一族在幕府擔任執權者有16人。一方面將軍職則擁立天皇家族（後嵯峨天皇）支系的年幼親王（第六代11歲，第七代3歲），九代將軍在執權「之下」虛位至覆亡。

蒙古大軍襲來

　　蒙古的忽必烈於公元1276年消滅南宋。在這之前，蒙古滅高麗後即派人要求日本臣服。鎌倉幕府的執權時宗（第八代）不予理會，蒙古乃派大軍3萬多（含高麗軍）經由對馬、壹岐殘殺之後在博多灣跟日軍激戰（1274冬）。

　　結果「天佑日本」，暴風雨席捲北九州的玄界灘，把數百艘的侵略軍船吹得東倒西歪。暴風雨過後蒙古軍船已不見踪影，史稱「文永之役」。

　　戰後北九州沿岸築造防壘（20公里長，3公尺高），確實有效防止蒙古軍登陸。公元1281年夏天，元軍再度侵略日本，從朝鮮南下4萬人，從江南東侵10萬人，總計14萬大軍，時為七月，又遭遇暴風雨。元軍狼狽撤退，再次嚐到日本的「神風」，史稱「弘安之役」。這兩次的暴風雨擊退了「元寇」，日本人乃迷信日本是「神國」。

《蒙古襲來》繪卷。鎌倉時代後期作品，肥後國的御家人竹崎季長作。

鎌倉幕府的滅亡

幕府經過這兩次蒙古大軍的侵略戰役，雖然未被擊敗，但國力的損耗，政權的支配力大為衰退。一方面，執權者「得宗」（北条嫡系世襲）的專制引發御家人的反感擴展對抗幕府。

京都的朝廷後醍醐天皇認為「倒幕」時機已到，計劃舉兵討幕，卻被密告而失敗。且天皇被捕流刑到隱岐島，後來脫出，再度興兵討幕。

公元1333年4月，奉幕府之命追討天皇的足利尊氏卻背叛幕府，消滅幕府在京都的特務大本營——六波羅探題。 幕府乃失去支配京都的據點。同時，新田義貞亦被逼對幕府豎起反旗。從群馬縣南下，在東京都西郊激戰，北条軍大敗退。新田軍利用退潮登陸後攻入鎌倉，北条一族相關家臣八百多人自刃，至此，鎌倉幕府的歷史閉幕了。

第3節 室町幕府時代

鎌倉幕府滅亡（1333年5月）後，後醍醐天皇回復親政，直到足利尊氏造反佔領京都擁立新天皇並掌握實權，制訂「建武式目」十七條，再度樹立武家政權（1336年11月），這被認為是室町（足利）幕府的開始。不過，亦有主張足利尊氏被任命為「征夷大將軍」（1338年8月），幕府既然是「將軍的陣營」，則幕府的開啟當為此時。

室町幕府之得名，因為（第3代）將軍的邸宅在京都的室町，成為政治的中樞所在。幕府的政權成立之後不久，京都與吉野各有天皇，亦即進入「南北朝」時代將近半世紀（1336~1392）。到了15世紀後葉發生了歷史上慘烈的「應仁之亂」（1467~1477），拉開日本史上「戰國時代」（1493~1590）戰亂長達百年之久的序幕。事實上，室町幕府於公元1573年最後的將軍足利義昭被織田信長放逐，拖了235年的室町幕府時代至此結束。

曇花一現的「建武中興」

後醍醐天皇刻意發動的討幕（鎌倉幕府）運動，由於幕府軍的主力大將足利高氏（尊氏）和新田義貞的反叛倒向天皇加入討幕陣營，分別攻入京都和鎌倉消滅了鎌倉幕府。

隨後，天皇返回京都開始親政，廢掉幕府所立的光嚴天皇，廢止院政、攝關政治，開始推行新政，獎賞功臣。翌年（1334）改元「建武」，史稱「建武中興」。惟新政內容多屬復古調，新政府要職多給貴族公卿朝臣，有功勳的武士反被排除，引起恩賞不公的不滿。於是乃有要求樹立新的武家政權之聲。最後，導致足利尊氏的反叛，而建武新政亦才三年而告幻滅。

公元1335年生了中先代之亂，鎌倉幕府的殘餘勢力北条時行舉兵奪回鎌倉，守將足利直義（尊氏之弟）敗走西行。足利尊氏乃奏請率軍東下救援，並要求天皇任命為征夷大將軍。天皇生怕足利幕府取代鎌倉幕府而不准。尊氏乃強行出兵奪還鎌倉，卻不回京。天皇乃判斷尊氏意在謀反，遂宣布尊氏為「朝（廷之）敵」，任命新田義貞統率大軍征討鎌倉的足利尊氏。

尊氏先是躲在寺中按兵不動，乃弟直義率軍迎戰而敗退。尊氏遂出而與直義合戰新田軍，結果新田敗走，尊氏乘勝追擊進入京都。惟奧州（平泉）的北畠顯家的軍勢卻尾追足利軍，尊氏乃敗走九州。後來足利軍重振態勢再度進攻京都。天皇屬下的楠木正成被迫前往兵庫迎敵而戰死，尊氏再度入京。

室町幕府的成立與「雙頭政治」

足利尊氏進入京都後，即迎立光明天皇而後醍醐則被幽禁。雖然恢復上皇的院政，實權完全為尊氏所掌握，制訂十七條「建武式目」（1336），可視為室町幕府的成立。

幕府成立初期，全國的政務由尊氏之弟直義統轄，其任務並為所領關係的裁

判。尊氏則掌握武士主從關係的支配權，透過軍事指揮權成為全國武士的統帥。這樣幕府的政治形成足利尊氏和直義兄弟兩人的雙頭政治。

　　沒幾年，兄弟雙方逐漸對立，發展為尊氏的親信高師直與直義、直冬（尊氏之子，直義養子）的抗爭，再加入南朝的勢力而形成天下三分之爭，亂上加亂。

　　雙方軍事對戰多次，尊氏攻進鎌倉，直義投降後隨即被毒殺（46歲）。幾年後，尊氏病死（53歲），兒子義詮繼任為第2代將軍。按；對

室町幕府(1338～1573)的開創者足利尊氏(1308～1358)繪像。他是一名霸氣的梟雄。

室町幕府成立抗爭戰死的幾位名將的享年：楠木正成42歲（1336），新田義貞37歲（1338），北畠顯家20歲（1338）。

「兩統迭立」與天皇家的分裂

　　後嵯峨天皇退位後，讓才四歲的後深草天皇即位，自己則執掌院政26年。然後讓後深草之弟龜山天皇即位，埋下天皇家分裂的禍根。後嵯峨天皇過世後，後深草的皇統（持明院統）與龜山的皇統（大覺寺統）的對立表面化，演變為嚴重的骨肉之爭。

　　天皇家內紛，鎌倉幕府卻介入，調解為「兩統」交互推出天皇是為「兩統迭立」。可是，後醍醐天皇以後，他的子孫卻無繼承皇位之權。幕府成了「朝敵」，後醍醐天皇乃執意要討幕。

　　鎌倉幕府滅亡後乃有「建武中興」，卻又因尊氏的叛變，政權才三年就夭逝。

尊氏入京都後，擁立持明院統為天皇，而大覺寺統的後醍醐天皇則被幽禁。

南北朝的對立與動亂

　　足利尊氏發布「建武式目」，擺明自己是繼承鎌倉幕府的政權。而後醍醐天皇則從被幽禁的京都脫出南下前往吉野山地。這裡是紀伊熊野一帶修驗道（苦行）的核心地，不但獲得全國修驗者的支持，跟地方新興武士「惡黨」亦有關連，天皇的吉野南朝政權成立即跟京都尊氏幕府所操控的北朝政權對立（1336年末）。

　　南北朝對立時期相當長。北朝的天皇（持明院統）前後被擁立五位，都只是幕府的傀儡。尊氏擁戴北朝旨在再次建立封建政權，成為武士階級統一的旗幟。至於南朝似乎較具「正統性」，不過，所統轄地域除了大和、紀伊、吉野外，東海、奧羽（東北）和九州各僅局部而已。

　　兩朝對立所爭的除了帝位之外，可以說是指向樹立封建權力的室町幕府勢力跟意圖復古的王朝政權回生的南朝政府對立。惟南朝完全處於弱勢，除勢力範圍侷

南北朝與室町幕府的成立年表

源賴朝開創鎌倉幕府，將軍只傳3代就被外戚北条時政奪權，當執權（將軍輔弼）主政。

①1203年	執權政治開始。
②1274, 81年	元軍兩次來襲，因「神風」而敗退。
③1321年	後醍醐天皇廢院政而親政。
④1331年	天皇討幕兵敗被捕，遭處流刑。
⑤1333年	足利尊氏、新田義貞舉兵，鎌倉幕府亡，天皇回京。
⑥1334年	天皇建武新政，翌年足利尊氏叛變。
⑦1336年	後醍醐天皇逃至吉野，尊氏另立光明天皇，南北朝開始，至1392年合併。
⑧1338年	足利尊氏任征夷大將軍，室町幕府成立。

限又僻陋邊鄙之地，幾位善戰的名將（新田義貞、北畠顯家）早期就先後戰死（1338）。翌年後醍醐天皇也「含恨」病死，葬在吉野山地。臨終前天皇遺言：「玉骨縱埋南山之苔，魂魄常望北闕之天」。他的陵墓跟一般「南向」不同，而是「北向」。

南朝的天皇包括後醍醐天皇一共有四位。本來在後醍醐歿後，南朝很可能衰亡。但是，意外地南北對立的內亂此後居然延續了半世紀之久。究其原因，原來出在足利氏內部的對立紛爭。

足利尊氏和直義兄弟相互敵對，尊氏為了對直義爭戰有利竟「一時」向南朝「歸順」，亦即聯合次要敵人（南朝）打擊主要敵人（直義），利用南朝發令追討直義。這事件竟讓將要熄滅的南朝再度復燃起來，戰亂愈趨陷入泥沼無法自拔。最後，尊氏攻入鎌倉，直義降伏，旋被毒殺。

南朝的後村上天皇認為足利兄弟熾烈對戰正是南朝勢力恢復的良機，移師追討尊氏之子義銓。這樣足利軍又再度跟朝廷敵對。其後足利內部平伏，義滿繼立為第三代將軍，南朝已不再有組織性的抵抗，僅保存一絲命脈。公元1392年，南朝的天皇退位，南北朝合一，動亂了半世紀的時代才結束。

海賊倭寇與勘合貿易

室町幕府成立初期，南北兩朝的對立動亂之外，足利尊氏和直義兄弟反目抗爭，政局動盪不安定。經過了三十年之後，足利義滿就任第三代將軍（11歲）以後，政局漸趨安定。義持繼任第四代將軍，是為室町幕府的全盛時代。

海賊與倭寇

鎌倉時代的13世紀中葉，高麗請求幕府取締倭寇。當時，九州、四國瀨戶內海沿岸地域的土豪領主，航海遠至朝鮮半島與中國大陸沿岸進行私人貿易。他們的武力時而變質為海賊的行為，乃被稱之為「倭之寇」。

倭寇擾亂前後歷時三百餘年，可分為前期和後期。前期比較嚴重的是在室町初期南北朝動亂的時代。這個時期的倭寇主要是北九州海域的「三島倭寇」（對馬、壹岐和松浦半島），加入一些高麗的「賤民」。他們的規模，小者數隻船，大者多至四、五百艘的船團。

後期倭寇的活躍主要的是在室町末期戰國時代，15世紀末期～16世紀中葉。所謂的「嘉靖的大倭寇」時代。明朝政府採取「海禁政策」，浙江、福建、廣東沿海的人從事海賊行為。這時的「倭寇」，其實十人中有九人是中國人，雖說是名為倭寇，實際是中國人海賊。

日明的勘合貿易

公元1368年，朱元璋驅逐蒙古人建立明朝，很巧合，足利義滿繼任為室町幕府的第三代將軍。朱元璋乃派使臣楊載到日本傳達建國的消息，要求日本回復朝貢並制壓倭寇。

鎌倉時代原本和宋朝有貿易關係，惟蒙古兩度侵略日本以來百多年斷絕關係。朱元璋在位的30年間，義滿始終未能跟朱明邦交。迨明成祖即位，日本的南北亦合體，義滿任將軍30多年。幕府乃派使者攜國書前往祝賀永樂帝的即位。

義滿的國書開頭寫的是「日本國王臣源表」。永樂帝「龍心大喜」，賜以元臣和金印。並且發給100件「勘合符」，准許日本的朝貢貿易，稱作「勘合貿易」。所謂勘合貿易，是一種公貿易，勘合符有「日本」兩字分為「兩半」，由明朝發行的「信符」。持有一半的船即渡明船，到了中國跟對方的一半「勘合」，證明准予公貿易。

日本運到明的貿易（都是朝貢）品，明政府全數予以收購，滯明費用和歸國費用悉數由明政府負擔。

日本郵票上的遣唐船（左）與遣明船（右）圖像。

同時，明廷對渡明船「賜與」下賜品。其中以「銅錢」為中心，有生絲、絹織品、陶瓷器、繪畫、藥等。當時日本沒鑄造貨幣，銅錢（渡唐錢即永樂錢）成為幕府的重要財源。而日本獻上的有馬、太刀、扇等。日本的鍛鐵技術凌駕明國，成為武器（刀劍）輸出國。

這樣的貿易關係，經濟上日本獲得巨利，但政治上，日本被編納入「冊封體制」內，成為明的藩屬國，是否「得不償失」？

第4節 戰亂連年的戰國時代

守護大名製造戰亂

守護，是鎌倉時代朝廷派往各國職掌警備、治安、檢肅謀反等大員。南北朝動亂時代他們的權限逐漸擴大，不只干預國司（朝廷派任的地方官）的公事、軍費的調配、裁判的執行，甚至侵略莊園，私自支配在地的「國」民。室町時代的「守護」就被稱做「守護大名」（大名即諸侯），類似唐朝的藩鎮節度使。

室町幕府的重要官職「管領」和「侍所所司」（長官），由有勢力的守護大名輪流擔任。

管領負責輔佐將軍、統括政務，由細川、斯波和畠山三氏擔任。侍所所司職掌京都的警備和裁判，由赤松、一色、山名和京極四氏擔任。

南北朝末期以後約半世紀，一些兼任數國的守護大名在各地先後反亂，其中赤松氏甚至暗殺了將軍義教而被討伐掉。

各種「一揆」頻仍

「一揆」原義為「一致團結」，嗣而衍義為用武力抵抗使對方承認自己的要求。質言之，就是武裝蜂起。鎌倉末期出現一種自治的村落叫「惣村」（soson），由於莊園領主力量弱體化，政治混亂，農民為了守護生命財產自力

救濟的組織。由於農業生產力增大，農民富裕起來的開始抵抗權力者。

室町時代，「惣村」（農民的自治組織）擴大到全國各地。從15世紀前葉到16世紀後葉，發生了各種不同的一揆，武力起義的抗爭。

「土一揆」是民眾的武裝蜂起抗爭。「國一揆」是以國（地方）人為中心的武裝蜂起。「一向一揆」為一向宗（一向宗為淨土真宗的俗稱）信徒發動的一揆。「德政一揆」則是因為土一揆多數目的為要求德政，所以又叫德政一揆。

這些一揆中，加賀地方的一向一揆，一向宗的僧侶和門徒的農民聯合起來反抗守護的領國支配。抗爭約百年（1488～1580），加賀國自治成功。

史無前例的應仁之大亂

公元1467年（應仁元年），27萬大軍從日本各地聚集到京都，分成「東軍」和「西軍」兩方，展開前所未曾有的長達11年之久的大規模激烈戰鬥。雙方混戰廝殺不夠，更恣意縱火燒燬破壞。戰後京都變成焦土廢墟，不但幕府的權威失墜，列島乃掉入群雄割據的泥沼，日本歷史突入戰國時代，兵連禍結長達一百多年（1467•1477～1573）。

應仁之亂，除了九州和關東、東北以外，來自各地的大軍到底是「為誰」而戰？又是「為何」而戰？真的，說起來，實在是不值得，也是夠糊塗的了！這次空前大規模長時間的戰亂，究其背景原因竟然是將軍的後繼者之爭，混進守護大名家內的「戶主」之爭，而牽連到巨大派閥（細川和山名）的權力抗爭。

將軍的管領細川勝元是侍所所司山名宗全的女婿。丈人女婿本來是協力關係，卻漸對立起來。加上涉及到將軍家內的「戶長」之爭，全國的守護大名竟分成細川派和山名派。

將軍足利義政早先沒子嗣，指名其弟義視為次期將軍。沒想到後來其妻（日野富子）生下男孩義尚而指望兒子就任將軍，而引發了將軍家的後繼者之爭。

這種家內的內訌紛爭最先發生的是擔任管領的畠山家（1454），而斯波家（擔

任管領）亦發生了。翌年就勃發了應仁之亂。

戰火的發端是畠山家內訌的武力衝突。公元1467年正月，畠山政長因管領之職被解任，將邸宅移交畠山義就而懷恨舉兵。起初是這兩人的「家內」的私鬥，因各有「靠山」，政長為細川，義就是山名，很快就擴大為兩派的大規模戰鬥。

幕府的兩大巨魁，細川勝元擁護八代將軍義政及其指名的弟弟義視，以幕府為基地，動員了16萬大軍是為東軍。山名宗全則支持義政的兒子義尚，招集11萬大軍以其邸宅為本陣（司令部），位於細川司令部之西，而被稱為西軍。

兩軍的戰鬥一直不曾有決定性的勝利，戰局一進一退的狀態持續數年。其間，雙方各以京都的邸宅或寺院做營部，京都成為戰場，互相攻略陣地混戰放火的市街戰，戰後上京區域成為一片灰燼。

在京都的戰鬥雖然終息，「代理戰爭」卻被帶到地方，進而陷入戰國時代。守護大名中乃產生了一些戰國的大名。

戰國大名的崛起

應仁之亂的「主」戰場雖然在京都市街，但是全國各地的武士頭頭及其集團卻延燒戰鬥不停，擴展突入戰國動亂的時代。因此，應仁之亂可以說是戰國時代的序幕、導火線。

戰國時代連年戰爭動亂持續了一百年之久。當時割據各地的群雄，歷史上稱為「戰國大名」。這些大名崛起過程相關的歷史「用語」，簡單分述俾資了解。

戰國大名的崛起，一般認為有三種過程：一為守護→守護大名→戰國大名。二為由守護代轉化為戰國大名。三為國人領主的戰國大名化，亦即從「國人一揆」而成為戰國大名。

（一）大名：（1）平安末期擁有多數名田者。（2）鎌倉時代擁有大量領地的武士。（3）鎌倉後期至室町時代領有數國的有勢力的守護。（4）江戶幕府以後知行一萬石以上的武士、諸侯。

繩文 12,000年前	彌生 紀元前5世紀 （近千年）	大和 3世紀後半～590 （300多年）	飛鳥 590～710 （120年）	奈良 710～793 （84年）	平安 794～1185 （390年）

（二）守護：鎌倉初期設置職掌各國（地）警備、治安、「檢斷」盜賊、殺人
等，由朝廷派任的大員。後來權力擴大，干涉到「國司」（朝廷派任各國
的地方官）的公務以及「地頭」（莊園、公領地的管理徵稅官員）職務。

（三）守護代：守護（職）的代官，守護未到任地者，代理其職掌的官員。

（四）守護大名：室町時代，應仁之亂後轉化為強大勢力的大名。近世以後已消
滅而代之以「大名」。

（五）國人領主；鎌倉時代的「地頭」（莊園領地的「管家」），「御家人」
（幕府統治階級的「自家人」）的家譜世系出身的人。室町時代成為守護
官職，其中有勢力者即躍居為守護代。

　　戰國大名者，將自己的勢力所及的範圍，亦即版圖定位「領國」（有稱為「分
國」者）。在其領國內不容其他勢力的權限介入，亦即貫徹一元支配。

　　它的特徵主要是跟幕府及將軍劃清界線，這點是守護大名（在幕府傘下）和戰
國大名最明確的不同。守護大名的階段是有幕府才有守護大名。守護是將軍所任
命才當得成的，戰國大名則沒這個必要，亦沒這個關係。

　　戰國大名跟幕府的關係還有一種「分國法」的制訂，又叫「戰國家法」。這是
戰國大名作為限於自己的領國內通用所制訂的法律。室町時代有通用全國的「幕
府法」，它跟「戰國家法」的結構正象徵將軍與戰國大名。要之，戰國大名不啻
是幕府國內的獨立國。

戰國時代的啟幕

　　戰國時代群雄崛起互相侵攻爭戰，廣義地說是應仁之亂的內亂戰爭的長篇「連
續劇」，真是好戲齣連連，苦的是老百姓。開啟戰國時代，發出第一聲槍響的是
北条早雲侵攻伊豆事件。

　　早雲早先做過將軍義視的近侍，後來應邀到駿河（靜岡縣）守護大名今川義忠
（早雲的妹婿）底下任職。今川氏發生後繼者紛爭時建立軍功而擁有所領和城堡

（在伊豆）。公元1493年，早雲乘伊豆國內混亂之際侵攻奪取伊豆國領而成為第一位戰國大名（北条氏）。兩年後，早雲又進攻奪取小田原城。

北条氏是國人領主（在地的有勢力武士）出身，其後這種「下克上」的現象成為戰國時代勢力改變的方式。而這一年（1493），中央方面，將軍的輔弼「管領」細川家發動政變，廢掉十代將軍足利義材，另擁立義澄為將軍。幕府乃失去其作為中央政權的權力而突入戰國時代。

戰國大名巨魁群像

應仁之亂（1477）後約有1世紀之間，日本列島陷入群雄割據的狀態，以地域領國為踏板的戰國大名互相激烈地爭戰。其中一位尾張、美濃（愛知、岐阜，即名古屋一帶）的織田信良擁戴（十五代）將軍足利義昭上洛，五年後幕府被滅亡（1568～73）。這期間，史稱戰國時代。

戰國時代名將如雲，成為巨魁的大名此起彼落，下克上的悲喜劇一齣又一齣，令人目不暇給，眼花撩亂。以下選擇（依時間為序）幾位較有勢力、有成就出名的，看他們的風雲劇情。

上述北条早雲於公元1493年發動攻佔伊豆是為戰國時代的啟幕，兩年後又攻佔小田原城，奠立在關東一隅的基礎。他的孫北条氏康繼承父祖事業使盡知略擊破古河的足利氏（足利尊氏的子孫）和關東管領上杉氏。氏康稱霸關東是在16世紀中葉。公元1554年，北条氏康乃跟甲斐（山梨）的武田信玄、駿河（靜岡）的今川義元三者互相政略聯姻締結「甲相駿」三國同盟。之後，義元企西進攻擊尾張（織田氏），信玄則與上杉謙信爭鬥川中島，而氏康則全力問鼎關東霸權。

東海名門今川家揮師西向擴大勢力。今川義元在贏取繼承權之後，與東邊的武田氏結盟，擊退北条軍，揮師西進，收編統一三河地方的松平家，擊退尾張的織田氏，擁有駿河、遠江和三河一帶地域。

下克上的典型變色龍齋藤道三，京都附近的賣油郎出身，投靠政治權力者，一

次又一次變節（下克上）又改名（六次）。把恩人（城主）殺害，又舉兵把主君驅逐出境而當起美濃國（今岐阜縣）的國主。後來遭兒子叛變而身亡。齋藤並非戰國的什麼將才，勢力亦不大，只是為達目的不擇手段者，在戰國時代出身卑微亦會「出頭天」。

稀世的謀略家毛利元就是安藝國（廣島縣）的一座小城主。在安藝國（廣島）的國人（在地有力武士）起家，繼承家業投入大內義興（進入朝中擁立將軍與細川家爭鬥）的傘下。將二男和三男送出去做有力者養子劫奪其地盤勢力。以少數精銳擊破出雲方面的尼子晴久。公元1551年大內義興子被家臣陶晴信所殺，元就乃以5千兵擊破陶的3萬大軍，完全以智略詐術和奇襲取勝而於1557年滅大內氏取得其領地。1566年再驅使謀略逼使尼子氏降伏，而成為中國地方的大大名的霸者，掌控了岡山、廣島以西至北九州的廣域地帶。

武田信玄與上杉謙信

戰國時代兩位智勇雙全，勢均力敵的名將，甲府的武田信玄與越後的上杉謙信，在戰國時代的後期曾經在川中島進行過五次的決戰（1553～1564），譜寫下戰國時代響亮悲壯的樂章，至今猶震撼人們的心絃。

武田信玄是甲斐（山梨）的守護大名出身，驅逐父親成為主君，擴張勢力支配甲斐、信濃和駿河地域。北信濃的戰國大名村上義清被信玄擊敗後逃往越後（新潟）求助於上杉謙信，因而信玄跟謙信乃直接對戰起來，戰場就在川中島（尼巖城附近，善光寺東南）。

上杉謙信原名長尾景虎，他的父親是越後的守護代，雖然造反奪得全權，但是越後地方的統一則由謙信完成。他因為保護被放逐的關東管領上杉憲政而繼承憲政的地位並改名為上杉謙信。

謙信所支配的越後跟信玄的信濃鄰接，兩者水火相剋，發生了五次的「川中島」名戰役，卻未曾決定輸贏，是戰國時代的著名戰爭故事。

鎌倉 185～1333 (148年)	室町 1338～1573 (235年)	安土桃山 1573～1603 (30年)	江戶 1603～1867 (264年)	明治 1868～1911 (44年)	大正 1912～1925 (14年)	昭和 1926～1988 (63年)

建立南九州薩摩藩基礎的島津貴久，指向統一支配薩摩（鹿兒島）、大隅和日向（南九州東部）。葡萄牙傳來的槍砲，島津率先將之引進實地戰爭，擴大勢力範圍，不過因地處西南邊隅，並未參進「逐鹿中原」。

東北王獨眼龍伊達政宗，他的曾祖父伊達稙宗在16世紀初期被任命為陸奧守護，逐漸建立霸業的基礎。

政宗18歲時繼承父業展開他的將帥才能，先後打倒畠山氏、相馬氏、蘆名氏（會津）等近邊的強敵，席捲了東北地方，成為支配東北南部的大「大名」（大諸侯）。

後來豐臣秀吉消滅關東的北条家（小田原），政宗原本想聯合北条對抗豐臣，惜兵力懸殊而斷念，還是向豐臣降伏，加入其傘下而保存了領地。

室町幕府與戰國時代年表

室町時代後半，15世紀後葉，因將軍後繼之爭與大名戶主之爭，引發了以京都為主戰場的兩陣營諸侯10年餘的內戰（應仁之亂）。

①1467～77年	應仁之亂在戰爭後延燒各地。
②1493年	北条早雲在伊豆「下克上」起兵，戰國時代拉開序幕。
③1553年	上杉謙信與武田信玄川中島之戰（至1564年共5次）。
④1554年	北条氏康（早雲孫）與武田、今川訂三國同盟。
⑤1560年	桶狹間之戰織田信長擊斃今川義元而崛起。
⑥1568年	信長奉將軍義昭入京，1573年放逐義昭，幕府亡。
⑦1573年	信長、家康聯軍大破武田軍。
⑧1582年	本能寺之變，信長遭部將明智光秀叛變而敗亡。
⑨1586年	豐臣秀吉為主君信長報仇後，攻略天下，任太政大臣。
⑩1590年	秀吉平定東北奧州，統一天下，戰國時代落幕。

　　綜觀戰國的英雄豪傑叱咤風雲，可惜大多壽命不長，平均才50歲前後即病死或戰死。

　　至於戰國時代曾經「統一天下」的三大英傑：織田信長、豐臣秀吉和德川家康的故事，就在下一章介紹了。

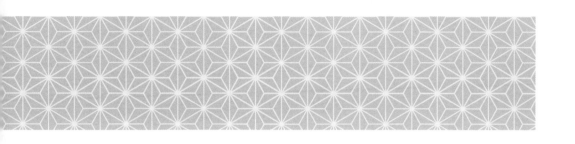

第 X 章

戰國後三雄與德川幕府

繩文	彌生	大和	飛鳥	奈良	平安
12,000年前	紀元前5世紀 （近千年）	3世紀後半～590 （300多年）	590～710 （120年）	710～793 （84年）	794～1185 （390年）

第1節 織田信長的統一事業

日本史上從第15世紀末（1490年代）到第16世紀的後葉（1570年代），亦即北条早雲的崛起至織田信長的統一「天下」的80年間，史稱「戰國時代」。

其實這個期間，京都的天皇被架空，卻有室町幕府還存在。戰國時代，各地大名（諸侯）割地自立而互相征戰兵戎不斷已如前述。群雄逐鹿的天下，祇限於列島東北仙台以南，北陸、關東、關西以及廣島岡山的「中國地方」和本州西南部的範圍。

在這個大舞台上，戰火延燒了80年，最後贏得「天下」者有三個人：織田信長、豐臣秀吉和德川家康。前兩人的天下都可以說是短暫的「曇花一現」，唯獨德川家康統一天下後開創江戶幕府，持盈保泰，開展了265年（1603～1868）的長期太平時代。

稀世的軍事天才

戰國時代後期的1534年，織田信長出生於尾張地方的那古野（即名古屋）。1582年，在京都本能寺因部下明智光秀的叛變被襲擊敗死（49歲）。

織田信長的家系為尾張（名古屋地方）的守護代（鎮守地方衛戍高官代理）的高官，在父親信秀時代逐漸崛起而進據那古野城。信秀死後繼承家業時僅18歲（1551）。當時織田氏東邊與今川義元、西邊跟齋藤道三敵對，為避免兩面作戰，信秀先跟齋藤講和，而信長亦跟道三的女兒濃姬結婚。

信長爭霸天下的第一階段是統一尾張地方。大約花了九年的時間，尾張差不多統一了，才27歲的信長跟東邊的強豪今川義元發生了震撼天下的「桶狹間戰役」。

擁有駿河、遠江和三河（愛知縣東部和靜岡縣西部）的強豪大名今川義元，跟武田信玄（甲斐、山梨）和北条氏康（相模）締結「甲相駿」三國同盟，確保了

東方的安全。公元1560年，義元率領大軍2萬5千人進攻尾張並擬乘勢上洛，軍內亦有年青的松平元康（後來的德川家康）身影。

這時迎擊的織田信長的兵力只有3千人。大軍壓境，義元軍的別動隊德川家康攻陷清洲城東南的城寨，信長才帶領少數的家臣從清洲城出發再跟後續部隊合流東進，打算以少數兵力攻打義元的司令部。

這時，義元正在桶狹間縱直狹窄的盆地休息，周邊兵力薄弱。由於下暴雨而未能察覺信長軍的接近。待雨歇了後，信長軍忽然「正面」攻擊義元營部，義元軍一時慌亂狼狽，在「亂戰」中義元竟戰死。茲後今川氏急速衰退，而信長乃從一名小小的大名一躍而成為天下所關注的英雄人物。

信長打倒今川氏後來自東邊的威脅已解除，下一步是要處理北邊的齋藤氏（美濃），將居城從清洲城移至北邊的小牧山城。

齋藤道三很賞識信長，把女兒嫁給他。後來，道三父子反目相殘，道三遭兒子殺死，織田家與齋藤家乃敵對起來。信長決心利用對方幼主（13歲）繼位攻略美濃。1567年攻陷齋藤家的居城稻葉山城，而仿中國周文王起於岐山定天下的故事，改建新城稱為「岐阜」做為居城。同時開始採用「天下布武」的朱印，表明意在以武力統一天下，而朝這個目標邁進（時34歲）。

戰國時代後期三雄之首，放逐室町幕府的末代將軍，卻在京都本能寺遭部將明智光秀兵變而敗亡。

戰略家兼政略家

1568年，信長奉擁足利義昭上洛為第15代將軍，建立「挾天子令諸侯」的態勢。信長並非真心擁戴義昭，甚至對天皇亦思「有以代之」。義昭雖欲任命信長為「管領」（執政輔弼）或「副將軍」，但信長均婉拒，而寧可要求近江、和泉的堺為直轄領地。兩人終於對立起來。

義昭乃運作聯合反信長的勢力，東方的武田信玄、淺井長政和北陸越前的朝倉

義景形成包圍網。再加上紀伊與大阪方面的石山本願寺教團以及越前的一向一揆，信長處於「四面楚歌」狀態。

從1570年到1580年間，先後擊破淺井、朝倉和武田並燒毀延曆寺，放逐足利義昭（1573）。至此室町幕府乃壽終正寢走進歷史。

然而信長卻仍必須面對紀伊與大阪、越前兩地的對教團戰爭，尤其是石山會戰（紀州）。為了避免跟本願寺、一向一揆做不利的全面戰爭，使出「挾天子令諸侯」的秘策，讓天皇下敕令，終於達成跟顯如（本願寺第11代門主）講和。

石山戰爭結束後才兩年，信長又揮師「東征」，消滅武田（山梨）勢力。然後準備遠征直攻西邊廣島方面的毛利氏，不料出發前夜，在京都的宿舍本能寺遭部將明智光秀叛逆所襲擊而敗死（1582）。

用人唯才，新政策的先行者

信長出身於中小級的大名家世，他任用人不問門第出身，唯才是用。在本能寺之變前，在全國配置五個野戰軍團：（1）關東方面瀧川一益在上野（群馬縣）跟北条氏對峙，（2）北陸司令官柴田勝家攻擊越中（富山縣），（3）丹羽長秀鎮守京都西北部，（4）羽柴秀吉（後來的豐臣秀吉）為中國（岡山、廣島）方面司令官進攻毛利氏，（5）明智光秀受命支援秀吉，卻中途改變行程回京發動本能寺之變，是意外或是「天意」？

除了這些軍事上戰略配置，信長的

織田信長（1534～1582）

地盤尾張、美濃、伊勢加上近江，其經濟生產力的高度發展是支援軍事作戰的巨大力量，是勝利的保障。1576年在琵琶湖東南邊築成的安土城（信長的居城），其絢爛豪華無可比美者。

他的政策特色是克服傳統的政治、經濟秩序與權威。在支配地獎勵樂市、樂座，使工商業者能夠自由買賣。撤除不必要的關所讓經濟物流暢通。強令自行申告的「檢地」進行土地調查以便鞏固直接支配的基礎。

積極引進南蠻貿易，將火槍加以活用在戰略上。宗教方面為對抗中世的宗教勢力，對基督教採寬容的姿勢。這些革新先進的政策旨在打破舊體制，當然不免招來既存勢力的反彈，而信長對此卻絕不妥協而顯著的發揮了獨裁者的性格。日本的歷史可以說是對獨裁者強烈反彈的歷史。

第2節 豐臣政權的速成與急崩

織田信長在京都發生的「本能寺之變」被襲擊敗死後，繼承其事業的是部將羽柴秀吉。信長死後，在眾多部將中，以閃電式的行動與天性機智的外交手腕瞬間躍居逐鹿天下的主座而成就了一統江山。

豐臣秀吉統一全國

豐臣秀吉（1537～1598）出生於尾張中村的鄉下（小）武士的家庭。起初在今川氏的武將手下任職，後來改在織田信長屬下，名字亦由木下藤吉郎改為羽柴秀吉。

秀吉出自身份低微，可謂是「浮浪兒」，被信長「收容」，接受教育。雖說有信長所賞識的氣魄，並非有個人的武藝。秀吉有機智，對信長表現百般的忠誠無私取得好感與信任。信長發現了秀吉具有計數理財與土木的才能，那是國主級大將所不可或缺的。秀吉卻盡量不露自己的才能以免招來嫉妒，而毋寧作為一介質樸剛毅的前線指揮官。

無私無慾的表現，掩藏才能又擅於機智外交手腕，將軍功戰果悉數歸給主君。這樣，秀吉在信長「打天下」的第二階段逐漸崛起。早期以長濱（琵琶湖東邊的湖港）為居城。

為信長所收容栽培，本能寺之變後為主君報仇，統一天下，卻因為侵略朝鮮而衰敗。

為主君報仇成為織田後繼者

織田信長在天下統一的「一里路」前，在京都的本能寺因部將明智光秀的突然叛變襲擊而敗死。事變當時，信長的主力軍團最強的柴田勝家在北陸，瀧田一益在關東，羽柴秀吉在備中（岡山）對毛利氏作戰中，德川家康則從大阪逃回靜岡。

事變發生後，唯獨秀吉聞訊即刻跟（廣島）毛利氏談和，帶領2萬5千的軍隊，為了替主君報仇，形同閃電般的急行軍，才9天趕到攝津，並在山崎（京都西南）跟明智光秀會戰，予以殲滅，替主君報了仇。

秀吉在信長的諸部將中取得強勢的地位，在決定後繼者的清洲會議中，擁立3歲的信長孫兒，表明要統一天下。不過，主君死後，家臣們之間常常因後繼者和領地分配問題而爭執。尤其是強豪柴田勝家跟秀吉對立尖銳。雙方終於發生戰鬥（1583，在賤之岳，琵琶湖北），結果柴田軍戰敗，勝家自刃。

翌年，織田信長的次男信雄不滿秀吉的抬頭，聯合德川家康跟秀吉對戰。秀吉在苦戰之餘跟信雄單獨講和，而家康也只好退兵。

不強戰而平定天下

公元1585至1590的五年間，秀吉的聲勢與權力地位如日中天，終於以柔軟的手法不強戰的戰法平定天下。

這一年（1585）先是平定紀伊的一揆，並使四國的土佐降伏。就任關白，不久

被後陽成天皇賜姓豐臣，於是以豐臣秀吉的關白政權出發。翌年又就任太政大臣，利用天皇所賜權威職位，發布禁止大名間的戰爭「惣無事令」（1587）。接著進攻九州，使島津義久降伏。

公元1590年，揮師東征討伐北条氏（小田原），再進逼東北奧州，讓伊達政宗也屈伏。這樣統一天下遂告完成。

秀吉的柔軟戰法和機智的外交手腕，允為不戰而屈人之兵，而且使人心服的必勝之道。他總以和平地解決。即使不得已而必訴諸戰爭，他不是用軍糧戰法就是用「水攻法」（不用火攻），考慮極力減少我方甚至對方的損失。

最令人難理解而「佩服」的莫過於他對德川家康的爭取「臣從」。秀吉將妹妹朝日姬嫁給家康，而且竟也把母親（大政所）送到家康處做人質。目的無他，就是要「征服」家康的心。他對信長的「交心」同樣沒保留。且看戰國統一天下的「後三雄」的人際姻親關係。

信長的妹妹市嫁給淺野長政，所生女兒茶茶（淀君）就是秀吉的老婆。茶茶的妹妹江嫁給家康的三男秀忠。

因此，信長是秀吉之妻（茶茶）的大舅舅，秀吉是家康的三男秀忠的連襟（秀忠妻江是秀吉的小姨子）。

秀吉的兒子秀賴與當時的絕世美人千姬（秀忠、江夫妻之女）結婚。亦即，家康的孫女跟秀吉的兒子結婚。秀吉要叫家康「親家公」，可是家康卻又跟秀吉的妹妹結婚，這一來兩個人又變成「大舅子和妹婿」的關係了。搞政治的總會搞這一套「亂了倫」的人際關係，自古已然。

構築新時代秩序的政策

本能寺之變後迅速消滅叛逆的明智光秀，取得信長諸部將的「領頭羊」地位，才3年秀吉受天皇授以從一品就任關白，隨後利用這個權威壓倒織田信雄（信長之子，正二位）與德川家康（從二位）就範。

太閣檢地確立土地所有一元化

「太閣」是對攝政或太政大臣的敬稱，亦指關白，俗世特指豐臣秀吉。

秀吉在消滅明智光秀後那年就開始進行「檢地」。隨著領地的擴大年年實施檢地，直到病歿那年（1598）。所謂「檢地」意即土地丈量，在田地用竹竿或繩索丈量土地面積段別，讓領主直接掌握封建貢租生產源的農民。承認直接生產農民的土地佔有與耕作權，排除過去土豪、地主的中間榨取，由是中世的莊園制消滅。惟農民亦因而被封建領主的經濟源所緊綁住。百姓的身分被固定，變成被封建領主榨取的農奴，難免要跟領主對立。

檢地實施的另一結果是度量衡的統一。太閣檢地實際派員調查，制定米生產量的「石高制」，亦即米幾石。土地面積則制訂「町段步」制：6尺3寸為1間，1間平方為1步，30步1畝，10畝1段，10段為1町。田地分四品級（上、中、下、下下），生產量各不同的「石盛」制。

刀狩令與人掃令確定身分制度

為了避免農民與封建領主因對立而引發農民的一揆武力鬥爭，秀吉藉口鑄造大佛，頒布「刀狩令」（1588），沒收農民的一切武具。如此一來，兵農分離，支配體制完備。

三年後，頒布「掃人令」（身份統制令，1591、92），禁止武士、商人、農民的轉業。這個制度後來被江

豐臣秀吉（1537～1598）

戶幕府所繼承，確立了江戶時代的「士農工商」的身分制度的基礎。

豐臣政權的急速崩壞

豐臣秀吉於本能寺之變肅清叛逆勢力逐漸崛起突出，消除反對派，平定各地大名，以八年的時間（1582～1590）而統一天下。

在這過程中，他的對外政策即已暴露出破綻，在平定九州同年（1587），要求朝鮮國王來日，禁止基督教，控制對外貿易。

動員大軍侵略朝鮮的失策

秀吉在統一全國的翌年（1591），先後要求葡萄牙和西（班牙）屬菲律賓入貢。一方面早就計劃打算征服明國，乃透過對馬島命令朝鮮臣服。朝鮮不從，即於翌年（1592）發動文祿之役（即朝鮮史上的「壬辰倭亂」），共16萬陸軍和9千海軍進攻朝鮮。日軍從北九州的名護屋城（佐賀縣）出發經由對馬島，登陸釜山，一路攻陷漢城，北上佔領平壤，並擊退援朝的明軍。加藤清政的軍隊且進攻到朝鮮東北角的會寧捕擄了朝鮮兩王子，侵入明的領內。

日軍侵攻朝鮮才3、4個月連戰連勝，勢如破竹。秀吉聞訊乃攪起夢幻，說是要將後陽成天皇移駕北京，自己則在寧波做「中華皇帝」。

然而日軍的勝利也「到此為止」，由於朝鮮的義軍蜂起，明的援軍不斷，制海權被朝鮮名海將李舜臣所掌握，日本軍的糧道逐漸斷絕不繼，戰線乃呈膠着狀態。前方將帥雖透過明國交涉講和無結果。5年後（1597）秀吉再發動14萬軍侵攻朝鮮是為「慶長之役」。

第二次出兵，卻停止在朝鮮半島南部，遠遠不及漢城南部。日軍只好在南部沿岸築城進行持久戰。這期間，武將和官僚之間發生爭執導致日後豐臣政權的崩壞。

1年半後秀吉病逝（1598年8月），日本軍即撤退。這兩次在東北亞的大戰

（日、朝、明），由於秀吉發動大軍侵攻朝鮮，致導豐臣政權國力疲弊，秀吉手下的大名出征而耗損極大。另一方面，沒參戰的德川家康的勢力因而「坐大」，成了德川消滅豐臣的要因。

第3節 德川家康與江戶幕府

家康與信長、秀吉的恩怨情仇

戰國時代的後期（1550～1600），織田信長在群雄中崛起構築霸業，在一統江山的「一里路」前發生「本能寺之變」而敗死（1582）。旋而信長的部將豐臣秀吉為主君報仇之後躍居信長諸重臣的「領頭羊」地位，果然統一了天下。惟秀吉的領土野心太囂張，兩度派大軍侵攻朝鮮無果，國力疲弊，病死後遺臣內紛，發生關原之戰（1600）。結果德川家康大獲全勝進而在江戶（東京）創立德川幕府，消滅豐臣政權結束戰國時代。

在戰國後半的50年間，德川家康「一步一腳印」地崛起，跟當時的最大強豪織田信長、豐臣秀吉前後兩人之間恩怨情仇的糾葛，在德川勢力成長的過程中，不僅無害反見其利。

家康幼年5歲多時曾被送去織田信秀那裡當人質。8歲時，今川家打敗織田家，於是家康又成為今川氏的人質。18歲時，信長在桶狹間戰勝，家康返回自己的岡崎城（濱名湖東北方）。桶狹間戰役後，家康打算自今川獨立，惹怒今川氏真（義元之子）。家康為了與駿河的今川對抗，於向領地西邊的織田信長提出結盟的可能性。但因為織田家與松平家曾交戰數回，舊恨仍在，直到桶狹間戰役後兩年，雙方才正式結成清洲同盟，開啟近20年的同盟關係。

公元1575年，甲斐的武田勝賴為了攻略家康的領地長篠城，發生了長篠戰役。武田的最強騎馬軍團1萬5千大軍壓境，信長救援家康的火槍隊聯合軍3萬8千名，兩軍激戰。

這次戰役，信長採用新的戰術，利用丘陵與河川的起伏造成壕堀構築木柵為障礙物。武田的騎兵隊攻到柵前受阻，柵後堀內的步槍隊齊發，槍林彈雨，勇猛的騎兵隊血肉橫飛。武田軍徹底慘敗，自是一蹶不振，未久即被滅亡。信長的天下之夢亦已在望了。

家康與秀吉原本同是信長的部將同僚關係。秀吉在本能寺之變後替主君信長報了仇，因而在諸部將中勢力地位突起。先是把最大潛在敵對同僚勢力柴田勝家打敗確立了後繼者的地位。

惟織田信長的兒子信雄卻不滿秀吉的「囂張」乃跟家康結盟，而跟秀吉斷交。家康亦很想阻止秀吉勢力的急擴張，實質上是家康扛著信雄的旗幟向秀吉挑戰。

公元1584年，秀吉與家康的軍隊在尾張的小牧山和長久手對戰，秀吉的別動隊襲擊家康三河的本據地途中被殲滅。秀吉雖然未能戰勝，然而卻運用外交手法，先攻擊信雄的領地再跟信雄講和，家康被甩在一邊失去作戰的「大義名分」。不得已也跟秀吉講和，可他仍不願向秀吉稱臣服屬。況且此時家康為了對抗秀吉而跟關東的強豪北条氏結盟，對秀吉造成東方的威脅。

秀吉為了要家康對他臣從幾乎不擇手段。先是因為家康元配早期跟武田氏通敵，信長飾令家康處死，秀吉叫自己的妹妹朝日姬離婚嫁家康，但家康仍不臣從。於是秀吉竟然把自己的母親大政所送去給家康當人質。這一來，家康再也不得不屈服而前往大坂城向秀吉宣誓臣從了。可是，亦因此，秀吉乃命令家康放棄故鄉三河（靜岡西部）移封到江戶。誰又會料想到家康因此「禍」而得了「福」，以江戶（東京）250萬石（1石10斗，秀吉只有200萬石）的米倉巨大經濟力（18世紀後半東京約百萬人口，時大坂約40萬人）建立了江戶幕府。

天下的分水嶺關原之戰

本能寺之變織田信長自刃後，他的旗下諸部將中，豐臣秀吉崛起如彗星般統一天下（1590），卻因侵攻朝鮮國力大損。秀吉死時兒子尚年幼，於是配置了五大

老（家康為首的顧問團）和五奉行（政務執行部）旨在防止家康的獨霸。然而「上有政策，下有對策」，五大老和五奉行的十人合議制在家康的謀略下內紛對立而破功。

侵攻朝鮮之役出兵之際，武鬥派（加藤清正等）和文治派（石田三成等）因遺恨而對立。加之家康在幕後策動，秀吉死後，家康率先公然挑戰五大老五奉行所宣誓禁止大名間私自婚姻，讓兒子跟東北王伊達正宗女兒結婚。一方面拉攏秀吉的正室高台院（無生育）對武鬥派加強影響力。

秀吉臨死前雄豪大名的「五大老」領地勢力，除了家康250萬石超過秀吉的200萬石（不過秀吉有金、銀礦山）外，其餘最多才120萬石（毛利、上杉），即連秀吉的密友前田利家才84萬石（金澤方面），而五奉行全數在20萬石以下。

家康有強力的高台院（秀吉正妻）的支持，操控七名武鬥派，在前田（秀賴的監護人）死的翌年（1600）終於爆發了天下局勢分水嶺的關原戰役。

決戰前夕雙方的動向

豐臣秀吉死後，雌伏隱忍久時的德川家康終於指向獵取天下邁出步伐。對此，沒法忘懷秀吉之恩的石田三成（五奉行之一），為了豐臣政權的存續，使盡智力終於舉兵向家康挑戰而決戰。

公元1600年4月，家康以上杉景勝離京回領地（會津）有謀反嫌疑，促其返京被拒。6月，家康從大坂率軍出征上杉。7月，石田三成以家康遠出，即以毛利元就（五大老之一）為反德川的總司令（西軍），而在大坂宣言舉兵決戰。7月下旬，西軍攻陷伏見城（京都南），家康聞訊即在小山（栃木縣南）召集諸大名軍事會議決議打倒石田三成。家康整合東軍後先回江戶城，東軍諸將先行西進指向畿內與三成的西軍對戰。8月初，西軍在加賀城（石川縣西南）跟東軍的前田軍交戰。8月中旬，東軍在清洲城（名古屋西北邊）集結。9月初，德川秀忠（家康三男）與西軍的真田軍交戰，上杉軍（西軍）侵攻東軍（最上義光）的領地（山

形縣）。

在關原決戰前夕半年間，東（德川軍）西（石田軍）兩軍所屬的諸大名已經陸陸續續發生零星的局部交戰，並沒決定性的大戰鬥。惟到了9月15日，終於爆發了日本史上最大規模的戰役，結果決定了天下的分水嶺。

關原決戰的8個小時

關原之戰發生於豐臣秀吉死後兩年，其政權下的德川家康為首的武鬥派跟石田三成為首的文治派對立的兩大陣營數十大名所發生的集體決戰。德川圖謀奪取政權獵取天下，石田志在維護豐臣政權。

公元1600年9月15日，兩軍都集結在「關原」（位在琵琶湖東邊，岐阜縣西南隅）對峙。石田（41歲）的西軍8萬2千人布陣在山上，德川（59歲）的東軍7萬4千人布陣在盆地，依陣勢看來西軍較有利。

早上8點，東軍的（井伊）部隊對西軍的（宇喜多）部隊先制開槍開戰。9點，石田隊對東軍的（黑田、細川、加藤）隊奮戰。10點，福島正則的東軍（6千名）跟西軍的宇喜多隊（西軍先鋒，1萬7千人）不斷激戰。上午11點，西軍燃起總攻擊的烽煙，但是西軍的小早川秀秋的部隊（1萬5千6百名）和毛利秀元的部隊（1萬5千名）卻全沒動作。到了中午，家康的陣營針對小早川開槍示意促其「趕快按照約定倒戈」。這時才19歲的小伙子小早川原本難決去就，接到家康威嚇槍聲有點「害怕」吧，終於從山上下來開始攻擊布陣在山麓的西軍。附近的西軍幾個部隊像骨牌反應般跟著倒戈叛變攻擊西軍。

到了下午1點，西軍開始總崩盤。下午2點石田三成敗走逃亡仍被捕捉處刑。下午3點，西軍陣營的南九州薩摩勢實際上並沒參加戰鬥，一直貫徹傍觀，俟東軍勝利後卻孤立在戰場，拚命脫出逃回薩摩。至是到了下午4點，太陽傾西，整個戰鬥終結了。

這次戰役，序盤戰時西軍相當優勢，卻因小早川的倒戈使戰局立即翻轉決定東

軍的勝利。西軍號稱有8萬多大軍，實際參戰的約3萬5千名，而倒戈加入東軍者有2萬多。

據說，家康在中止征伐上杉（會津）返回江戶後，寫了將近200份的書信給諸大名將領，約定給予恩賞或威脅警告，取得「勾結」協助的言質。這種事前的幕後工作果然奏效，而有小早川的倒戈引發西軍如雪崩般潰敗。

關原之戰所以是史上最大規模戰役，不在兵員人數之多，毋寧是雙方諸大名總動員之多。東軍包括西軍倒戈加入者有26，西軍亦有23大名。

德川家康開創江戶幕府

關原大會戰之後，家康最優先要處理的厥為敗戰後西軍諸大名將領的「處置」，然後是對參戰有功的東軍各大名將領的恩賞問題。

首先是「清理戰場」，追蹤敗戰後西軍主要人物，同時，對戰後仍在各地繼續戰鬥的西軍諸大名施加壓力。其中石田三成和小西行長被捕後處刑。宇喜多秀家（西軍副總司令）逃往薩摩，後來被發現即流刑八丈島。毛利輝元被勒令退出大坂城，嗣後東北上杉氏、薩摩島津氏先後降伏。

公元1602年，家康在江戶處置戰後西軍諸大名領地的配置和東軍恩賞的分配。西軍的石田、小西和宇喜多等大名的領地被沒收，毛利的125萬石被減為37萬石（八國的領主變成二國）。上杉的120萬石削減為30萬石。西軍武將所失去的達630萬石，其中的150萬石撥給家康的直轄地而擁有400萬石。其餘480萬石分配給自家的「譜代」（歷代服侍主君家康）的武將以及參加東軍的有功大名做為恩賞。

戰後豐臣家的領地雖然沒減少，其財政基礎的堺市以及佐渡、石見的金銀山均落入家康控制下，而且豐臣家的直轄領（藏入地）被剝奪，本身亦貶成為一個大名。

翌年（1603），家康被朝廷任命為「征夷大將軍」，乃在江戶開設幕府。豐臣

秀吉在想盡辦法（如上述）使家康臣從，在統一天下後將家康從東海地方轉封到關東，江戶成了家康的本據地。

這個時候，家康不跟秀吉同樣做「關白」，而是選擇了征夷大將軍。因為這個職位才是「武士的棟梁」，其地位是不可動搖的。那是源賴朝以來的權威的正當性。所以他寧可不跟豐臣秀賴爭甚麼關白職位，表示超出豐臣氏的支配。

這一年，家康的三男秀忠的女兒千姬（當時的絕世美人）嫁給才12歲不到的豐臣秀賴。這樣，家康變成那個「乳臭未乾」的豐臣政權領導人的「阿公」。二年後（1605），家康果然把「征夷大將軍」的職位讓給秀忠（德川幕府第二代將軍），意在向諸大名宣示將軍職是要由德川家世襲的，絕不可能移轉給過去的主家豐臣氏。這也意圖防止家康死後的內部騷亂於未然。

家康把將軍讓給秀忠後，並沒「退休」做閒人。雖然他已高齡64歲（戰國時代諸大名將領平均壽命在40～50歲），卻「隱居」在駿府自稱「大御所」（隱居將軍的住所，又指其人的尊稱），仍掌握幕府的實權，繼續推出讓德川統治強固的對策。

第4節 鳥瞰江戶幕府時代

德川家康在關原之戰的三年後（1603），接受朝廷的冊封就任「征夷大將軍」的職位，隨即在江戶（東京）開設幕府，十二年後武力消滅在大坂的豐臣政權的勢力，豐臣氏滅亡（1615）。德川幕府自是以後，建立了252年的太平時代。

這近250年的時代，日本列島的歷史，以江戶為中心的政治、經濟、社會的動向確實值得關注，尤其是，為甚麼會有這樣的長期的太平繁榮？

德川家康逐鹿天下

德川家康開創的江戶幕府亦叫德川幕府，不過，一般較常稱它為江戶幕府，可能因為幕府設在江戶，就是現在的東京。日本人對土地的愛，所以寧願叫江戶幕

府、江戶時代，而少叫它德川幕府、德川時代。

　　江戶幕府的創設者德川家康，原本姓松平，父親松平廣忠是岡崎城（濱名湖東方）的城主，一位小大名。16歲時生家康（1542），23歲遭暗殺，時家康才7歲。

　　家康3歲時，因舅父背叛盟主，連累母親被逼離婚改嫁。5歲時被送去織田信秀（信長父）處做人質。後改被今川氏做人質，一直到1560年，信長打敗今川氏後，家康始被解放回到岡崎城，時已18歲，長期經歷人質生涯。

　　這之後，家康不但跟信長同盟，他的兒子信康跟信長的女兒德姬結婚，成為親家。不久跟今川氏、一向一揆戰鬥，而於1564年統一了三河地方（靜岡縣），時年23歲。兩年後被朝廷敍任為三河守，改姓德川。

　　此後家康一直跟當時最有勢力的大名織田信長協力跟近鄰諸大名對戰，先後打敗淺井、朝倉（1570，姊川之役）和武田（1575，長篠之戰）等。本能寺之變（1582）信長歿後，家康侵入甲斐（山梨）、信濃（長野）並攻破北条氏，一躍而成長為領有東海五國的大「大名」。

　　家康原本想跟信長的後繼者豐臣秀吉一決雌雄，結果被秀吉「苦心」（秀吉令妹妹嫁家康，送母親過去為人質）所征服，而至大坂向秀吉臣從，然後回老家鞏固「基本盤」。

　　後來秀吉歿後，家康乘後繼者年幼很快掌控了政務並於二年後的關原之戰打敗豐臣派（西軍）勢力，而主導

德川家康（1542～1616）

了天下的統一。

公元1603年就任征夷大將軍，在江戶經營幕府政治，惟大坂城仍有豐臣的勢力存在，早晚非消滅不可。因此於1614年10月和1615年4月分別發動大軍進攻大坂城，終於消滅豐臣政權，時家康74歲，翌年歿。

德川幕府的開創者德川家康，日光的東照宮是他指定的廟所，為世界文化遺產。

德川家康這個人

德川家康獵取天下的過程可以說是「歷盡滄桑一美人」。少年時代被兩大勢力（織田、今川）長期做人質，父親早死，母親被逼改嫁。

若冠之年即獨力奮鬥，先後在當時逐鹿天下的兩大勢力織田信長和豐臣秀吉之下透過政略婚姻的關係，運用各種謀略，以「隱忍等待」時機花了半世紀的時間才取得天下寶座（1560～1600～1615）。

後世創作的「川柳」（詼諧、諷刺短詩）裡曾評論家康，對於不啼叫的子規（杜鵑）態度是：就等到叫鳴吧。在兩大巨魁勢力下，家康一忍再忍，具有非常人的耐心，深諳「食緊挵破碗」的道理。

在敵對激烈的戰國時代，家康運用智謀，政略結婚打好跟信長、秀吉及北条氏（關東霸主，次女嫁北条氏直）的關係以圖生存發展。「等」到自己成長為一絕大勢力後，關原大會戰時，即以書信利誘威脅諸大名取得協力打敗豐臣派勢力。

他更深諳政權的維持永續必須有眾多子孫，那就要有替他生子孫的女眷。尤其「歡迎」拖油瓶的寡婦（因為會生小孩）。根據資料顯示，家康除正室因通敵罪嫌被信長勒令由家康賜死外，有20幾個側室（有紀錄的18個）。他與側室的年齡差極大，例如與二代將軍秀忠生母差20歲，7名側室差30歲以上，甚至還有差55歲以上的。不過，雖是妻妾成群，但到66歲為止也不過生育了11男5女。

家康的妻妾如雲，他的身體倒是很健壯，不因「房事過多」而衰弱。他的武術

是聞名的「海道第一箭手」，耐於野戰，是鷹狩名人。他更會照顧身體的健康，還會調配藥方給家臣，在那個時代能夠活上75歲談何容易。更何況戰國時代的英雄，不是戰死就是病死，除了一、二奇跡以外，平均壽命都在40多歲。

消滅豐臣氏的兩次大坂戰役

　　江戶幕府雖然在公元1603年於江戶「開張」，兩年後家康退居幕後操作策畫。蓋關原之戰後，西軍大名們的領地或被「改易」（沒收）或被轉封。豐臣的勢力仍有三國65萬石，但是秀吉所築造的大坂城，金銀財寶、武器彈藥等莫大遺產與威光卻是無法無視的存在。家康對這些力量感到是一大威脅，晚上睡不好覺，無論如何早晚必須除掉。

大坂冬之戰役

　　當初，家康對於豐臣家原本推進「融和」的政策，再怎麼說用武力消滅主君豐臣家沒有「大義名分」。

　　何況，跟秀吉臨死前所約定的，秀賴（秀吉之子）跟千姬（家康孫女）的婚儀於1603年（秀賴11歲，千姬7歲）都已履行成立了。家康透過秀吉的正室高台院要求跟孫女婿秀賴會見，卻被秀賴生母淀殿反對而拖延到6年後（1611）才實現。然而，會見後，因為豐臣家無意臣從於德川氏，家康的融和政策逐漸改為強硬政策。

　　公元1614年，豐臣恩顧的幾位有勢力大名在前幾年相繼過世，這年發生了所謂「方廣寺鐘銘事件」，成為家康對豐臣家「找碴」的藉口，雙方陷入決定性的決裂狀態。

　　鐘的銘文中有「國家安康，君臣豐樂」八個字。家康方面認為「家康」兩字被分割，而「臣豐」指豐臣家快樂繁榮，大為不悅而撻伐。於是對豐臣家究責，強迫豐臣家「移封」（改換領地）或淀殿到江戶當人質，兩者擇一。

豐臣家當然吞不下去而拒絕。於是家康於10月發動20多萬大軍圍攻大坂城。這時，大坂方面已沒有替豐臣戰鬥的大名，祇有一些失去主君的浪人們真田幸村等人在奮戰。

德川軍圍攻1個多月，戰況膠着相持不下，乃提案講和。要求大坂城的「總堀」（護城河）要填平。在實施時竟將所有的城溝都填平，大坂城變成裸出平地的無護城河的城。

大坂夏之戰役

大坂冬之陣後講和僅4個月就破功了。家康藉口豐臣在進行軍備，乃發動15萬大軍進攻大坂（1615年4月）。大坂方面這次不利固守城池，改出擊作戰。豐臣軍進攻大和郡山城，守將棄城敗逃。五月初，雙方正式大規模戰鬥，豐臣軍的一些猛將以寡敵眾多戰死，大坂軍總崩潰而退入城內。

幕府軍追擊而趁勢湧入城內。下午「本丸」（城堡的中心建物）發火延燒到天守閣。德川軍在城內大舉掃討作戰，這裡已成為「無間地獄」了。

在戰火中，家康拒絕秀賴（23歲）母子的求饒，兩人縱火自盡。家康的孫女千姬（19歲）則被救出（後來再嫁給姬路城主，夫亦早死），秀賴的8歲兒子遭處斬。家康毫無慈悲心，獵殺豐臣的殘黨絕不手軟。德川的最大對抗勢力完全被掃除，百年來的戰國亂世乃告結束，德川幕府從此急速地建設、推進幕藩體制，進入新時代。

確立長期安定政權的幕藩體制

德川家康在關原之戰勝利後，任意分配調整諸大名的領地與勢力（俸祿）。對西軍的協力者沒收其領地或移封或減封。非將軍同族的大名（外樣），其石高多者調到偏遠地。對於東軍的大名則以增加領地做為恩賞。江戶近郊的要地則賜給「親藩」（德川家近親）或「譜代大名」（戰前代代為德川家幕臣）做領地。

繩文 12,000年前	彌生 紀元前5世紀 （近千年）	大和 3世紀後半～590 （300多年）	飛鳥 590～710 （120年）	奈良 710～793 （84年）	平安 794～1185 （390年）

這樣基本上配置妥江戶幕府統治大名的體制。這個體制支撐了江戶幕府近250年的太平盛世，但是被「修理」的大名長期怨恨，後來成為打倒幕府推動明治維新的原動力。

幕藩體制的諸藩配置大略如下．

（一）御三家：（1）尾張藩：藩祖為家康九男，御三家的首位。（2）水戶藩：藩祖為家康十一男，常駐江戶，為「副將軍」。（3）紀伊藩：在和歌山，家康十男入封。

（二）親藩：（1）會津藩：家光弟入封。（2）越前藩：即福井藩，家康二男的系統。

（三）譜代：家康重臣井伊直政為藩祖，為首位譜代。

（四）外樣：多分布在西部、九州、東北。西部有廣島藩、長州藩，四國有土佐藩（高知），九州有福岡藩、佐賀藩（肥前藩）、熊本藩、薩摩藩。東北有仙台藩和米澤藩。這些外樣大名大多是「雄藩」，他們在幕末多成為「倒幕」的主力。

統治大名的政策

大坂夏之戰役後，家康立刻斷然實行大名統制政策。統制的對象還擴大到朝廷和外國。首先在1615年，家康頒布「一國一城令」，規定除了大名的居城（本城）以外所有支城統統要拆掉不得修築。

翌年，二代將軍秀忠向大名、公家（朝臣）和寺社提出確認領地的文書。對於諸大名分類為：親藩、譜代和外樣。對於移封到遠地邊境的「外樣大名」領國周邊，則配置「幕領」（幕府直轄領）加以監視。

第三代將軍家光時，改訂「武家諸法度」，發布「寬永令」（1635），規定大名每隔一年必須移住領國和江戶之間，是為「參勤交代」的制度化。

這樣嚴峻的統制下，「外樣大名」動輒被幕府以種種理由被「改易」（沒收領

地）或減封（削減領地）。

　　幕府的統制不限於大名，1613年即制定「公家眾法度」，1615年制定「禁中並公家諸法度」，對天皇和朝臣的行動嚴加規制，引發朝廷強烈的不滿。

　　並且對於外國，限制只准清國和荷蘭跟日本做貿易，禁止外教（基督教）布教，實施「鎖國」政策。

營造和平與繁榮的「鎖國」政策

　　所謂「鎖國」並非指把國家「關閉」起來不跟外國來往，而是海禁政策。其實，江戶幕府為了加強統制所採取的「鎖國」政策，帶來了對外關係的安定和國內文化的繁榮。

　　幕府的「鎖國」在統制對外關係，採用排除基督教，以自我為中心，構築跟周邊國家、地域的安定、固定的關係。這種政策被認為毋寧是海禁政策。「鎖國」的結果，長期的和平，經濟和產業發達在國內一體化，成為後來明治維新初期急速發展的基礎。

　　「鎖國」體制的完成前後約28年。公元1612年發布禁教令，翌年放逐基督教徒3百名。1616年，歐洲船入港限於長崎和平戶兩地。1622年發生大殉教事件，教徒被斬首、火刑55名。翌年英國撤退，隔年西班牙退出。1635年，外國船入港限長崎一地，日本船全面禁止出國。兩年後發生「島原之亂」（教徒與農民反抗），1639年，禁止葡萄牙船來航，自此以後200多年的「鎖國」體制完成。

市場經濟、物流發達

　　德川家康被豐臣秀吉「移封」到關東時（1590），選擇江戶為根據地。這裡當時是低濕地多的地域。家康積極進行填平工事，整備水路，修改河川渠道。在關原之役（1600）後，更發動諸大名，進行江戶城與城下町的大工程（天下普請），30年後成就為「將軍膝下」的江戶城下町。

　　「參勤交代」（諸侯上京為「參」，回國為「勤」）和「江戶定府」（大名妻子住京）制度化後，大名和家臣住江戶恆常化，因而商人、匠人開始聚集江戶，江戶成為一大消費都市。

　　公元1657年，江戶發生了「明曆大火」，街市有三分之二遭焚毀。其後江戶復興擴大市域，在18世紀後半人口達百萬人，成為世界屈指的最大都市。

　　江戶不僅是全國的政治中樞，亦成了經濟的軸心都市。水路交通網發達，促進物流暢通，尤其是水路運輸，在海路方面整備了「西廻（大坂）海運」和「東廻（江戶）海運」。大名的年貢米透過「廻送」換取金銀而促進貨幣經濟的發達。從事金融業的兌換商三井、住友等乃成長為豪商。商人的財力勢力逐漸壓倒了武士的勢力了。

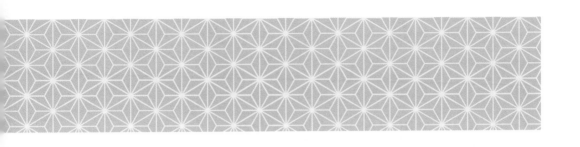

第XI章

幕末開國與攘夷的動亂

第1節 歷史文化邊陲地的本土文化

　　日本列島北起北海道南到沖繩，從遠古繩文時代以降一直到江戶幕府開創的17世紀初，北端的北海道和南端的沖繩長期處於日本歷史文化圈的圈外的邊陲。

　　第17世紀初，德川家康在江戶開設幕府，樹立武家政權後，歐美的勢力東漸日進，結果亦促成了日本列島國土的擴展：北海道和沖繩先後「本土化」和文化的「領土化」，其過程的梗概分別報導大要供參考。

一、北海道的本土化

　　北海道之地原先被叫做「蝦夷地」（Ezochi），意思是「蝦夷」人所居住的土地。後來在明治維新的第二年（1869），才「正式」改稱現在的地名「北海道」。「Ainu」作為民族的名稱，寫成漢字是「蝦夷」，亦叫「Emishi」，漢字仍作「蝦夷」。人種學上屬於歐羅巴人種的一分支而混入蒙古人種的血統。眼窩深，顴骨高，體毛濃，頭髮黑、波狀形，女性多紋臉，現在已日本人化。

　　北海道以及日本的東北地方、北方四島、樺太、千島列島等廣大地域有很多地名還是Ainu語的名稱。古代至中世，環日本海包括北海道的廣域地帶，Ainu人跟對岸大陸的交易盛行。

　　Ainu人跟本州的和人、倭人經由日本海進行交易。北海道出產優質的石材黑曜石和獸皮運銷本州各地。

　　早在第6世紀末葉至第7世紀中葉，蝦夷曾經有過幾次大規模對倭人的叛亂。「蝦夷」兩字成為Ainu的表記見於《日本書紀》（720年成書，30卷）以及唐杜佑的《通典》（801）、宋歐陽修的《新唐書》。

　　中世鎌倉時代（1186～1333），北海道被和人視為「夷島」。「蝦夷之島」成為和人流刑罪人的地方，本州東北的和人逐漸進入道南。鎌倉時代之後，「Ezo」之稱逐漸固定下來，甚至專指稱Ainu民族，亦就是「蝦夷」。

　　室町（足利）幕府時代末期到戰國時代（15～16世紀），和人的武裝強大勢力侵入蝦夷之島的南部（道南）。公元1457年蝦夷的Koshamain蜂起（以渡島半島東邊的首領胡奢麻尹〔Koshamain〕為中心的蝦夷與和人戰鬥），最後被蠣崎（後改姓為松前）信廣所鎮壓。這以後，蝦夷之地成為松前氏的支配地，亦即「和人地」。

　　德川幕府成立的翌年（1604），松前藩獲得德川家康的保障獨佔跟Ainu的交易權，布置藩政，任命家臣賜與知行領地，以及在特定地域內跟Ainu的交易權（商場知行制）。這種交易對象地域叫做「商場」或「場所」。

　　公元1669年，Ainu的酋長沙牟奢允（Shakushain）又發動各地的Ainu人蜂起，卻在和睦的宴席被謀殺而鎮壓。至此，敗北的Ainu對松前藩不得不全面服從。

　　到了18世紀末葉，由於路西亞（俄國）的南下政策壓迫之下，幕府將松前藩支配下的蝦夷地收回為幕府的直轄領地。19世紀中葉，幕末時期歐美列強前來叩關強迫幕府開國，1854年日本與俄國締結了日路友和條約，將蝦夷地分別讓松前藩和東北諸藩分領、警備。

　　明治政府成立的1868年發生戊辰戰爭。四月在函館設置函館府統轄蝦夷地以因應國防與開拓（經濟）的需要。同時蝦夷地亦被改稱為「北海道」。於是蝦夷之地正式被收編為日本的領土。

　　戊辰戰爭時，舊幕府軍從大坂進擊京都，隨即遭遇薩摩和長州兩大雄藩的反幕軍擊敗。幕府軍敗退到會津和仙台，至九月投降。惟舊幕府海軍副總裁榎本武揚仍繼續抵抗，逃到北海道以函館「五稜廓」為基地成立「蝦夷共和國」的虛幻政權，存續了半年。翌年（1869）五月被黑田清隆擊敗投降。

　　這以後，「北海道」成為日本國成員之一部份，進入新的時代。

二、琉球變成沖繩的領土化

　　日本列島最南端的沖繩縣，原本是一個國家叫琉球王國。現在的世界地圖，這

裡的名稱仍然是「琉球○○」而不是「沖繩○○」，例如「琉球群（諸）島」，而不是「沖繩群（諸）島」。

琉球與台灣的「因緣」

唐初魏徵奉敕撰的《隋書》85卷中的第81卷〈流求國傳〉的「流求」到底指什麼地方？歷來有三種的說法：一是指琉球（沖繩），二是指台灣，三是琉球和台灣的總稱，筆者認為跟台灣無涉。

流求國傳記述朱寬去流求採訪異俗帶回「布甲」，適日本遣隋使在場隨口說那是「夷邪久國人所用」。這夷邪久即九州南方的屋久（Yakiu）島，南邊就是琉球列島。

隋朝以後，唐到宋亡前後長達6百多年間（618～1279），中國的史書對台灣，「流求」隻字未提。到了元朝，在《元史》第210卷則出現「瑠求」傳，元世祖曾招撫瑠求沒結果。這「瑠求」該是「流求」，後來的「琉球」？

到了明朝建國（1368），《明史》卷323琉球列傳載：「洪武五年，…昭告琉球的中山國，其王察度遣弟泰期入貢。」如此開啟了琉球成為支那明清兩朝（1368～1874）的屬國。（按：1874年，日軍侵台發生牡丹社之役，以後琉球不再是清的屬國。）

公元1871年尾，琉球國宮古島的四艘公務船從那霸回航宮古島時，有一艘遇暴風漂流到台灣南部恆春東北邊的八瑤灣。登陸後69人中除了溺死3名以外，被蕃社鹹首者51人剩下15人，又有3人因故死亡而剩下12人，被營救送回琉球。

此一台灣蕃民殺害琉球船民事件，引起日本的干涉，發動侵台之役，是為牡丹社事件（1874）。事後日清兩國在北京議和，清國承認日本此舉是「保民義舉」，至是琉球乃成為日本的「準領土」。

琉球王國變成琉球藩

鎌倉	室町	安土桃山	江戸	明治	大正	昭和
85～1333 （148年）	1338～1573 （235年）	1573～1603 （30年）	1603～1867 （264年）	1868～1911 （44年）	1912～1925 （14年）	1926～1988 （63年）

　　公元第14世紀時，沖繩本島上有山北、山南和中山三個政權鼎立。那霸東北邊的中山國跟明國進行朝貢貿易經濟力最強。到了1406年，尚巴志崛起取代了察度王統，而於1429年先後消滅山北和山南兩政權統一全島，是為琉球王國的誕生。

　　15世紀後葉，尚圓（金丸）奪取政權後建立新的王統，琉球王國進入最盛期，成為中國、朝鮮與東南亞中繼貿易地而繁榮。

　　16世紀末，豐臣秀吉侵攻朝鮮時曾逼使琉球派兵和負擔兵糧參戰。時琉球和朝鮮同為明國的屬國而為難。

　　德川幕府成立後，1609年，琉球因拒絕幕府的要求做為日明兩國的仲介進行間接貿易，幕府乃許可薩摩藩出兵琉球。在薩摩3千步槍隊的侵攻之下，琉球不堪一擊而服屬於薩摩藩。雖然維持了形式上的「獨立國」，而毫無自主獨立性了。

　　琉球王國在薩摩藩的操控下，被挾在日清兩大國之間因應政治外交求生存，實則是被收編在日本的幕藩體制之內，事事必須看薩摩藩的眼色。

　　幕末美國培里的艦隊「黑船」出現在日本浦賀（1853）時期，曾幾次到琉球並訪問首里城，跟琉球締結「美琉友好條約」（1854）。同時期，琉球較早在日本之前就被英國和法國要求開港了（1847）。

　　清國的「化外之民」，台灣的「蕃民」殺害宮古島的琉球人事件發生的翌年（1872，即明治五年），琉球的尚泰王被列為「琉球藩王」成為華族。這是等同將琉球王國改制為「琉球藩」，亦為對清國處理台灣「化外之民」事件的布局，更為日本出兵台灣取得一種所謂「大義名分」，亦即「師出有名」的藉口。

　　琉球藩設置之後，琉球脫離薩摩掌握被移交給外務省管轄，然後再移交給內務省。

「琉球處分」成為沖繩縣

　　台灣的化外之民事件善後終結後，日本內務省派松田道之前往琉球，飭令停止對清國進貢，採用日本年號等（1875）。惟琉球王國以事關國家存亡誓死抵抗，

上北京陳情，並向美、法等締約國「告狀」日本要併吞。

公元1879年三月尾，松田率領熊本鎮台的軍隊和警察隊「大軍壓境」進逼琉球，布達太政大臣「廢藩置縣」的布告，接收首里城。至是五百年歷史的琉球王國遂變成「沖繩縣」。

第2節　江戶時代中期至後期的動盪

德川家康開創的江戶幕府時代（1603～1867）長達265年。前一百年，政治上諸制度的確立與運轉如前述，大體上是穩定的。惟第4代將軍家綱因為病弱，幕藩領主對生產力提升的農民加重貢租引發不滿，17世紀後半不斷地發生「百姓一揆」的小規模動亂。

明曆大火與富士山的大噴火

江戶前期的百年中，在關東地方發生了兩件大慘事：一為江戶（東京）大火災，二為富士山大噴火。

東京發生大火災，事在1657年（明曆三年），出火處有三：第一、第二出火處為本鄉（東京大學附近）和小石川（後樂園、東京巨蛋），第三出火處為四谷。火勢均由西北部向東南日本橋、京橋、增上寺方面東京灣延燒（繞過江戶城邊緣）。結果江戶六成被燒燬，據估計死者達十萬多人。這是火災罹難人數最多、空前絕後的慘事。事後，江戶進行大規模的都市改造，設置寬街大路以及防火地。

當時火災被害地區都是一般町民庶民的居住區，而各地大名（諸侯）在江戶的豪華邸宅大部分在北側及西南部。武家宅邸地佔70%圍繞江戶城。它的外側的街道邊緣為寺社地（15%）擴大到郊外。町人（庶民）地15%則沿著隅田川擴及日本橋、新橋。

公元1707年11月，東京西南方的富士山突然發生大噴火，登山口的須走村整村滅亡。周邊的許多村落降下的火山灰堆積達30公分厚，火山灰遍及武藏、相模

以及駿河多地。

重建幕府的三大改革

　　幕府第5代將軍綱吉因為無子之苦，相信顯示仁德憐愛生靈必可得子，乃頒布「憐生令」，禁止殺生，違犯者處以死刑或流行。他自己生相屬狗，建設十萬坪的狗舍，收養十萬隻狗，徵收飼狗稅，並建神社佛閣，奢費稅金，財政敗壞，暴政橫行，幕政逐漸動搖。（參看安田元久《日本史新研究》P245）。

　　幕藩體制的支柱靠佔人口八成的農民。他們被認為是財政基盤的年貢的負擔者。政府對農民甚至私生活也施行綿密苛細的政策。

　　18世紀初頭，以農村為基礎，武士作為支配身分站在頂上的構造這種幕藩體制，由於農民和武士的窮困，開始面臨存亡的危機。農民年貢徵收額停滯，旗本（幕府的軍事幹部）、御家人（將軍直屬的臣下）等武士的生活窮困。農村則由於經濟發展促進階層分化，放棄農地的農民連續不斷。一般武士流於文弱、窮乏又墮落。

　　在這樣的背景之下，幕府從18世紀初到19世紀前葉的百餘年間，曾經進行三次的大改革；享保的改革、寬政的改革和天保的改革。

一、享保改革（1716～1735）

　　第8代將軍吉宗從紀州藩主就任將軍職（1716）後，很快地進行改革挽救幕府的財政危機為首務。吉宗以家康時代為理想，採取親臨政治的組織，排除親信當政，廣徵民意，獎勵教化（對武士和庶民）。

　　為了挽救財，頒布「儉約令」，實施「上米」制度（各地大名駐在江戶，家屬返鄉的「參勤交代」，在府一年改為半年，但條件是每1萬石中須繳納100石米給幕府），讓幕府得利不少，但損及幕府的威信，危及幕藩體制。

　　為了收入的治本策，獎勵開發新田，配合農田水利技術，生產量增加又豐收。

一方面增加徵收貢租率，卻因豐收而米價下落而影響幕府的收入。其後發生蝗害大歉收米價暴騰，幕府卻不得不將儲存的米降價，江戶町民為要米而暴動。

吉宗將軍的享保改革，雖然避免了幕府財政破洞，但是全國各地的一揆以及暴動卻急增，結局造成幕府威信的動盪。之後，商品流通飛躍地發展而致使物價高騰，加上饑饉或災害頻仍，租稅減收，幕府的財政仍陷於滾火球式的激烈狀態。

二、寬政改革（1787～1793）

幕府中興之君的德川吉宗將軍另被稱號為「米將軍」，亦就是幕府財政經濟的核心厥為「米」的問題，尤其是「米價」的運作為一大關鍵。

繼承吉宗改革路線的田沼意次主政20年（1767～1786）積極推進重商主義，保護商人，推廣殖產興業。

可是套一句俗語說的，「天不從人願」，田沼主政晚年的1782年發生了史無前例的「天明（二年）大饑饉」。這年東北地方為中心發生冷害。翌年（1783）淺間山（群馬縣西部）大噴火，溶岩流被害的死者2萬多人。火山灰被害波及10餘國（藩），結合冷害而發展為全國性大饑饉長達五年多（1782～1787）。麥和稻幾乎都沒能結實，完全歉收，被害地愈偏北愈嚴重。弘前藩（青森縣）1783～1784年間，餓死者超過八萬人。田地的三分之二變成荒地。仙台藩（宮城縣）的餓死者四萬人，總額減收九成之多。

這之後，饑饉時常發生，1833年以降，起因於冷害的天保饑饉發生後持續了七年間，成為全國性的大歉收。

繼田沼之後掌政的松平定信為解決歉收的米問題實施「圍米制」（1789），即設置社倉、義倉等儲藏穀物倉，並頒行「舊里歸農令」限制農民離開農村。一方面施行儉約令，解消幕府的財政難，同時加強幕府的權威是為「寬政改革」。

由於嚴酷的統制出版以及強制儉約，招致各方的反彈。松平的復古主義，反對重商轉換重農。這種跟時代的主流逆行的政策，無法收到改革的效果，而定信亦

因而下台。

三、天保改革（1841～1843）

18世紀初的「享保改革」和末葉的「寬政改革」，總地說基本上都是挫折而失敗的。究其原因，改革的政策僅著眼於如何挽救幕府的財政破綻，而罔顧農民的死活，庶民經濟產業的發展流向。加之天災饑饉的橫行，尤其是1833～39年的天保大饑饉，物價騰貴，生活破綻。大規模的百姓一揆和「打毀事件」頻發（1837大坂攝津發生大塩平八郎的「救民」武裝蜂起半日之亂，影響殊大）。

幕府在第11代將軍家齊長期散漫統治下（1793～1841），幕府的威信日下。幕府、諸藩對治山、治水束手無策，農民、下級武士日益窮困，農民逃散，農村荒廢。天保饑饉（1833）以降的十年間所發生的百姓一揆多達117件。

家齊死後第12代將軍家慶時起用水野忠邦進行改革，是為天保改革。

天保改革其主旨一如前兩次的改革，仍在於加強幕府的權力。其主要內容有：實施儉約令，禁止奢侈品、華美衣飾。解散「株仲間」（仲間即夥伴，類似同業公會），強制貧民歸農村等社會、經濟統制政策（當時江戶人口約55萬人中外地人佔24％）。1843年幕府徵收大坂和江戶周邊土地為直轄領地擴及全國（上知地令），補填幕府財政，引發各方激烈的反彈，改革又告失敗，幕府權力大為衰退。

第3節　江戶末期開國的動盪

公元1853年六月，美國東印度艦隊司令培里提督率領的四艘「黑船」在橫濱東南的浦賀南邊久里濱登陸，要求日本開國通商。此一事件驚醒了長期太平夢睡的日本，震撼了列島的封建體制。之後20多年（1853～1877）到西南戰爭結束，是為日本幕末，明治維新激動的歷史時代。

繩文	彌生	大和	飛鳥	奈良	平安
12,000年前	紀元前5世紀 （近千年）	3世紀後半～590 （300多年）	590～710 （120年）	710～793 （84年）	794～1185 （390年）

幕末雄藩的崛起

幕末、明治維新動盪的20多年間，歷史推進的主角來自地方，尤其是西南雄藩諸如薩摩、長州、土佐（高知）和肥前、佐賀等藩人才輩出，藩政改革成功，在幕末崛起，肩負起結束幕府暮沉的封建體制，開創明治近代國家發展的新時代。

所謂「雄藩」意為在幕末維新期，發揮強大的影響力的諸藩。這些有勢力的地方諸侯國大多分布在近畿以西各地，因而又稱西南雄藩，他們才是維新的原動力。以下觀察幾個雄藩如何崛起。

（一）薩摩藩：西南雄藩的代表，明治維新的軸心原動力，率先引進西洋文明武器，富國強兵，藩政（財）改革成功。

美國培里的黑船來航前夕，島津齊彬就任薩摩藩主，破格地登用人才調所廣鄉、西鄉隆盛等人。調所改革財政，將500萬兩的債務用150年賦來抵消（賴債）。運用黑糖專賣和走私貿易（透過琉球）所得進行財政重建。

藩主在藩內推動富國強兵策發展工業，在鹿兒島建造溶鍍爐、反射爐、玻璃工場、蒸汽船。齊彬在位不久病死，他的姪兒繼位，姪兒父島津久光掌權繼續富國強兵政策之外，亦繼續參預幕政。原先是推進「公（朝廷）武（幕府）合體」的政治主張，後轉換為跟長州藩結盟武力倒幕。薩長聯盟，武力打倒幕府，實現王（天皇）政復古的明治維新。越前藩（福井縣）主幕府的政事總裁松平慶永讚述「維新功績第一人是島津齊彬」（矢部健太郎監修《幕末‧維新》P26）。

（二）長州藩：本州最西端的長州藩（山口縣）藩主毛利敬親，19世初為財政赤字所苦，任用村田清風改革財政，從事紙和蠟等特產品的買賣。一方面積極推進軍制改革。

幕末期，高彬晉作和桂小五郎（木戶孝允）等尊王攘夷派掌握實權後成為倒幕運動的核心。藩主敬親氣度恢宏信任家臣，長州藩乃成長為幕末動亂期的雄藩，並與薩摩聯手武力打倒幕府，開創明治維新的新時代。明治新政府裡擔任重要重

職的高官，大多出身於長州藩（如木戶孝允、伊藤博文、山縣有朋）與薩摩藩（如西鄉隆盛、大久保利通）。

（三）土佐藩：藩主山內豐信任用吉田東洋加強木材和紙等的專賣，財政重建和強化軍事力建立雄藩抬頭的基礎。

土佐藩因與德川有恩，故不便反幕府而採取走「公武合體」的綜合溫和路線。向幕府提出「大政奉還」的建白書。藩內志士坂本龍馬和中岡慎太郎協力促成薩長締結同盟，中岡更組織「陸援隊」參與武力倒幕運動。

（四）肥前（佐賀）藩：藩主鍋島直正之下財政改革成功。引進西洋軍事技術，購入武器製造大砲，建造蒸汽船。堅持中立的立場，第二次（幕府）征討長州時拒絕幕府要求出兵。戊辰戰爭（1868）時參加新政府軍對勝利做出貢獻。

（五）水戶藩：德川「御三家」的「親藩」之一，惟食祿（米穀）石額少，才35萬石，財政赤字難解消。第9代藩主德川齊昭推進財政改革罔效。反改革派的內部抗爭激烈，又是尊王攘夷派的巨頭，安政大獄（1858）時被命令「永蟄居」（終身閉門）。惟他的兒子慶喜卻就任（第15代）末代將軍（僅1年，1866～1867）。

幕府晚期外國船影幢幢

美國培里的黑船來航（1853）以前的1百年，18世紀中葉，外國的船艦斷斷續續地在列島海岸出現，而且多次要求幕府開國通商，卻都被拒絕。

早在1739年，俄國的船隻在陸奧（東北）安房出沒。1778年，俄船來航在蝦夷地要求通商，被松前藩拒絕。1796～97年，英船先後來航室蘭（北海道西南洞爺湖東南），俄船在擇捉島（北海道海上東北方）登陸。

19世紀初，美船（1803）、俄國使節船（1804），先後來航到長崎要求通商均被幕府拒絕。英國船侵入長崎強要薪（炭）水和食糧。

1814～1824的10年間，英船先後五次來航長崎、浦賀、常陸、薩摩寶島各地。1837年，美船莫里松號來航浦賀被擊退。其後，法國船來航琉球（1844），

同年荷蘭國王勸告幕府開國被拒絕。嗣後英法船來航琉球（1846），同年，美國東印度艦隊來航浦賀要求通商還是被拒絕了。

　　從18世紀末葉到19世紀中葉的大約70年間，歐美列強艦船前來日本列島（以長崎和浦賀為多）要求幕府開國通商，卻統統被拒絕，甚至被依「異國船打擊令」砲擊驅逐。由是可見封建體制的幕府未能認識時代的潮流，一味冥頑不靈地抵抗。

黑船來航震驚列島

　　公元1852年11月，美國海軍艦隊司令培里提督攜帶菲爾莫爾總統的親函（國書），率領四艘「黑船」（蒸汽鐵甲船）從美國東海岸出發航向遠東。

　　艦隊橫跨大西洋到非洲西北部後南下繞非洲南端後東北上，經印度洋穿過新加坡，然後北上經過香港到上海（1853年5月）。十天後來到琉球，培里進入首里城向國王呈遞總統的國書。其間往小笠原諸島探險並宣言小笠原為美國領有，返回琉球後，於6月3日（舊曆）抵達浦賀。從美國啟航後歷時7個多月。

　　培里在浦賀登陸後，地方官前來探問來意，得知原來是受總統的命令（有親函）要求通商，煤炭、食糧供給和海難民救護，日方因國策鎖國無法接受。幕府當局阿部正弘認為國書的受理無法拒絕，乃派員在久里濱接待所受理培里提交的國書等文件（6月9日）。雙方「會談」草草了事，培里悻言明年還要再來，隨即撤離前往香港。

美國海軍提督培里於1853年6月率艦隊抵達橫濱浦賀對日本叩關，要求通商，促成了日本的近代化。）

　　美國的鐵甲船巨體78公尺長，沒船帆、滾滾地冒著黑煙。幕府的吏員估計黑船約300噸，是日本當時最大船的三倍大。其實培里的旗艦達2,450噸，20倍以上。當時最大的海軍國英國也沒這麼大的軍艦，而且航行之快被形容為「如鳥飛翔」。培里在離去之前，曾經侵入江戶灣發射空砲，進行測量。

　　面對黑船威力莫測高深，培里受命的任務對日要求，不僅幕府內部慌亂引發「開國」或「攘夷」的激烈紛爭，列島上下大為震撼。日本的歷史亦由於培里的來航（1853）而進入「幕末」的時期。

　　可以這麼說，培里的來航是日本開國的第一步，亦是德川幕府崩盤的開始。美國的對日開國要求促使日本分裂為開國派與攘夷派。

「日美友好條約」的締結

　　培里離去的翌月，俄國使節普查進率四艘軍艦到長崎，提出國書要求通商並確定國境。國書被受理後即被命令立刻離去。四個月後普查又來長崎，他的要求由

培里提督橫濱登陸圖
培里率軍艦4艘航抵浦賀叩關通商 驚醒酣睡中的日本。圖為培里艦隊軍官暨隨船畫家威廉・海涅（Peter Bernhard Wilhelm Heine）所繪。

於日方使節無訂條約的權限只好又離去。1854年8月，他到函館，9月侵入大坂灣，10月進入下田。同年12月締日俄友好條約。

不過，這一年（1854），日本跟俄國締約之前，在年初的3月就跟美國、8月跟英國分別締結了友好條約。

話說培里頭次來航只提交國書而沒能締訂條約，因俄國使節接踵到長崎，為不被俄國搶先訂約，急於半年後的1854年一月又率領（七艘）艦船再度來到日本，深入江戶灣給幕府施以軍事壓力。惟幕府只同意供給水薪糧食和救助海難民，仍不肯通商。3月3日，終於簽訂了日美「友好」條約12條。

這12條亦稱「神奈川條約」，主要內容為：

第2條、下田和箱館（函館）兩港開放供停泊（不通商）。

第3條、救助海難船和船員。

第8條、供給燃料食料。

第9條、給予美國以片面性最惠國待遇。

第11條、在下田讓領事駐在。

上面第9條對日本不平等，第11條日本開國「開」定了。這次美軍艦在江戶灣停泊了約三個月。培里帶來日本的有雷電傳（電）信機、小型蒸汽機關車，等「珍物」。電信機的實演令參觀民眾驚喜，小型蒸汽機關車在廣場鋪設的路軌上走行，讓乘坐的幕府吏員樂極了。

這年（1854）夏天，培里從下田離開日本回航美國，半年後抵達紐約。開始編纂出航2年間的航海日誌公式報告書《美國艦隊支那近海及日本遠征記》。他在書中說「在世界的任何地方，像日本人那樣不裝腔作勢，具備優雅性與威嚴的國民沒見過。」「日本人手很巧，實用以機械的領域，工業能力令人驚訝。」他並預言「日本將來必會成為跟美國並肩的國家。」（參考永濱真理子《幕末明治維新》P30～31）。編纂完成的三個月後，1858年春，培里因風濕熱引起心臟病症過世，享年63歲。

第4節 開國與攘夷的展開

開國派與攘夷派的對立

德川幕府自公元1633年，頒令嚴禁基督教，同時限制荷蘭和清國只在長崎通商以外禁止跟任何外國通交，亦即全面鎖國。

鎖國的局面持續了二百多年，如今（1853）美國的培里艦隊來叩關，要求開國通商，不啻是一種「晴天霹靂」，讓長期閉關太平酣睡中的日本人驚醒。

面對美國黑船的威壓，幕府陷入慌亂狀態。培里帶來的國書不得不暫行接受，問題是要如何「處理」？這時的將軍家慶（第12代）臥病沒20日就死了。四個月後嫡子家定34歲繼位卻病弱也無子，毫無政治能力。幕政完全由也是34歲的青年「閣揆」阿部正弘統轄。培里提交國書後約定一年後再來，這個期間阿部積極進行安政改革。

（一）將美國總統的國書公開讓京都的朝廷、各種諸大名（親藩、譜代、外樣），甚至旗本、庶民都知道，徵求意見。

（二）劃時代的破格登用人材，優秀的海防論者下級武士勝海舟、砲術家江川英龍以及「外樣大名」薩摩藩、越前（福井）藩均就任幕府要職而誕生了新的幕藩體制。

（三）趕工加強國防，解禁諸藩建造大船令，建設人工砲台（品川砲台）。

惟對於挑戰鎖國的祖法畢竟談何容易，阿部的立場原本是傾向鎖國論，只是19世紀初以來外國船頻頻來航，「開國」的情勢恐無法抗拒。攘夷派的巨頭，水戶藩的德川齊昭被任命為海防參與，因為沒把握會贏，他也不敢輕率採取強硬的「擊退」，又不便接國書留下禍根，而主張「決諸眾議」。

在阿部的主導之下，「開國」與否訴諸眾議，因而幕府的權威失墜，也延燒後來反幕、討幕運動。阿部的幕政改革頗有作為。1854年培里再來航後所簽訂的

繩文	彌生	大和	飛鳥	奈良	平安
12,000年前	紀元前5世紀 （近千年）	3世紀後半～590 （300多年）	590～710 （120年）	710～793 （84年）	794～1185 （390年）

「友好條約」並非取代了鎖國體制的開國，只是開放限定的停泊港口而不通商。

諮詢眾議結果是維持現狀和消極開國佔大多數，積極開國論者如勝海舟、堀田正睦屬少數。不過，開國？攘夷？卻跟將軍的繼承問題糾纏一起使問題益趨複雜，而阿部竟英年（38歲，1857）病逝。

將軍繼嗣與通商的紛擾

此時，將軍（13代）家定病弱無嗣，後繼的候補有兩派各擁護一人「對立」爭執，跟開國或攘夷問題糾纏而複雜化。

公元1856年8月，美國駐日首任總領事來到下田在玉泉寺開設領事館。除了謁見將軍家定，並於1858年6月簽訂了「日美友好通商條約」，規定函館、神奈川（橫濱）、長崎、新潟和兵庫（神戶）五港為開港場，大坂和江戶為「開市」地，亦即決定了日本自由貿易的開國。條約中，日方沒關稅自主權（協定方式），並且承認美方的治外法權，顯然是不平等條約。翌（7）月，英國、俄國、荷蘭和8月跟法國締結修好通商條約，統稱為「安政五個國條約」。

日美通商條約締結之前，幕府閣揆曾往京都請求天皇的敕許，孝明天皇是頑強的攘夷派反對締約。剛好這時（1858年4月），幕府的「大老」（非常時設置的幕閣特首）井伊直弼主持對美條約，強行（無敕許）締約（同年6月）。而紛擾爭議多時的將軍（第14代）繼嗣問題亦在井伊的強權之下敲定。7月，將軍家定死去。

第14代將軍的人選問題跟開國或攘夷問題糾纏一起，導致發生了「安政大獄」與「櫻田門外暗殺」的兩大慘事，使幕末益加動盪而幕府崩盤。

培里來航當初，幕閣阿部的手法「訴諸眾議」不偏開國或逐夷。沒幾年他死去後，美國的開國通商要求日甚。同時，阿部死後更發生了將軍繼嗣問題聯結開國、攘夷問題以致幕府乃分裂為兩派：擁立紀州藩主慶福（南紀派）的開國派，和擁立一橋派慶喜的攘夷派。

開國的南紀派與攘夷的一橋派

紀州的德川家是「御三家」之一，從這裡推出做將軍家的養子以便繼嗣為將軍是順利成章之事。因此，幕閣多數閣員（老中）和譜代大名（關原之前即已奉仕德川氏的諸侯）推戴紀州藩主德川慶福（時13歲）為繼嗣將軍，被稱為南紀派。

一方面，御三家之一的水戶藩主德川齊昭的七男慶喜入繼為一橋家（御三卿之一）養子，時已17歲英邁成人。時逢外力進逼外交問題艱困容非13歲的少年慶福所能勝任。齊昭與越前（松平）、薩摩（島津）等眾多「外樣」大名則推戴德川慶喜，是為一橋派主張攘夷，而南紀派主張開國。

這樣擁戴繼嗣將軍對立，而且開國或攘夷主張不同的兩派壁壘分明相持了幾年。在公元1858年4月，開國派的彥根藩主（譜代大名）井伊直弼當了幕閣的大老，在無「敕許」之下締結日美通商條約的同月宣布德川慶福為第14代將軍（德川家茂）。翌月第13代將軍死去。

安政大獄與櫻田門外之變

開國派在將軍繼嗣問題雖然取得了勝利，惟執迷攘夷的孝明天皇不「敕許」日美通商條約，是幕府最大的「痛」。攘夷派肯定要尊王，而開國論者為取得天皇的敕許必須前往京都「搞關係」。日本的政局舞台像是從江戶轉移到京都。

由於井伊直弼強行「違敕」跟美國訂約，對天皇的不尊重，引發了一橋派的雄藩大名大舉前往江戶城登城追究直弼的責任。井伊則以違法登城為由對一橋派發動大舉鎮壓（1858年9月～翌年），而有「安政大獄」。

安政大獄被處罰者有朝廷公卿、一橋派的齊昭‧慶喜父子，以及諸藩大名多人被處以謹慎或「永蟄居」。幕臣、藩士、儒者、神職、僧侶多達百餘人或被處死或入獄。

被害慘重的水戶藩陷於存亡之秋，藩士或脫藩浪士即進行計劃暗殺井伊直弼。

公元1860年3月3日是上巳日、女兒節亦是桃花節，諸侯都要進江戶城，大老直弼也一定會進城。暗殺團在前一晚3月2日，在品川的妓樓徹夜痛飲。3日早朝，白雪紛飛老天爺相助。櫻田門外諸侯們聚集待機進城，早朝九點，直弼的轎輿行列來了。說時遲、那時快，匿身人群中的殺手們，一個假裝要遞訴狀趨前拔刀，一個用短槍射穿直弼的腰部。聞槍聲信號，十幾名殺手一齊擁至轎輿，唯一的薩摩浪士割下直弼的首級高舉示眾，暗殺團看到後立即逃散。這場暗殺「劇」前後不過幾分鐘，卻是改變歷史的櫻田門外大慘劇。

公武合體與尊王攘夷的對立

櫻田門外之變後，幕閣老中安藤信睦與久世廣周為中心的政權採取融和政策，解除對諸藩大名的謹慎、蟄居等處罰。一方面為了修復因締結條約跟朝廷對立的關係，幕府推出「公武合體」政策，意為朝廷（公）和幕府（武）的協力共同克服國難。

幕府提案讓孝明天皇的異母妹和宮親子下嫁將軍家茂。尊王攘夷派認為這是幕府想利用天皇的權威保住其勢力而大加批判。水戶藩浪士在婚儀前夕又發動坂下門（江戶城西）暗殺幕閣安藤的事件（1862年1月），這次暗殺失敗。

和宮原本六歲時即已有婚約，她拒絕嫁給家茂，經不起生母的勸說而答應，天皇敕許才下來，時才15歲。翌（1861）年10月，由京都出發下嫁江戶。1862年2月成婚，時她與家茂同是17歲。豈料才四年後家茂就病死（1866年7月）。又五個月後，她的哥哥孝明天皇亦急逝，「紅顏」真是薄命！

孝明天皇主張攘夷卻接近公武合體派。自五國開國通商條約以後，輸出增加物價卻上昇，排斥外國人殺傷外國人事件頻發。水戶藩為首的攘夷論在朱子學盛行時代，尊王必然攘夷。面對公武合體政策，攘夷派抓狂聚集京都採取激進手段，讓天皇也頭痛。警護京都禁門的攘夷派長州藩士忽然被解職，甚至京都的尊攘派公卿三条實美等七人亦被放逐逃往長州（1863年8月18日政變）。

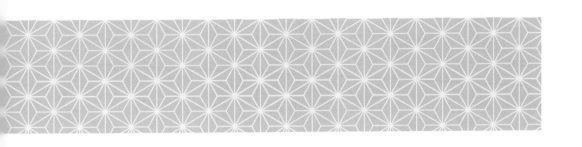

第XII章

倒幕運動與明治維新

第1節 攘夷運動的狂風暴雨

攘夷事件如野火燎原

江戶末期，外國船隻一再地來航叩關要求開國通商，引發了列島的動亂。天皇以下，幕府以外各地雄藩幾乎都反對開國而主張攘夷。

迨「五國通商條約」簽訂以後，翌年（1859）即發生俄國兵在橫濱遭殺害事件。從此，外國人兵士、商人及外交官接二連三倒於兇刃。

1861年1月，美國哈里士總領事的通譯官休士堅在回（東京麻布）公館途中被暗殺。翌（2）月，俄艦佔領對馬島（福岡外海），引起島民大肆抵抗事件。同年7月，水戶藩浪士14人襲擊英國的臨時公使館（東京高輪），是為第一次「東禪寺事件」。

1862年8月，薩摩藩主的父親島津久光一行從江戶回薩摩途中，在橫濱附近的生麥村（今鶴見區），有四個英國人因橫越隊列被殺傷，是為「生麥事件」，成為日後薩英戰爭（1863）的導火線之一。

同年尾，長州藩士高杉晉作等人襲擊在興建中的英國公使館（位在品川），將之燒燬，是為第二次「東禪寺事件」。

攘夷事件並不止於這些「個別」事件，迨1863年初，將軍家茂上京（幕府將軍已經有229年沒到過京都），主要是要履行與和宮結婚時跟天皇的約定條件——攘夷。

這年3月，家茂到京都往御所朝見天皇，接受天皇「國事行為依性質朝廷要參與（干預）」的詔敕。天皇為了祈願攘夷，由將軍家茂、將軍監護職德川慶喜以及幕府和朝廷的高官陪同行幸神社和神宮。幕府乃決定攘夷的斷然實行日為5月10日。

於是這一天，長州藩的兩艘軍艦突然砲擊停泊在下關（本州最西南端）的美國商船。同月23日、26日又先後砲擊法國和荷蘭的軍艦。翌（6）月，美國和法國

軍艦在下關進行報復砲擊，陸戰隊則登陸破壞砲台。翌年（1864）8月，美英法荷四國聯合艦隊砲擊下關，長州藩被打得「落花流水」，才痛感軍事力差人太多，完全失去戰意而投降。三個月後更在天皇的震怒之下，幕府發動十五萬大軍征伐長州藩，以致尊王攘夷努力挫折而衰弱下來。

文久的改革與薩英戰爭

南九州的薩摩藩在島津齊彬推動的改革與洋務奠立成就為雄藩的基礎。齊彬歿後遺言由其弟久光之子為藩主。惟久光掌握了藩政登用大久保利通、小松帶刀並召回西鄉隆盛參政。

在幕末動亂的時局中，久光主張「公武合體」政策。公元1862年的3月，他為了要直接向天皇進言這項政策，帶領1千名武士上京。可是這個舉動卻被誤解是為了要倒幕，以致尊攘的志士紛紛集結到京都和大坂。結果在京都的伏見發生了「寺田屋事件」。薩摩藩士斬殺了自己藩內尊攘的激進派（1862年4月）。

久光在京都取得天皇的敕書後，陪同敕使（大原重德）前往江戶進行幕政的改革。幕府在這樣的「壓力」之下只好乖乖地恭順（也足見此時幕府的無力感）。改革的要項如下。

（一）幕府的人事改革：國事要跟朝廷配合，幕府不得獨裁。安政大獄受罰者平反，就任幕府要職。德川齊昭為「將軍監護人」，松平慶永為「政事總裁」，松平容保為「京都守護」（警總）。

（二）參勤交代（制）的緩和：由2年1度改為3年1度（100日），減輕耗費。人質的諸侯妻兒可回「國」。

（三）採用西式軍制，設研究、教育西式文明化。

這些改革史稱「文久改革」（天皇年號文久）。事後，久光返回京都的隊伍在橫濱附近的生麥村，四個騎馬的英國人接近久光的轎輿「無禮地」橫貫過去，有3人被藩士殺傷死1人，是所謂「生麥事件」。

繩文 12,000年前	彌生 紀元前5世紀 （近千年）	大和 3世紀後半～590 （300多年）	飛鳥 590～710 （120年）	奈良 710～793 （84年）	平安 794～1185 （390年）

翌年（1863）初，英國對薩摩藩要求處罰生麥事件的犯人和賠償金被拒。6月尾，英七艘艦隊進入鹿兒島灣，再次同樣要求仍被拒。7月初即捕拿薩摩的三艘蒸汽船，在颱風雨中雙方打起仗來，是為「薩英戰爭」。

戰爭是英國軍艦在鹿兒島和櫻島間的錦江灣（鹿兒島灣）北部砲擊薩摩的砲台、船艦與民家。雙方軍事力天地之差的戰爭結果，鹿兒島市街燒失1成，砲台全被破壞。英方的損害亦不少，艦長等死者13人，負傷50人，艦船差不多都受到損傷。更因事前大意準備不足，缺乏糧、水、燃料，英艦在翌日就打退堂鼓返回橫濱了。

不過由於這次的戰爭，讓薩摩「覺悟」到要以「武力」攘夷絕無勝算。因此，乃跟英國接近積極示意「親英」，招待英公使，派15名留學生赴英。所謂「冤家變親家」，果然3～4年後薩摩「倒幕」時，英國成了該藩「後盾」。

政局颱風眼京都的動亂

薩摩藩主島津久光率兵到京都要推行「公武合體」政策，卻被誤解為要舉兵「倒幕」。 全國的浪士大舉結集京都，發生了前述的「寺田屋事件」，尊攘受挫，但在京都尊攘派卻橫行肆無忌彈。

櫻田門外之變（井伊被殺），坂下門外之變（安藤被暗殺未遂卻下台）顯示暗殺等恐怖暴力作法被尊攘過激派認為是有效的政治手段。恐怖主義延燒到京都是在將軍家茂上京的前後。為了護衛將軍上洛（京都）在江戶募集浪士。其中有極端的暴力武士近藤勇等人後來組織「新選組」專門暗殺尊攘的過激派。

將軍家茂為了體現「公武合體」政策，履行跟天皇的約定（娶天皇妹和宮，攘夷反對開國）而來到京都（1863年3月）。然而家茂對攘夷未採取任何實際行動就回江戶去了。朝廷的尊攘過激派乃發出布告：天皇要親征攘夷。公武合體派（會津藩、薩摩藩）查知此非天皇本意而發動「八月十八日政變」排除朝廷裡尊攘派的長州藩三条實美等七公卿。

這個政變後，近藤勇的新選組擔任京都治安巡迴，於「池田屋」旅館發現長州藩士集會圖謀要復權（1864年6月），發生了殺傷事件。

長州藩本國對此激憤，派出2千名軍隊包圍京都，進攻京都御所的蛤御門，遭遇會津藩軍和薩摩軍前後夾擊而敗退，是為「禁門之變」（1864年7月）。在這同時，幕府募集了15萬大軍（第1次）征討長州，又同時（8月）英美法荷四國聯合艦隊報復前年（1863年6月）被長州砲擊事件，而砲擊並佔領了下關。長州藩真是「屋漏偏遇夜風雨」，不僅低首向外國降伏，而且乖乖地向幕府恭順了（1864年尾）。

第2節　倒幕運動與幕府的崩盤

攘夷運動的挫敗

「鎖國」是江戶幕府自公元1640年以降維持了二百多年的「國是」。19世紀初以後，外國艦船頻頻來航叩關，尤其是1853年美國培里的艦隊「壓境」，幕府當局感到無法抗拒。然而京都的朝廷卻難以接受而堅決要抵制而攘夷。

這期間才十多年，列島的國論雖說基本上是鎖國，攘夷而必尊王。現實上是至少消極的開國，原則上尊王攘夷。「不幸」，由於開國者井伊直弼的強暴專橫，搞違敕（無視天皇不敕許）的締約開國，又製造「安政大獄」招徠櫻田門之變的殺身之禍。將軍的繼嗣亦以私心選錯了人（慶喜勝家茂多多），又惹出和宮（天皇妹）下嫁將軍（家茂，20歲就病死）問題，又是「公武合體」，又要尊王攘夷。紛紛擾擾動亂不休，政局的舞台從江戶（東京）移轉到京都。西南的雄藩長州和薩摩竟然採取激烈的攘夷行動，結果兩藩分別跟英美法荷諸外國開過戰而都慘敗收場。

倒幕運動的展開

繩文	彌生	大和	飛鳥	奈良	平安
12,000年前	紀元前5世紀 （近千年）	3世紀後半～590 （300多年）	590～710 （120年）	710～793 （84年）	794～1185 （390年）

　　幕府當局自跟美國締結違敕的通商條約（1858）後，先後發生了櫻田門之變
（1860），坂下門之變（1862年1月），以及將軍家茂上京都而未採取攘夷行動
（失約），對公武合體政策亦毫無作為。一方面募集諸藩大軍征伐長州藩也不了
了之（1864）。尤甚者，幕政的文久改革，人事、政策竟由薩摩薩主之父島津久
光所主導（1862）。這幾年發生的這些事，在在彰顯幕府權威聲勢的大衰退。

　　原本主張公武合體政策的薩摩藩，對攘夷比較溫和不積極，惟因為發生「生麥
事件」殺傷了英國人而引發了英國軍艦攻打鹿兒島的薩英戰爭（1863年7月）。
薩摩軍雖然奮戰亦善戰，畢竟敵不過英軍的「船堅砲利」，而認識到武力攘夷
「此路不通」，必須改弦更張，說不定要「以夷制幕（府）」。

長州藩如何「轉向」

　　長州藩位在今日的山口縣，長州為長門的別稱。長門市位於山口縣西北部（下
關在它的南方）。

　　關原戰役時，長州藩主毛利輝元跟德川家康原本同是「五大老」之一，被西軍
抬出來充總司令，但他卻不離大坂城一步。戰爭終結後，還是難逃家康的「處
罰」，他的居城從大坂退到廣島，再遷到萩市（山口縣東北）。輝元的領國從八
國縮少為三國，俸祿從122萬石減成37萬石，領地從岡山（備前）退到本州西南
邊陲的山口縣。長州藩沒在戰役燃燒參戰，卻被視同敗戰之軍，負敗戰之罪責。
因此，長州藩對德川家的「怨念」復仇之心歷久彌深。

　　公元1837年，毛利敬親就任藩主，任用村田清風推行「破格」的大改革，重整
財政，以下關為基地振興特產及貿易經濟。同時，實施軍制近代化，打下了雄藩
的基礎。

　　黑船事件以降，長州藩內改革派正義黨與保守派俗論黨輪番掌政，惟「藩是」
傾向攘夷，而且扮演攘夷的急先鋒角色。藩內的志士參與攘夷事件推動歷史的巨
輪，或在明治維新前夕殞落，或在明治政府擔任要職。

像是：安政大獄時吉田松陰貫徹理念視死如歸。「八月十八日的政變」三条實美七公卿的逃難。池田屋事時桂小五郎（木戶孝允）的死裡逃生。「禁門之變」兵敗自刃的久坂玄瑞。

長州藩志士的攘夷行動最勇猛但近於無謀者，莫過於砲擊航行下關的美國商船以及法荷的軍艦而惹來翌年四國聯合艦隊的報復砲擊（1864）。同時期，幕府軍第一次征討長州藩。

事後，藩主敬親招聘曾是吉田松陰的門下生、25歲的青年英傑高杉晉作，代表藩跟四國聯合艦隊講和締約（擔任翻譯的是伊藤博文），為後日英國親近長州藩的契機。在這一年前，長州藩士久坂玄瑞砲擊美國商船事件時，高杉晉作痛感軍事力跟西洋列強懸殊，乃以庶民為中心組織「奇兵隊」。伊藤博文擔任力士隊長，山縣有朋為副總督。在幕府第一次征討長州終結前，高杉即「回天義舉」打倒親幕派的俗論黨而奪回政權。幕府征討草草終結，由於擔任軍參謀的薩摩藩西鄉隆盛在背後對長州的溫情作為。這也是西鄉為日後「薩長同盟」（1866年1月）的締結所布置的一枚棋子。

高杉在肅清俗論黨支配長州的政權後，將政治與外交委任木戶孝允（1865）。長州藩表面上對幕府表示順從，實際則儲備武力，向倒幕突進。高杉本人帶領奇兵隊和長州艦隊增強戰力以便迎擊幕府軍。果然，在幕府第二次長州征討戰（1866年6月）中，將軍家茂病死，實際戰事是幕府聯合軍戰敗而結束。然而1867年10月幕府倒台的前夕（同年4月），英年27歲多的長州第一奇才勇士高杉晉作因肺結核病逝。

薩長的軍事同盟與第二次征長之役

第一次幕府征討長州藩時擔任征伐軍總督參謀長的西鄉隆盛（薩摩藩），在這之前約一個月，對發動攻擊京都御所（禁門之變）的長州軍背後攻擊，導致薩長關係益趨惡化。惟西鄉認識到幕府的無能與權威的失墜，認為不可讓長州藩走向

衰亡。

在禁門之變後，西鄉跟幕臣勝海舟和土佐藩浪士坂本龍馬會面。征討長州講和時西鄉對長州周到的緩和策略讓長州藩感恩。

在這個基礎上，第一次和第二次征討長州之間，薩長兩藩簽訂了軍事同盟「密約」（1866年2月）。

長州藩在第一次征長州軍之役的同時，又遭逢英美法荷四國聯合艦隊在下關報復性的砲擊，內外受敵雪上加霜。高杉等人武力政變奪取政權委任木戶孝允主政（1865）。木戶跟勝海舟、坂本龍馬均有親密的交流。這年9月，幕府為打倒倒幕派的長州政權，取得再征討長州的「敕許」，藉口是長州藩走私買武器。

幕府於翌年（1866）6月，發動第二次征討長州藩之役，時薩長同盟已訂立四個月了。

公元1866年的正月，木戶孝允在龍馬的斡旋之下，前往京都的薩摩邸跟西鄉隆盛會面。薩摩藩在薩英戰爭中雖然奮戰仍落敗，而長州藩在攘夷戰中飽受英法列強的砲火，痛定思痛認為攘夷的無謀，是兩藩的共同「接合點」。既然攘夷不可行，必須開國，而幕府無能又失職，則救國之道在於倒幕，兩藩著應聯手不止「倒幕」，尤在救國。第一次征長戰時，幕臣勝海舟對西鄉說過「今後的政治不宜以幕府為中心，而應樹立薩長等雄藩聯合政權建設新的日本」。

西鄉跟木戶在京都薩摩邸周旋多時，卻久久不啟口「締盟」的問題，「會談」差點兒破裂。這時龍馬看不過去，帶怒的口氣叫喊「不要為無聊的面子計較了」。這下才由西鄉開口提出同盟的事宜，打開膠著狀態，成為幕末史有名的一段故事。

2月5日，薩長雙方在龍馬的立會之下締結了軍事攻守同盟的密約六條。條約的主旨並非針對打倒幕府，即使敗給幕府，兩藩在同盟關係基礎上設定長期戰略，進行「封建割據」建立獨自的獨立國（上述西鄉受勝海舟的「啟發」）。

盟約的要點：（1）長州藩跟幕府打仗時，薩摩藩即出兵2千人，再合京坂1千

人。（2）長州如戰勝必向朝廷進言盡力調停。（3）萬一長州戰敗，亦必繼續盡力支援。（4）幕府軍如就此罷兵返東，薩摩必盡力運作使朝廷豁免長州之罪。（5）若一橋（慶喜）、會津、桑名三藩阻撓薩摩的周旋，則必決戰無他。（6）如長州藩冤罪獲得赦免，薩長雙方竭誠協力為皇國碎身盡力。不拘勝敗如何，從今起，雙方為皇國的皇威的光輝恢復為止，誠心誠意一致協力。

薩長同盟成立4個月後的6月，幕府發動第二次征討長州。幕府軍的裝備跟2百年前關原之戰同然舊式，而長州軍是用薩摩名義，龍馬仲介從英國購入的最新銳的鎗，奇兵隊等諸隊採用洋式戰術，又歷經內戰和外戰的鍛鍊。幕府軍連戰連敗。薩摩藩對幕府的要求出兵對長州參戰，上書拒絕。盛夏7月，將軍家茂因「腳氣衝心」病逝（20歲）。幕府以此為由宣言休戰，實際是完全戰敗。這次戰爭導致幕府的完全破滅，對幕府來說是一次「可以不戰」之戰，卻自找死路。

第3節　幕府滅亡與戊辰戰爭

第14代將軍家茂死後，德川慶喜繼承德川宗家，5個月後的1866年12月5日，天皇宣下慶喜為將軍。20日後天皇因出血型天花遽死。公武合體論的天皇之死，情勢乃一下子傾向於倒幕。僅僅一年多之間，「大政奉還」、「王政復古」的大號令，戊辰戰爭發動、江戶開城，時局激變中長達260多年的德川政權終於走進歷史。

坂本龍馬的「船中八策」與「大政奉還」

土佐藩（四國高知）於關原之役後受到德川家康的厚遇，未便武力反叛幕府而採取「公武合體」政策。迨將軍家茂和孝明天皇相繼病死（1866年7月和12月），「合體」的兩巨頭不在，必須另覓「出路」。

將軍慶喜就職後翌月（1867年1月），明治天皇即位（16歲），慶喜在積極推動改革，力圖挽救局勢，莫非是幕府的「氣數」該盡？這年6月，力倡武力討幕

的薩摩藩跟主張公議政體論的土佐藩的志士居然簽訂了出兵的盟約「薩土軍事同盟」。

同月，土佐藩主的親信後藤象二郎與坂本龍馬同乘藩的船「夕顏丸」從長崎前往京都。在船中，後藤苦思打開時局的方案不得要領而請教龍馬。龍馬即提示以「公議政體論」為基礎的新政府的構想八項目，世稱「船中八策」。

所謂「公議政體論」意為經由有識者會議解決國政難題的政治思想，亦即議會政治。

龍馬所起草的「船中八策」其要旨如下。

1、政權奉還天皇，一切政令由朝廷頒發。

2、設置上下兩院的議政局，萬機決於合議。

3、廣納有能人材，賜以官爵，免除冗官。

4、外交委由議會決定，重新締訂條約。

5、改正古來法律，選定「無窮的大典」（按即憲法）。

6、整建海軍。

7、設置（天皇）親兵（直轄軍），護衛帝（首）都。

8、金銀物價應與外國平均。

這些是龍馬對新政府的政體構想所勾勒的綱領八策。最大的特色厥為尊皇、民主（議會）、平等（用人唯才）、開國、強兵。描繪近代日本君主立憲政治、富國強兵（尤其重視海軍）的發展藍圖。

公元1867年是日本近代史上關鍵的一年。這年1月，明治天皇即位，年號仍用慶應（3年）。翌年才改元明治，是為明治維新的出發。「船中八策」是6月立案，這個八策為土佐藩所接納。

這個時期，薩摩藩積極推動倒幕政策，一方面跟長州、藝州（廣島）約定倒幕，另方面跟土佐藩締盟。不過相對於薩摩的武力打倒幕府，土佐藩採取政權的和平轉移，亦就是建請幕府將政權交還天皇的「大政奉還」。

薩土兩派各自的工作競賽緊湊。土佐藩於8月宣言即將向幕府建請大政奉還，建言書的內容主要以「船中八策」為基礎。其主旨是在天皇之下樹立諸大名合議制的政權。9月初，土佐藩告知西鄉就要建議幕府大政奉還了，要求倒幕的舉兵延期。10月3日，土佐藩「終於」將大政奉還的建議書向幕府提出。10月13日和14日，天皇的敕命「討幕」的密敕分別授與薩摩和長州。大久保利通（薩摩）從公卿岩倉具視手中拿到了討幕的「大義名分」文書才高興沒幾個小時，同13日下午，想不到德川慶喜居然下決心宣言要「奉還」大政，翌日上奏。就這樣德川幕府至此滅亡，討幕戰爭當然免了。

王政復古與戊辰戰爭

土佐藩的「大政奉還」建議向幕府提出十天後，亦即10月12與13日，將軍慶喜連續召集有司以及40個藩的重臣在京都二条城內，宣布要把政權「返還」天皇。14日即向朝廷上奏奉還大政，15日，朝廷敕許。持續了260多年的政權，居然這般輕易而短時間就「和平」地移轉掉了，何況慶喜就任將軍僅僅10個月，難道真是人類政治史上的奇蹟？！

其實不然，慶喜的盤是算「暫時」把政權「交還」天皇，以後成立的以天皇為中心的「公議政體」的政權中，德川家仍會「有份」，有可能在新政權之下當「盟主」主導行政權。

慶喜的「政治算計」未免太一廂情

大政奉還
江戶幕府的末代將軍德川慶喜於1867年10月在京都二条城大殿集合諸大名，宣布將大政奉還天皇。明治天皇於同年1月即位，才16歲。

願，100％要武力倒幕的薩摩藩辛辛苦苦「搞」到手裡的討幕密敕就這麼「破功」，未免不甘心，尤其是西鄉再三嗆聲要取下慶喜的首級。

「大政奉還」的提出和受理都完成了，可是慶喜還是將軍照做，政府機構仍然是幕藩體制，甚麼都沒「改變」。要改變這種舊態依然的狀況，非在「王政復古」名義下樹立天皇中心的政權不可。岩倉具視和西鄉等人發動的「政變」就是「王政復古的大號令」。

12月9日早朝，倒幕派的公卿和五個藩的代表在京都御所集合，宣言回復日本古來天皇中心的國家，所謂「王政復古的大號令」。要旨是：敕許將軍職辭職，廢止將軍、京都守護職和所司代以及攝政、關白等既有的幕府官職。新設總裁、議定和參與三種官職並選任了人選。

這天晚上，岩倉等人在京都御所內的小御所集會議論德川家的待遇問題。結果決定慶喜必須「辭官納地」（將軍、內大臣以及400萬石領地）。翌日慶喜接到這個決議才後悔不該輕易搞「大政奉還」，弄巧成拙，悔不當初！

對慶喜來說，辭官事小，納地將影響2萬多家臣及家族的生活無著而必誓死抵抗。他隨即從薩摩所控制的京都撤往大坂抵制。西鄉乾著急想出「引蛇出洞」的詭計，在江戶雇浪士以薩摩名義在街中搞暴行。結果，年尾果真惹起幕藩報復燒殺江戶的薩摩邸事件。

沒幾天後，時值新年正月3日（1868），在京都南部鳥羽和伏見地方，以薩長軍為主力的新政府軍5千人和來自大坂為主的舊幕府軍1萬5千名直接對決，史稱戊辰戰爭。這次戰爭前後拖了一年半，戰線從京都延長到北海道函館，直到1869年5月戰爭才結束，可以說是日本史上最大的內戰。

伏見鳥羽之戰，在薩長軍的大砲和新銳步槍之前，舊幕府軍像被推枯拉朽地瓦解敗逃。再加上政府軍搬出象徵「官軍」的日月錦旗，幕府軍怕成為「賊軍」，戰意喪失而敗退大坂。幕府軍的總帥慶喜竟「敵前逃亡」，搭上軍艦逃回江戶。

江戶的無血開城與北方的抵抗

新政府軍在京都南部三天的壓倒性戰勝後兵分三路：（1）北陸道鎮撫軍（長州的山縣有朋等），（2）東山道鎮撫軍（土佐藩的坂垣退助等），（3）東海道鎮撫軍（薩摩藩的西鄉隆盛等）朝向江戶（德川家的本據地），預計3月15日實行總攻擊。

正當江戶城和德川家面臨存亡的危及時刻，3月13～14兩天，新政府軍的參謀西鄉隆盛和其舊友舊幕府陸軍總裁勝海舟（勝的提議）在東京田町的薩摩邸會談。一方面德川家兩個重要的女性，13代將軍家定之妻篤姬（前薩摩藩主島津齊彬的養女）與「和宮」（孝明天皇妹，14代將軍家茂妻）在幕後奔走營救。

勝海舟在會談前已經安排布置，萬一會談決裂，就仿俄國對付拿破崙侵攻時在市街內到處放火，使侵略軍進退無路。新政府軍如侵入城內時就放火，要實行焦土作戰。幸虧會談達成協議：保障慶喜生命安全，德川家存續。江戶開城投降，軍艦武器移交新政府，城內的幕臣遷出城外等。

4月11日，江戶城開城，末代將軍慶喜由幕臣陪同出城退回水戶老家隱居。然而舊幕府海軍副總裁榎本武揚卻率領艦隊脫出江戶北上到函館，佔領五稜郭樹立虛幻的「蝦夷共和國」繼續抵抗，到翌年（1869）5月投降，內戰才結束。

江戶開城後的幾個月，東北方面的幕藩曾成立「奧羽越列藩同盟」抵抗新政府軍，8月～9月，會津藩敗戰後，仙台藩亦投降，戰火轉移至北海道（1869）。

第4節 明治維新政府的啟航

公元1867年1月，16歲的明治天皇即位（前年尾孝明天皇歿），風前之燭的幕府面對武力倒幕派與「逼宮」派（大政奉還）的夾殺壓力之下猶在掙扎困獸之鬥。

反幕府派的朝廷公卿加強勢力，擁戴年輕的天皇支持倒幕派的武力討幕。這股

主流勢力亦驅使土佐藩為主的和平轉移政權加緊行動。10月中旬，將軍慶喜上表實現了大政奉還給天皇，形式上幕府政權終焉，實際上舊態依然。而新君明治天皇的「即位之禮」的儀式到翌年（1868）8月才舉行，明治的改元紀年9月制定。這時戊辰戰爭的會津之戰才結束。天皇行幸東京遷都則更遲至1869年的3月（1868年10月首次行幸東京）。

　　明治新政府啟航之初，並非順風滿帆，勿寧說是「淒風苦雨」。亦就是將軍慶喜為首的佐幕派於1868年正月初（明治即位1周年）發動戊辰戰爭，戰火從京都經由江戶、東北奧羽、會津延燒到北海道，前後長達一年半，是為日本史上「最大」的內戰。

　　新政府在遂行戰爭中，猶積極展開邁向近代化的新國家的「天旋地轉」般的全面改制，以下著其重大的改制，略述梗概。

（一）五條誓文

　　戊辰戰爭中的（1868年）3月14日，明治天皇在京都御所的紫宸殿，率同親王、公卿、諸侯以下百官向天神地祇以及皇室祖先公布「五條誓文」，宣示尊重公議輿論和開國友好等新政府的方針。

　　作為新政府的基本方針之五條誓文，其內容第1條：「廣興（開）會議，萬機決於公論」。接著的誓文強調：上下要團結，官民一體各遂其志，破除舊時陋習，行天地之公道，向世界謀求知識以振起皇基。這些新政府的原則性政治方向尚乏具體性。基於「誓文」的主旨乃公布具體性的「政體書」。

（二）政體書的公布

　　五條誓文公布後約2個月（1868年閏4月），公布「政體書」十條，提示新政府的政治組織，很明顯地是近代化的中央集權體制。

　　由十條條文構成的政體書，是參照美國的三權分立的憲法和福澤諭吉的《西洋

《事情》而來的。

政府組織體制採用中央集權制，三權（行政、立法、司法）分立主義的議事制度和官吏的公選制。

根據政體書，中央的政治，組織形態叫「太政官制」。太政官分為行政（五官）、刑法（司法）和議政（立法）共為七官。議政官分上下各一局，合稱「七官兩局」制。

中央政府的首腦限定由公卿、藩主以及薩摩、長州、土佐和肥前四藩的出身者「獨佔」。至於四年任期的官吏公選實際只辦一次（1869年5月），流於有名無實。

福澤諭吉（1834～1901）日本近代化的巨擘推手。名著《勸學》《文明論之概略》對意識改革影響殊為深遠。其名言有「天不在人之上造人，人之下造人」。日本名校慶應義塾大學創辦人。

（三）遷都東京，改元明治

京都作為日本的帝都已經有一千多年了（794以後）。但，從鎌倉幕府（1186～）以降至今將近7百年間，政權的運作很少在京都。這裡長久沒半點兒「政治活氣」，「土地偏少、人氣狹隘」，比起北京的紫禁城等京都御所簡直小的可憐。

更為了因應新時代跟世界列強圖謀「共存」，「遷都」不只是要「人心一新」，問題是遷到哪裡？

首先考慮到的是大坂。16世紀末葉，豐臣秀吉在這裡建造富麗堂皇的大坂城，新政府的首腦大久保利通主持此事，雖不便囂張說要「遷都」，只是要天皇「行幸」大坂。可是有位署名「江戶寒士前島來輔」（後來才知是日本郵政的開創者

前島密）投書說服了大久保，改為遷往東京。

投書的主要論旨是：①目前北海道很重要，大坂距離太遠。②大坂港規模小，缺乏大船的修理設施，江戶有橫須賀的艦船工場。③大坂市街路窄小，郊外原野也不廣大。④如果遷都大坂，則宮城、官衙、第邸、學校都必須新築。這些在江戶都齊全，光是各藩邸就大過京都最大的王府邸多多。而且江戶水流運輸交通網發達，郊外腹地平野廣大是可供百萬市民所需的大穀倉，（司馬遼太郎《這個國家的原型》三，P179～186）。

公元1868年4月11日江戶無血開城後，即計劃遷都江戶，先是7月將江戶改稱「東京」。8月，天皇舉行「即位之禮」，9月改元明治，並改訂為「一世一元」的紀年。

至此，東京成為天皇的居城，10月明治天皇首次行幸東京，翌年（1869）3月28日，天皇再度「到」東京，就不再「回」京都，亦即東京成為新的帝都，是為新國家的政治舞台。這一連串的政治改革，當時被認為是「一新政治」，所以稱為「維新」。

（四）版籍奉還與廢藩置縣

所謂「版籍奉還」，「版」指土地，諸藩的領地。「籍」指人民（戶籍），諸藩領內的人民（納稅人主要的財源）。將軍大政奉還，新政府在戊辰戰爭勝利後，雖然舊幕府領地及幕府方的諸大名的領地被沒收或削減成為新政府的直轄地。但是，這些之外的大小諸藩的領地依然割據如舊，政府管不到。

王政復古的中央官制中最高的三官職是：總裁（親王）、議定（2皇族、3公卿和5藩主）和參與（5公卿、15藩士）。公元1868年2月，參與的木戶孝允向副總裁建議版籍有必要奉還給天皇（政府）。同時，木戶亦說服自家長州藩主毛利敬親。9月，並取得了薩摩出身的參與大久保利通的同意。

1869年1月，在木戶與大久保的策劃之下，薩長土佐四藩主上表將版籍奉還天

皇。6月，政府乃下令各大小諸藩將版籍奉還。於是全國的土地和人民被置於政府的支配下的統一國家的形式完成。

廢藩置縣的斷然實行

版籍奉還後，舊藩主雖然變成「知藩事」（後改為藩知事），擔任藩的最高行政官，照舊執行藩的政務。藩的財政與藩主的家祿分離，惟給予以往舊領地實收的10％做為家祿（薪水）。藩內的租稅和軍事則跟從來同樣委任各藩知藩事，

幕末維新期大事年表

江戶幕府末期，19世紀中葉約15年間（1853～68）為幕末。維新時期為日本從封建制脫胎換骨轉變為近代國家的陣痛期。

①1853年	美國培里提督率艦隊來江戶叩關，要求通商。
②1858年	日本與美英法荷俄締結通商條約。
③1860年	櫻田門外之變，幕揆井伊直弼遭暗殺。
④1863年	攘夷斷然實行，發生薩（摩藩）英戰爭。
⑤1864年	幕府第一次征討長州藩，英法四國砲擊下關。
⑥1866年	薩長同盟成立，第二次長州征討中止。
⑦1867年	末代將軍慶喜大政奉還天皇，幕府終結。
⑧1868～69年	戊辰戰爭，慶喜發動反政府內戰。
⑨1869年	全國各藩將版籍（領地）奉還國家。
⑩1871年	廢藩（諸侯）置縣（地方政府）。
⑪1877年	西南戰爭，西鄉隆盛被迫反政府的戰爭。
⑫1879年	廢琉球藩改置沖繩縣。
⑬1889年	頒行日本帝國（君主立憲）憲法。

中央集權制仍然成果不彰的不上不下的狀態。

為了廢絕封建領有制度與更進一步確立中央集權的國家，明治3年（1870）9月，發布藩政改革令，從藩主手中把藩（政）分離開，使實質上成為接近中央的派遣機關。

1871年2月，由薩長土三藩調集1萬人做為「御親兵」以備藩主的抵抗。7月，天皇召集在東京的「藩知事」命令廢藩置縣，月底以前舊藩主全部要住進東京。

結果，全國地方政制整理為三府（東京、大坂、京都）72縣。縣知事由中央派任，至是幕藩封建制消滅，國內政治與財政統一完成，日本乃名符其實地成為近代式，中央集權制的統一國家。

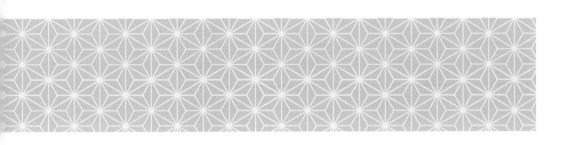

第XIII章

幕末維新期的志士群像

　　日本史上的幕末維新期指的大約是公元1853年到1877年的25年間。在日本2000多年的歷史長河裡，雖然亦曾經發生過像戰國時代（1467～1573）長達百年的戰亂動盪，結局是造成豐臣政權的曇花一現，甚至開啟了德川的江戶幕府（1603～1867）的長期政權。然而像幕末維新這樣短短的25年，英傑輩出，謀士如雲，在列島內外全面震盪的歷史激變的巨大漩渦中，打開一道新時代的流向，締造了日本成為脫胎換骨的西洋式的現代化新國家，真是罕見的歷史事象，不能不說是「天佑日本」。

　　以下就這四分之1世紀，幕末維新期在歷史舞台上扮演過重要角色的英傑的傳奇故事略作介紹。他們的作為大多已經散見於上述歷史事件中。這個時期發生的主要歷史事件諸如：尊王攘夷運動，開國倒幕運動以及大政奉還、王政復古、廢藩置縣、富國強兵、殖產興業、君主立憲政制、文明開化等。

　　從事建設近代化的明治國家日本的歷史工程的眾多歷史工程師們，姑且分為兩類：一為在明治政府成立前或遭暗殺或病歿的奉獻犧牲者。二為新政府成立後成為開國元勳，在朝中位居要津，繼續襄助明治天皇，為新國家服務。

第1節　幕末期維新前的英傑

佐久間象山（1811～1864，享年54歲）

　　19世紀初，英法等帝國主義列強紛紛前來東洋武力侵佔殖民地掠奪經濟資源。印度、中國先後遭殃，日本亦面臨陷落的危機，俄國的南下日急。

　　四面被海圍繞的日本列島，長期以來幕府採取「鎖國」的政策，自以為不跟他人往來仍可安穩夢睡。詎料列強的叩關開國的情勢已不可抗拒，幕府執迷不悟，海防處於空虛狀態。這時率先發出警告，強調海軍的必要性者正是佐久間象山。

　　佐久間出身於信州（長野縣）松代藩士的家庭。青年時代前往江戶在江川英龍門下學習西洋砲術，是當代第一的蘭學者、砲術家。

在培里來航的11年前（1842）即曾透過藩主向幕府當局提出「海防八策」，然而遭到無視。黑船事件的2年前在江戶開塾教授眾多門人，包括吉田松陰、勝海舟、坂本龍馬等人。42歲（1852）時與勝海舟的妹妹結婚。象山是幕末西洋文明、軍事通的先覺者，他並非單純的攘夷論者，是主張吸收西洋的船堅砲利而以和魂為體的思想家。54歲時出仕幕府任軍職，卻被過激的攘夷論者所暗殺（1864）。他的遺志路線即由勝海舟（比象山年少12歲）所繼承。

吉田松陰（1830～1859，享年29歲）

幕末維新運動軸心為薩長兩藩，而長州藩是攘夷、倒幕、開國的急先鋒。

山口縣萩市下級武士出身的吉田松陰是一位天才兒童兵學家。11歲就面對藩主毛利慶親）講兵書《武教全書》而聞名遐邇。松陰作為思想家、教育者主宰「松下村塾」，以狂熱的愛國情操「感化」（不是教化）十幾歲的村中少年，造就了高杉晉作、伊藤博文、山縣有朋等幕末和明治頂尖的英才。

松陰坎坷的人生充滿了傳奇性，才29歲就被斬首處死，洵是正氣凜然不啻是為理念救國家而殉道，是以死後被鄉里崇奉為神，尊稱為「松陰先生（老師）」，建造神社祀為學問之神。

成年後的松陰，21歲時開始周遊九州、平戶各地吸收西洋的情報。稍後遊江戶成為佐久間象山的門人。培里來航時親眼目睹黑船而划小舟想登美艦偷渡美國「留學」被拒絕，捕送回故鄉入獄。刑期滿後在鄉里開設小小的私塾，兩年間培育了百餘名學生，人才輩出（1855），這些人才竟然都是鄉里近鄰的少年。

松陰是狂熱的皇室崇拜者，對幕府未有天皇的敕許即跟美英等外國訂約通商深為痛惡，視將軍為天下之賊而計劃要暗殺幕閣（大臣），事敗被捕後，坦言所為乃為「正義」之舉而被處刑，享年29歲。

坂本龍馬（1835～1867，享年32歲）

幕末維新期英傑如雲，其中被評定為最具人氣魅力、歷史評價的三個人依序是：坂本龍馬、勝海舟和西鄉隆盛。關於龍馬的小說為數不少，而以司馬遼太郎的《龍馬がゆく（龍馬行，龍馬的故事，全八冊）》最為膾炙人口。

龍馬出生於土佐藩的鄉士（下級藩士）家庭。13歲開始學劍術，19歲和22歲時兩度到江戶遊學，學劍術。這時候，他親眼看到了培里的軍艦頗為驚嘆。他跟其他攘夷派志士不同的是不認為只靠劍術能擊退軍艦，遂進入佐久間象山的砲術塾。

1862年（27歲），龍馬脫離土佐藩成為浪士，訪問勝海舟成為勝的弟子。翌年任職海舟的海軍塾的「塾頭」（學務長）。又過了兩年（1865，30歲），龍馬在長崎創設龜山社中（後為海援隊）從事海運、貿易，透過英國商人古拉巴購買軍艦和武器，聚集了眾多志士。

在兩次幕府征伐長州藩之間（1866年初），龍馬和他的好友中岡慎太郎分別說服長州和薩摩兩藩締結了「薩長同盟」，成為倒幕和成立維新政府的主要原動力，在第二次長州征伐戰時大敗幕府軍。

1867年6月，龍馬與土佐藩參政後藤象二郎同乘藩的船前往京都途中，龍馬對後藤提出了「船中八策」做為新政府構想的方針，「萬機宜須決諸公議」，提交藩主向將軍建議要求「大政奉還（天

坂本龍馬（1835～1826）。幕末維新英傑人氣No.1。1866年撮合薩長兩藩軍事同盟，1867年6月對他的本藩（土佐）提出「船中八策」，為新政府方針。半年後遭幕府派暗殺於京都。

皇）」的不流血革命和建立議會政治的體制（日本近代國家理念的根基）。

半年後的11月15日，在德川慶喜宣布「大政奉還」的1個月後，龍馬在京都的近江屋旅舍和中岡慎太郎同時被（幕府所派的）不明人士所暗殺，享年32歲。1個月後，明治政府正式啟航，而他竟未能看到，更沒能參與。

高杉晉作（1839～1867，享年27歲）

明治政府的首任總理大臣伊藤博文對他的鄉友老兄高杉晉作的評語：「動之則如雷電，發之則如風雨。」確切地描述晉作是幕末行動派，長翅膀的猛士。

晉作出生於山口縣萩城上級武士的家庭。先在藩校就學後，17歲時進入吉田松陰的松下塾，與久坂玄瑞成為敵手，為塾內雙璧。

培里來航時（1853），晉作才14歲，稍後是松下塾攘夷的風潮正當澎湃之時。晉作反對桂小五郎（木戶孝允）的主張引進西洋軍事力，而只一味斷然要攘夷。後來跟佐久間象山相識，被建議到外國看看。22歲時（1862）以幕府使節團的隨員前往上海，親眼看到被英法侵略下半殖民地化的中國的慘狀，痛感日本的危險與軍備近代化的必要，而又痛恨英法列強。這年12月，與同志襲擊燒燬英國公使館。翌年（1863）5月，長州藩砲擊停泊在下關（馬關）的外國船。6月，晉作在藩主的許可之下，獲得下關富商白石正一郎的援助創設了奇兵隊。

這支部隊約500人存在了6年半。隊士的身分一半是下級武士，四成是農民，是跟藩的正規軍不同的游擊隊。晉作任總督，伊藤博文任副總督。其後在長州藩創設了許多奇兵隊的部隊叫「諸隊」，一併成為攘夷倒幕的主要武力。

1864年8月，晉作25歲，英美法荷四國艦隊在下關進行報復性砲擊，長州軍慘敗。晉作被委以議和大任，此時，英國對晉作產生好感而接近長州藩。

這年11月，幕府第一次征伐長州，12月，晉作在下關舉兵，在藩內奪取政權後將政務委任木戶孝允。第二次長州征伐戰時（1866）率領奇兵隊應戰活躍。翌年4月，因肺結核病歿，年滿27歲。

第2節 幕末維新的志士

勝海舟（1823～1899，享年75歲）

　　幕末維新期被認定為「三傑」的第二位是勝海舟。19世紀初，西洋的艦船接踵來航，江川英龍、佐久間象山等人有先見之明重視海防，而勝海舟是少數能夠在幕府任職海防事務的幸運兒。

　　海舟出生於江戶貧困的旗本的家庭。六歲時入住江戶城陪伴將軍的幼兒數年。17歲開始修習蘭學。27歲（1850）即在江戶開設「蘭學塾」。

　　海舟頗受佐久間象山的影響而尊敬有加，1852年（象山42歲，海舟30歲），居然把才17歲的妹妹嫁給象山，隨象山修習西洋兵學。

　　翌年培里來航時，海舟即向幕府提出海防意見書受到重視而被登用。兩年後被派遣到長崎海軍傳習所，直接從荷蘭海軍人學習航海術。他主張轉用貿易所得利益來購買軍艦，固守江戶。惟幕府亦非「言聽計從」，海舟對幕府的不滿與失望也多，因而多次罷職又復職。

　　公元1860年，37歲的勝海舟擔任幕府派往赴美的日美修好通商條約批准使節團，乘咸臨丸前往美國。回國後開設神戶海軍操練所，他身在幕府卻認為德川幕府是私人的政府，絕非為日本國民的政府。他曾經在大坂煽動西鄉隆盛：「把幕府毀了，建立為國民的共和政府吧。」他曾經教龍馬要藉由貿易來富國強兵。

勝海舟（1823～1899），幕末維新三傑之一，任幕府海軍總裁，戊辰戰爭（1868年3月）時代表幕府與西鄉會談成功，使江戶無血開城。

第二次長州征伐結束（1866）後舉行和議時，海舟擔任幕府的全權代表。他在歷史上留名最偉大的貢獻是跟西鄉會談（1868年3月14日），成功地讓幕府把江戶城開城免於流血抗爭。當時（1868年1月）幕府發動戊辰戰爭而敗退，政府軍的主力薩長軍計劃3月15日要對江戶總攻擊。然而一天前，勝跟西鄉代表雙方兩人單獨會談決定並實行江戶無血開城，史上罕見。勝的智慧膽識與西鄉的氣度，兩人又是舊知，這又是天佑日本。

明治維新後，海舟對新政府的徵召固辭，對被任命元老院議官（1875）亦不受。惟對明治的海軍新銳薩摩出身的山本權兵衛則熱心傳教，於19世紀的最後一年（1899）歿時年75歲。

西鄉隆盛（1827~1877，享年49歲）

幕末維新的三傑中，龍馬與海舟對於日本的將來具有先見之明的遠見計劃性。而西鄉則是被海舟品評為「高潔」之士，亦即「無欲而人格高潔的人」。海舟曾寫介紹信給門徒龍馬去見西鄉，龍馬回來後報告所得印象說：「（西鄉）不知是怎樣的人，小叩他就小響，大叩就大響。如果說是傻瓜那是大笨牛，不如說是聰明那是『大智若愚』。」真是「一針見血」之評。

西鄉的人品不但能履行約定的「實行力」，其氣度、膽識與人格令人敬仰，具有他人所沒有的超凡「領袖魅力」。西鄉以出身極貧的下級武士家庭而多災多難，躍身成為明治的頂尖開國元勳的雲端，而掉落成為「反政府」魁首的深淵，最後兵敗自刃，未曾享受過「官居極品」的榮華富貴。然而，西鄉的銅像今日仍屹立在東京上野公園入口處以及故鄉鹿兒島機場旁的公園，鹿兒島市內還有祀奉他的南州神社。

西鄉隆盛出生於鹿兒島下加治屋町（大久保利通也出身於此）的下級武士家庭。家貧如洗的困境，17歲開始擔任十年的農政工作，接觸農民同情其困苦，提出改革的建言書，受藩主島津齊彬的重視被重用。1854年隨藩主到江戶參勤，跟

尊攘人士交流。安政大獄時，勤王僧月照打算藏匿薩摩被拒，於是與月照交情甚篤的西鄉抱著他投海自殺，結果月照死去，西鄉獲救後卻被流放到外島。

西鄉與新藩主之父、背後掌權的島津久光就是「犬猿關係」，極不投緣，曾被流刑外島兩次多年九死一生。1864年被赦免回鄉後，西鄉適逢「禁門之變」（7月），指揮薩摩軍與會津軍合作打敗長州軍。

這年西鄉會晤龍馬和海舟得知幕府的掌政者無能，即改以朝廷為中心從事新國家的建設，必須先除掉幕府這個障礙，亦即積極投入討幕運動。因而4個月後的第一次長州討伐，他認為在外國勢力壓迫之下，幕府的這種私鬥不可取而拒出兵，且和議時優遇長州。兩年後（1866），由於龍馬的牽線，長州的木戶孝允跟薩摩的西鄉協議締結「薩長同盟」，不但使第二次討伐長州（1866夏）無力而廢，且積極地加速武力倒幕。

1867年10月，末代將軍德川慶喜被迫「奉還大政」，同日在西鄉跟岩倉具視（長州的公家攘夷倒幕派）的計謀之下取得天皇討幕密敕。只要將軍仍留戀政權而不「辭官納地」依然可以討伐幕府。

翌年初，幕府發動反明治政府的戊辰戰爭，西鄉擔任東海道征東軍參謀計劃攻擊江戶城。後因採納勝海舟的意見協定幕府獻城，成就了江戶的無血開城。

明治維新初期，在岩倉的歐美使節團期間擔任留守政府的首席參議。新政府實施廢藩置縣、學制和徵兵制。西鄉主導的通韓、征韓論在岩倉使節回國後被

西鄉隆盛（1827～1877）。幕末維新三傑之一，與長州藩訂軍事同盟，為倒幕的大功臣。明治10年被迫發動反政府的西南戰爭，兵敗自刃。

否決而下野回鹿兒島鄉里開設私校。惟因地方士族不滿政府而被抬上反政府的轎輿，勃發了西南戰爭成為「賊軍」首魁，結果戰敗，在鹿兒島西邊的城山受傷而自刃，享年49歲。

木戶孝允（1833～1877，享年44歲）

木戶孝允別名桂小五郎，出生於長州（山口縣）萩市的漢醫家庭。7歲時做了桂家的養子，16歲進入吉田松陰的松下塾，因為是武士家的養子，有機會到江戶學習武術。惟20歲（1853）以前卻茫然過日子。在江戶接觸的人物及所見所聞的刺激，改變了木戶的人生。

培里來航對木戶並不算一回事。然則，他和西鄉、大久保三人卻被譽稱為明治維新三傑，亦即他和大久保不屬於「幕末、維新」的三傑之內，他們兩個人的功業有更多在明治維新時期。

青年桂小五郎是劍術達人，可是即使面對敵人也不斬殺而寧願逃跑，因而被綽號為「逃跑的小五郎」。幕末是個瘋狂的流血暴力的時代，不是暗殺別人就是遭殺害，桂在當時真是個稀罕的人物。

在江戶留學數年後回到故鄉長州藩，木戶成長為跟高杉晉作等並肩的尊攘派的大幹部。一方面跟龍馬和海舟有了深交，而有開明的外交觀，不會一味用武力殺戮外國人，盲目排外。

1863年「八月十八日政變」時桂正在京都，長州出身的公卿被罷官，為了「恢復失地」，桂仍留在京都工作。翌年6月，幕府的鷹犬「新選組」發動「池田屋事件」，刺殺了九名尊攘派人士。桂原本預定參加當天的聚會，因發覺沒人而改往他處，這才逃過了劫難。

7月，長州藩發動了「禁門之變」，武力攻擊京都御所的「蛤門」成為「朝敵」，結果被薩摩會津兩藩軍所敗。事變後，桂躲在京都被舞妓幾松所藏匿，在維新後兩人結婚，可說是有情有義的伴侶。

桂回長州後積極倡論討幕，藩主為其改名為木戶孝允。第一次長州討伐（1864
年尾）後，高杉晉作舉兵奪得政權將政務外交委任木戶。公元1866年，在龍馬的
撮合之下跟西鄉締結薩長同盟。翌年（1867）王政復古參加「五條誓文」的起
草。在明治政府初期推動版籍奉還，廢藩置縣。他在岩倉使節團（1871～
1873）擔任副使。回國後，反對西鄉的征韓論，卻因為反對出兵台灣而下野，3
年後病歿，享年44歲。愛妻35歲，即日剃髮入佛門，9年後病卒，又是以義報
情，一段佳話。

大久保利通（1830～1878，享年47歲）

大久保被認定為維新三傑，是一位現實主義的典型政治官僚菁英。他的功業不
在幕末而是在維新初期，締造了近代國家日本政治風土的原型。

大久保小西鄉三歲，兩人同是鹿兒島下加治屋町的下級武士出身的青梅竹馬之
交。司馬遼太郎說這樣的偉人同志出生
於近鄉真是維新史的奇跡。但是兩人的
性格大不同，西鄉豪爽，純粹有理想，
大久保則善於「計算」而「務實」。

藩主島津齊彬賞識而重用西鄉，其弟
久光（新藩主之父）卻討厭西鄉，而大
久保則投久光所好（特別愛圍棋）而受
重用。齊彬死後，利通與西鄉等人組成
攘夷的「誠忠組」（1858）。安政大獄
之後擁護保守的久光為「公武合體」奔
走。慶喜與久光對立後（1863）則跟西
鄉聯手推動「討幕」。

慶喜宣布「大政奉還」（1867）的兩

大久保利通（1830～1878）。西鄉少年時的
伙伴。明治維新促成廢藩置縣，以及日本政府
制度近代化。

個月後，大久保跟長州的攘夷派公卿岩倉具視等人實現「王政復古」，逼使德川慶喜「辭官納地」。

明治2～3年（1869～70）更策劃並實現版籍奉還與廢藩置縣，廢止封建諸侯割據，建立中央集權體制。翌年參加岩倉使節團視察歐美，痛感近代化的必要。回國後，反對西鄉的維新革命輸出朝鮮的「征韓論」，逼使西鄉下野回鄉（1873）。嗣後就任首任內務卿，掌握廣泛權力成為「獨裁的宰相」。

這時各地失去權力地位的不平士族紛起反亂，即以武力鎮壓。西鄉領導的反政府西南戰爭（1877）被認為是大久保所「陷害」的。西鄉敗戰自刃的翌年（1878），大久保在東京紀尾井坂被不平士族所暗殺，享年47歲。

第3節　明治日本近代化的推手

福澤諭吉（1834～1901，享年66歲）

福澤是位著名的思想啟蒙家和教育者。他是日本著名的私立大學慶應義塾的創辦人，現行日本壹萬圓鈔票的肖像就是他。

從幕末邁向明治的時代潮流，不光是社會結構起了變革，人們的意識亦引起很大的變革，意識變革和社會變革互為因果不可分割。相對於西鄉，大久保等人是「社會結構的變革者」，福澤則是「人類意識的變革工程師」。幕末明治的第一位「意識變革的巨匠」非福澤莫屬。

他的名著《勸學（学問のすゝめ）》，據說當時這本書總共賣了340萬部，當時人口約3,500萬人，亦即每10人就有1個人買了這本書。書中的名言如：「天不在人之上造人，人之下造人。」又說：「因此，上天在生人時，萬人都同樣生來沒貴賤之分，……自由自在各互不妨害，各自安樂渡其人生。」

福澤對當時封建的門閥階級制度深惡痛絕，說：「門閥制度是父母的仇敵。」他的父親是九州東北部中津藩士，他2歲時父親在大坂的棧房工作，不得志病

死。諭吉雖出生於大坂，只得遷回故鄉中津。

回到中津以後，他越覺得藩的封建制度的體質令人厭惡，「出生在家老之家者成為家老，出生在步卒之家者便為步卒」，人一出生就不平等的制度阻礙人的進步，社會的發展亟須打破。

培里的大砲打破了幕末的閉塞狀況，日本必須趕快製造大砲，所以必須學習蘭學。福澤20歲時（黑船事件的翌年1854）前往長崎學習蘭學。嗣後回大坂進入日本屈指的蘭學塾「適塾」，4年後成為塾長。

福澤在蘭學界顯露頭角後，被出身地的藩徵召到江戶開設蘭學塾教授藩士（1858，24歲）。這個塾後來發展成為今日的慶應義塾大學。

他在江戶期間前往橫濱時發覺今後是英語的時代，兩年後（1860）隨咸臨丸前往美國，回國後即翻譯出版在三藩市購買的韋氏英英辭典。27歲的年尾，參加幕府赴歐使節團隨行渡歐，回國後將所見聞寫成《西洋事情》。1867年初，再度隨幕府派遣的使節團赴美。慶喜大政奉還後不再在幕府出仕。維新以後，專心從事教育與思想啟蒙寫作。

公元1873年（明治6年，39歲）與森有禮等人創立「明六社」雜誌。48歲時（1882）創辦「時事新報」，發表很多各方面的論述文章，其中最著名最有影響力的是「脫亞論」。提倡日本甚至朝鮮或中國都應擺脫亞洲（中華）的舊陋習，接受西洋的新文明。

「現在，世界交通便利了，西洋文明之風東漸，草木也莫不風靡。……現在東洋的國家有人在抗拒西洋文明的潮流固守自己，這是不可能的。……文明的流行猶如麻疹，有害的流行病果真有阻止的手段乎？何況文明利害相伴而利多於害。故不啻不應防止，毋寧任其蔓延，儘快讓國民沐浴（西洋）文明的風尚。」

接著又指出，在亞洲國家中，文明化成功的只有日本，因為日本做到「脫亞入歐」的西洋文明化。「日本的士人基於重視國家而輕視政府的大義，斷然打倒舊政府（按：指幕府）建立新政府（明治政府），不分朝野一切萬事採取西洋近時

文明，不僅擺脫日本舊套，在全亞洲創出一新機軸，唯以脫亞兩字為主義」。

按脫亞論的後半在指摘中國和朝鮮為何不能文明化，恐將被西方列強所分割，而日本則在期待鄰國的開明，來共同振興亞細亞云云。

大隈重信（1838～1922，享年84歲）

大隈重信不僅是位政治家，更是與福澤諭吉並列名垂青史的教育家。今日東京的名門私立早稻田大學是他在45歲時（1882）創辦的東京專門學校發展起來的。1907年，他70歲時擔任早稻田大學的總長（多所學院的綜合大學校長）。

大隈出生於九州西北部的佐賀藩砲術家的家庭，培里來航時（1853）是16歲的少年。幕末維新期的佐賀藩志士極少的原因是教育制度問題。

佐賀藩的所有上級或下級武士都必須進藩校（公立學校）就讀，他藩如長州，只有上士進藩校，下士如伊藤博文、山縣有朋只好進松下村塾（私塾）就讀。還有一個問題是藩校的閉塞性，學問只是對藩主（鍋島家）奉仕的工具，否定學問的自由。

藩裡有一本教育經典《葉隱》，書中有一名句，「武士道是要找到死」。又說「凡是不為鍋島家奉公的人都不值得尊敬」，是一種極端狹窄的「民族主義」。

生性「反骨」的大隈，首先在「葉隱主義」的藩校點燃學制改革的烽火，主張應加強蘭學中心的教育，組織「義祭同盟」的學生組織，豎起勤王派的旗幟，結果被藩校開除學籍處分。

大隈跟福澤同樣具有敏銳的嗅覺，認識到荷蘭時代已過去了，今後將是英美的時代。於是前往長崎接受英學教育、聖經以及美國憲法。他曾嘗試透過幕府友人勸進「大政奉還」慘敗被處以脫藩。

公元1865年，27歲的大隈開設英學塾致遠館。明治政府成立後（1868）就任九州鎮撫的副參謀，以後官運亨通，35歲（1873）時就任大藏卿（財政部長）。對於鐵路的建設、地租改正（不以產量而以地價為基礎課稅），建立日本

近代化的基礎。抑且反對藩閥政治而組織立憲改進黨，結果被國粹主義者丟炸彈而一條腿截肢。

大隈信念堅強、篤信自由平等主義，雖非幕末的革命志士，卻是維新時代政黨政治的中心人物。他曾經兩度組閣擔任總理大臣，第一次是1898年60歲時，第二次是16年後的1914年，大隈已經滿76歲了。

岩倉具視（1825～1883，享年58歲）

幕末維新期參與革命的志士，成為新政府的推手者少有公家出身的。岩倉是下級公卿，出生於京都。目擊當時朝廷公卿的散漫，深感有改革之必要，乃接近「關白」鷹司政通（後來當了太政大臣，準攝政）而被推薦擔任孝明天皇的侍從（1854，29歲）。培里來航後，岩倉給開明派的鷹司提出意見，認為內政讓幕府治理，外交必須由朝廷（天皇）主導或監督而頗受重視。

在朝廷漸露頭角後，岩倉極力反對1858年的對外通商的「敕許」問題。為了打開難局和實現攘夷勤王的岩倉努力追求「公武合體」政策，盡力於促成和宮下嫁將軍家茂（1862），而被尊攘派認為岩倉是佐幕派，被朝廷貶謫下野蟄居。

蟄居的數年間，岩倉跟大久保利通多所接觸，復歸回京後變成倒幕派。第二次幕府征伐長州中，才21歲的將軍家茂病死。五個月後英年36歲的孝明天皇因天花病逝，公武合體政策殆失去了靠山，倒幕派的勢力頓時大漲。

翌年（1867）正月，16歲的明治天皇即位，局勢對幕府不利，急轉直下，末代將軍慶喜就任才10個月即被逼宣布「大政奉還」。同年12月9日，在岩倉和薩摩（西鄉）的合力之下擁戴明治天皇出席召開朝議後的「小御所」會議，一方面亦取得了天皇討伐幕府的「密敕」。會議的主題是要如何「處理」德川家（慶喜）的問題，不能只宣布「大政奉還」而讓德川家將軍照作領地照佔。

議論中支持幕府的土佐藩前藩主容堂竟然「失言」說出：「擁幼沖天子以圖私用權力。」岩倉即時挺身而出前責斥「無禮之言，這裡是御前！」容堂雖謝罪而

岩倉與西鄉不罷休。在休憩中西鄉向岩倉說：「短刀一把夠了吧！」（意謂把容堂幹掉）。

於是倒幕派乃一鼓作氣，會議從傍晚六點開到深夜兩點，全面勝利，宣布「王政復古的大號令」，慶喜失去一切地位與領土，同時宣布新政府成立新的體制。這個小御所會議的謀略和主導者是岩倉具視。岩倉在新政府擔任副總裁（總裁為親王），後率領視察歐美的使節團（1871～73），盡力於大日本帝國憲法的制定。58歲時（1883）因胃癌病卒。

板垣退助（1837～1919享年82歲）

幕末維新期，土佐藩（四國）出了幾位傑出的志士豪傑。幕末的坂本龍馬和維新的板垣退助尤為翹楚。龍馬如上述撮合薩長同盟，協定「船中八策」成為倒幕的原動力和建設新國家的藍圖。而板垣則在維新政府擔任參議的要職，組織日本史上第一個政黨「愛國公黨」，推動設立民撰議院，而且是自由民權運動的第一號旗手。

板垣出生於土佐藩，24歲時被藩主山內容堂拔擢為近侍。後來又擔任在江戶的藩邸的總裁，並組織藩主的近衛隊任隊長，這個部隊成為土佐藩兵的中心戰力。

土佐藩主是公武合體論者，板垣則主張倒幕而辭職到江戶學兵學（28歲）。兩年後參與土佐藩士中岡慎太郎和西鄉隆盛締結倒幕的「薩土同盟」（1867年6

板垣退助（1837～1919）。與龍馬同樣出身土佐（四國高知）。為明治自由民權運動第一旗手，晚年抵台灣與林獻堂合作組織「台灣同化會」。

月）。四個月後，慶喜宣布「大政奉還」。

翌年初戊辰戰爭勃發，擔任討幕軍參謀，成為新政府軍內的重鎮。明治政府成立（1868）以後，為代表土佐藩（4人）的參議。板垣與西鄉支持「征韓論」（最高決定機關的「正院」所通過）卻被岩倉與大久保所「否決」，憤而辭職下台，是為明治六年（1873）的政變。

當時政府重要職位的構成要員殆由薩長土肥四藩的出身者所獨佔，被稱為「藩閥政府」。對此板垣頗為不滿乃提出主張「確立國民的自由與民權，設立民撰議院，實行基於公議的政治」。

公元1874年正月，板垣與副島正臣等人組成「愛國公黨」，向「左院」（立法審議機關）提出「民撰議院設立建議書」，為自由民權運動開響了第一炮。

不久，愛國公黨解散，板垣回故鄉設立「立志社」普及民權思想（1874）。翌年，在大阪設立「愛國社」，44歲時（1881）組成「自由黨」任黨首。第一次大隈重信的內閣（1898）被稱為「隈板內閣」，擔任內務大臣，以後退出政壇。

晚年的板垣跟台灣有一段因緣，1914年秋天，77歲的板垣在東京會晤林獻堂，聽林訴說台灣人的處境甚表同情。這次會晤成為兩人合作組織「台灣同化會」的契機。

1914年春，板垣抵台在各地演說呼籲在台日人應善待台灣人。返日決定創設「台灣同化會」，並徵得大隈首相的同意以及兩院議長政要多人的支持。同年11月，板垣再度來台發表同化會的趣旨書，設立日台同化機關使日台兩者成渾然一體。翌（12）月在總督府捧場之下，在台北正式成立同化會大會。同化會由板垣任總裁，台灣人熱烈歡迎，而日本人卻興趣缺缺，會員3,178人中，日人只有44名。

別說日本人不願同化而失去特權地位，即連林獻堂也不想同化，一生絕口不說日語。因而，這樣「同床異夢」的同化運動很難期待。果然，日本人乃群起反對，總督府被逼以「妨害公安」為由，於翌年正月下令解散。板垣的熱情與心血

空勞一陣，「同化會」才1個多月即夭逝。

山縣有朋（1838～1922，享年83歲）

日本近代陸軍基礎的確立者，被尊稱為「陸軍之父」。山縣出生於山口縣的萩藩，跟伊藤博文同樣身分低微又貧窮。20歲時與伊藤等人被派遣去京都，後來進入吉田松陰的松下塾。五年後（25歲）參加奇兵隊，被拔擢為軍監。翌年（1864），英法美荷四國艦隊炮擊下關時受傷，痛感軍制與武器改革的必要。認為用刀槍的「小攘夷」之不智而轉向開國論。

在第二次長州討伐戰時（1866）率領奇兵隊作戰。1868年1月，慶喜幕府發動的戊辰戰爭勃發，山縣率同奇兵隊擔任北陸道（東征幕府）總督的參謀參加長岡與會津等戰役。

翌年（1869），山縣與西鄉赴歐洲調查兵制，即著手改革軍事制度統一為法國式。1872年，兵部省改制分置分陸軍省和海軍省。翌年頒布「徵兵令」，不論士族、平民，男子滿20歲都要做三年兵的義務。美中不足，山縣主張的「國民皆兵」卻另有「免除」（兵役）的規定。實際上被徵兵的多是下層農民的次男或三男，而引發反對徵兵的「一揆」。

山縣在明治政府初期擔任首任陸軍卿兼參議。西南戰爭時任征討軍參謀，1885年（47歲）出任日本首屆內閣（伊藤博文首相）的內務大臣。日本帝國憲法頒布後（1889）曾就任首相（1889～91），七年後第二次組山縣內閣（1898～1900）時60多歲，日俄戰爭（1904～05）擔任參謀總長，長壽的軍人山縣於大正11年（1922）病死，享年83歲。

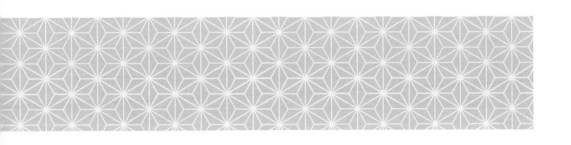

第XIV章

日本文化史概觀 上篇

繩文 12,000年前	彌生 紀元前5世紀 （近千年）	大和 3世紀後半～590 （300多年）	飛鳥 590～710 （120年）	奈良 710～793 （84年）	平安 794～1185 （390年）

確認「文化」的涵義

　　「文化」一詞的涵義，可以參考第 I 章的第3節。文化既是人群共同體的生活方式或樣式，那麼，不論是草昧未開或是文明開化了的人群共同體（社會）當然各有其文化。惟一般對未開者視之為「低級」的文化。反之，已開化者稱之為高度文化，則前者為「野蠻」文化而後者為「開明」文化。

　　然而文化的價值觀畢竟不能準此單純評論。蓋文化的內涵至少包含物質的與精神的兩種層面，而尤其精神文化決沒法單純分析評論。文化的物質面每多易援用文明的尺度來衡量，而精神面尤其是宗教的或甚至文學的道德的倫理的，價值的尺度之衡量，必須深入歷史的深層中去探索、發掘才能找出更真實的面相。

　　亦就是說，要欣賞日本的文化，仍然不能捨經由歷史去發掘，離開了歷史，文化可能呈現在廣泛的沙漠裡。這裡，為了接近（approach）日本的多種文化，先進入歷史，概觀文化史的面貌。

第1節　眺望古代文化的浪漫

　　人類社會的文化演進的過程，容有時間上的遲早，而其過程的階段則是「大同小異」的。亦就是，人類社會的進化，主要由於生活上和生產上所使用的工具而發展的。其進化的階段一般是：石器時代、陶器時代、銅器、鐵器（金屬器）時代。這些器具，也就是生活的工具和生產的工具。日本文化的演進，自不例外地循這些過程逐步地發展成熟。

繩文式文化時代（11,000BC～1,000BC）

　　居住在列島的人們，為了生存，生活上最首要的是「食」。亦即收集食材、食料然後設法使成為能夠吃以果腹，必須有適當可用的「工具」，亦即道具或方法。最原始現成的工具自然是石頭。所以說石器時代是人類社會文化演進的最初

的原始時代。

日本列島的人們在經歷了這種靠石器採集食材，加工石器來做為生活道具的石器時代。在石器時代的末期進入另一個採用新道具的時代。所謂新道具是指加工土製的工具，即陶器（土器）。生活上採用陶器的時代，在日本的歷史上分為兩個不同的時代，繩文式（陶器）文化時代和彌生式（陶器）文化時代。

繩文式時代，在時間上大約距今13,000年前，亦即公元前11,000年起持續了約1萬年至公元前1,000年左右。（相當於中國的殷周兩朝交替時）

繩文時代跟石器時代，文化上最大的不同就是有了陶器。製造陶器以「煮」東西吃，可以「盛裝」食材。利用土加工製造土偶以供信仰之用，加工土棒象徵男根用於祈願豐收的咒術。而最重要的生活道具的陶器壺、甕、鉢等的質地厚，多黑褐色。特別是用繩子或纖維在表面壓印繩目或隆帶文痕故稱之為「繩文陶器」。

此外，食材的來源是漁獵和採集（尚無農耕），其工具仍要採用石器，不過，已經加工進步，精細而銳利多了。他們住的是「豎穴住居」，在地面掘50公分深處做為地面蓋起房子，5～6軒（戶）形成一個小聚落，已經開始「定居」式的生活了。

彌生式文化時代（1,000/500BC～250AD）

日本史上的「彌生文化」，一言以蔽之就是「農耕水稻」的文化。這個時代製造的陶器跟繩文陶器不同，最顯著的不同在彌生陶器沒繩目，紋樣很少。它的質地薄、高溫燒成赤褐色，種類有炊煮用的大小甕，貯藏用的大小壺和盛裝用的高杯。

彌生文化繼承了繩文後期的文化，在時間上開始時期有兩種說法：一為西元前1千年左右，一為更晚的前5百年而延續到公元第3世紀。

繩文 12,000年前	彌生 紀元前5世紀 （近千年）	大和 3世紀後半～590 （300多年）	飛鳥 590～710 （120年）	奈良 710～793 （84年）	平安 794～1185 （390年）

彌生文化的特色有以下五項

（1）水稻農耕：食料的入手從採取進入生產的階段。

（2）開始使用金屬器：青銅器主要為祭器，鐵器為主要的武器和加工具用。

（3）開始引進了機織技術。

（4）彌生陶器的製造。

（5）稻作農具多種，蓋建木製高架倉庫。

彌生時代的水稻農業於公元前第4世紀在北九州開始，不到1百年即傳播到伊勢灣沿岸，然後擴及東北地方。惟彌生文化的領域狹小的原因是受限於適合稻作的環境，所以寒冷地帶的北海道不在此文化圈。

由於稻作的普及，人們生活的舞台乃從丘陵、海邊而遷移到低地。住居仍然是「豎穴住居」。

農耕發達的同時，鐵器的普及促進了生產力的提高，使農產物有蓄積的可能而產生貧富之差，甚至有了身分的差別。社會關係與結構發生了大的變化。聚落內逐漸出現了強有力的「頭人」，在確保水稻農耕的水資源，治水灌溉紛爭時統率聚落地域的首長。各種集團鬥爭後產生了豪族以及集團聯合體的（小）國。大規模的「環濠聚落」正是這種地域的支配者的據點。

這個時期（尤其是彌生晚期），以近畿為中心，從九州到東日本各地，墓穴周圍建造方形溝叫「方形周溝墓」。而強有力的首長則建造大型「墳丘墓」，為古墳文化時代的序幕。

古墳文化（第4～7世紀）

日本史上第3世紀後半到第7世紀的三百多年間建造了許多巨大的墳墓。尤其是世界最大級的墓，前方後圓形墳的出現，極目眺望過去，讓人產生迷幻的浪漫的遐想，那是日本獨特的古墳文化奇觀。

繩文時代的日本人彎曲身體和手腳將遺體「屈葬」。到了彌生時代則在墓的周

圍用溝圍起來建造「周溝墓」，或在墓塚上安置巨石成為「支石墓」，亦有把墓龜盛上數米高的「墳丘墓」。

大和政權在奈良成立後，豪族們的巨大墳墓、古墳開始誕生，其後日本全國各地皆有築造。古墳共同的特色是前方後圓的規格化。古墳的築造跟大和政權的統一過程同一軌跡，在第4世紀中葉普及全國。

古墳的特徵隨年代而不同。初期（3世紀中葉～4世紀）以圓墳、方墳、前方後方墳、前方後圓墳等，築造在丘陵或台地上。主要分布在近畿瀨戶內海沿岸。副葬品以銅鏡和玉器為主。

中期（5世紀）的古墳急遽地巨大化，出現在大坂平野南部的河內地方。就中最大的仁德天皇陵（大仙陵），其墳丘的長度達486公尺。（參照第Ⅵ章第6節）

後期（6～7世紀後半）的墳墓以有勢力的豪農開始建造較小規模的古墳，數量急遽地增加，稱作「群集墳」。由於大化革新（646）頒行「大化薄葬令」要求墓的規模縮小，這才使古墳時代落幕。

第2節　古都奈良文化的開花

奈良地方位於大坂府的東邊，京都府的南邊。大坂跟奈良的境界，北界有生駒山地（山嶺不高，約500公尺），南界有金剛山地，高山不多，高者不過1千公尺上下。

現在的奈良縣南半部屬於紀伊山地，2千公尺上下的高山峻嶺連綿的山區，自非營造高度文化的舞台。作為日本「統一國家」最早的「首都」或統治權力所在的「宮都」的奈良地方，指的是奈良縣北半部地域。域內的都市奈良和天理等標高都在50公尺左右，包括北部的奈良市、奈良南邊的天理市與櫻井市，以及北半的西南和南部的飛鳥盆地，現在的葛城市、橿原市以及明日香村。這些地方正是日本史上「統一國家原型」的大和政權（朝廷）的「王都」（宮都）所在地。

在這裡，從第6世紀後半開始出現了高度文化。古代「奈良人」所營造的眾多

繩文	彌生	大和	飛鳥	奈良	平安
12,000年前	紀元前5世紀 （近千年）	3世紀後半～590 （300多年）	590～710 （120年）	710～793 （84年）	794～1185 （390年）

文物遺跡中，法隆寺於公元1993年，東大寺和春日大社等八件則於1998年分別被由UNESCO（聯合國教科文組織）認定並註冊成為世界文化遺產（詳參照拙著《日本世界文化遺產巡禮紀行》2018，台北，遠景）。

從第3世紀中葉以後進入大和朝廷的時代（350～590），文化史上最突顯的特色是前述的古墳文化。接著從第6世紀中葉到第8世紀末葉的250年間，從文化史的觀點可區分為三個時代；

（1）飛鳥文化時代（6世紀中葉～7世紀前葉），飛鳥、斑鳩地方為中心地。

（2）白鳳文化時代（7世紀後半～8世紀初），飛鳥地方及其北部的藤原京為中心地。

（3）天平文化時代（第8世紀），中心地為平城京奈良。

飛鳥文化的特色與文物

飛鳥文化的營造，其中心人物就是聖德太子（574～622），他的姑母推古天皇為亞洲第一位女帝。聖德太子被任命為攝政，他推行的政治可以說是文化國家的建設。當時「王都」（大王）所在地是飛鳥（奈良市西南飛鳥盆地），所以叫「飛鳥文化」。這裡也是日本人心靈上、精神上的原鄉。

飛鳥文化的基調最大特色，為最初的以佛教為中心的文化。公元538年（一說552年）佛教傳

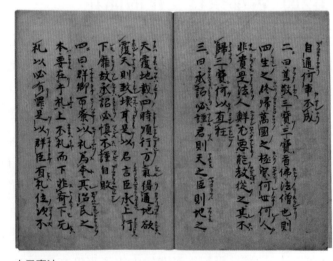

太子憲法

來日本，在此前已有渡來人（歸化的大陸及半島的移民）信仰佛教。

第6世紀末，聖德太子執政推行振興佛教的政策，派遣隋使引進隋國文物制度。太子不但頒行「興隆佛教」之詔，他的「十七條憲法」中更獎勵信仰佛教。在這樣的背景下，佛教寺院、佛像以及佛學經典的研究蔚成風氣，佛教文化開花燦爛。

最古的飛鳥寺（又名元興寺），繼而聖德太子在難波（大阪東部）建造四天王寺，於607年在大和（斑鳩里）蓋建法隆寺，是為世界最古的木造建築物群。

佛像的彫塑：佛寺內配置許多佛像，造像的樣式多受中國南北朝，尤其是北魏的影響。飛鳥寺的本尊釋迦如來像是現存最古的佛像（金銅像，佛師鞍作鳥之作）。法隆寺金堂內的釋迦三尊像（金銅像，作者同為佛師鞍作鳥）和夢殿內的救世觀音像（楠木像）都是北魏的樣式。

此外屬於百濟或中國南朝樣式的佛像，主要有中宮寺和廣隆寺的半跏思惟像（姿態為一腳彎曲靠在另一腳上），亦即彌勒菩薩像，以及法隆寺的百濟觀音像。

寺院的建築大多受外國樣式的影響。例如法隆寺的中門的圓柱類似古希臘神殿的「列

飛鳥寺的本尊釋迦如來，通稱「飛鳥大佛」。現存佛像為原本作品經過歷代修補而成。

中宮寺半跏思惟像。

柱」，底部比頂部粗大，而胴的中部略鼓脹。

繪畫和工藝品也多以佛教為題材，而且受中國六朝樣式，甚至東羅馬、波斯等的影響，例如忍冬唐草文樣。歌舞音樂方面有百濟的歸化人味摩之（Mimasi）傳來「伎樂舞」，在寺院裡、法會時演奏。

佛教學術方面，聖德太子著有佛經的註釋書《三經義疏》（三經指法華經、維摩經和勝鬘經），後來在奈良時代（710～793）被輸入唐土，頗受好評。

白鳳文化的特色與文物

第7世紀後半到第8世紀初，飛鳥時代（590～710）的後半，在飛鳥盆地的北部藤原京為中心營造的文化。

大化革新（645）以後，天武天皇以武力奪得政權，他的妻后繼位為持統天皇的時代，遷都藤原，律令國家逐步形成。這個時期的文化受初唐的影響，其特色是清新、樸素有活力。天武天皇擁有絕大的權力，而持統女帝亦頗有作為，領導律令國家的形成，貴族階層為中心創生出有充實感的文化，乃以佛教文化為基調。

佛寺的建築以藥師寺最著名，它是天武天皇為祈願皇后的疾病康復發願所建，於698年完成（在藤原京）。藥師寺的東塔雖是三重塔，各層附有「裳階」，外觀似是六重塔。塔上有避免火災的火炎狀的裝飾「水煙」，它裡邊透彫24個天衣飄揚，奏樂祈福的天女。

彫刻方面，有法隆寺的阿彌陀三尊像、夢違觀音像。藥師寺有藥師三尊像、聖觀音像都是金銅像。

繪畫則有法隆寺的金堂（正殿）的壁畫和飛天圖。明日香村高松塚古墳內的壁畫（1972年調查）被推定是這個時代的作品。

這個時代也留下很多格調高的卓越的文藝作品，收集在《萬葉集》裡的和歌，屬於該和歌集初期的作品。

天平文化的特色與作品

公元710年，天武天皇的皇后（即女帝持統天皇）的妹妹元明天皇，從飛鳥盆地北部的藤原京遷都到北邊的奈良平城京，進入「奈良時代」（710～793），亦即第8世紀的1百年間是古都奈良文化的鼎盛期。平城京為中心的貴族文化繁榮，乃以極盛時的聖武天皇時的年號「天平」稱之為天平文化。

這個時期文化的顯著特色主要的是繼續白鳳文化期唐國文化的影響，更深入地移植盛唐的文化，營造出國際性豐富的文化。同時，中央集權的律令國家體制已經完成，國家的財富聚集到中央，透過遣唐使引進盛唐的先進文物制度。佛教成為「國教」（聖武天皇和女兒孝謙天皇），佛教文化即在「鎮護國家」的思想平台上開花結實。

國家佛教的發展：依據佛教謀求國家的安定是為「鎮護國家」的思想。聖武天皇說自己是「三寶之奴」，他未出嫁的女兒孝謙天皇（重祚為稱德天皇）甚至出家受過戒為僧尼，任用僧侶道鏡為太政大臣。南都（奈良）有佛教六宗，又有七大寺。

佛教寺院的建築不但中央（首都奈良），地方各「國」有官營的大寺「國分寺」和「國分尼寺」。在奈良，除了舊寺新建的有著名的東大寺的金堂（大佛殿）、法華堂、正倉院等，以及唐招提寺金堂、法隆寺的夢殿。

東大寺的大佛殿是作為護蓋盧舍那佛的堂殿，跟大佛的鑄造同時並行建造的（8世紀後葉）。

天平的美術以佛教美術為主軸留下非常出色的成果。彫刻美術越趨圓熟，而更加寫實的傾向，可以看出技術的進步。銅像、木像、乾漆像和塑像都有，後兩者成為主流取代了前代的前兩種，作品全都是佛像。

著名的佛像有東大寺的盧舍那佛、不空羂索觀音像、四天王像，新藥師寺的十二神將像等。

奈良東大寺與盧舍那佛。

　　繪畫、工藝方面，有藥師寺的吉祥天像，東大寺的八角燈籠、螺鈿紫檀五絃琵琶（正倉院）等。

　　天平的學問與文藝：學問的前提是漢文學，作詩、作文為學問的主流。漢詩集有《懷風藻》（751），是天皇、皇族和貴族之作，模仿唐文化的色彩濃厚。

　　學問發達的成果，史書有《古事記》、《日本書紀》和《風土紀》等作品。代表天平文化的文藝作品非《萬葉集》莫屬。它收集了奈良時代及其前的古代人的「和歌」4,500首，彙編為20卷，是日本最古的和歌集（759）。

第3節　平安京傳統文化的幽香

　　桓武天皇於公元784年從奈良遷都到長岡京（京都西南邊），10年後再次遷都到京都命名為「平安樂土」是為平安京。日本的歷史乃進入「平安時代」（794～1185），延續了將近4百年而被武士政治的鎌倉幕府所取代。不過國都仍在京

位於京都宇治市的平等院鳳凰堂，在公元1053年所謂的末法元年創建，為人心思淨土的象徵。1994
被登錄為世界文化遺產。

都，直至明治維新（1868）遷都東京，長達1074年之久，號稱「千年古都」。

　　平安時代的4百年間，以京都為中心，所營造的日本傳統文化，就其特色來考
察，可以分成前、中、後三期。

（1）前期：弘仁、貞觀文化（9世紀初～9世紀後葉），弘仁是嵯峨天皇的年號
　　　（810～823），貞觀（857～876）為清和天皇的年號。中心地為京都，主
　　　要推手是貴族。

（2）中期：國風文化（10世紀～11世紀後葉）攝關政治的時代。「國風」即日
　　　本式，中心地為京都，主要推手是皇族和貴族。

（3）後期：院政期文化（11世紀末葉～12世紀末葉），文化的中心地為京都周
　　　邊以及地方（普及）。院政意為天皇退位後繼續操縱政治。

以下分述各期文化的特色及主要作品、遺產。

弘仁、貞觀的唐式文化

　　平安初期，在新都城洋溢著開創新時代的活氣，展開了多彩的文化。主要的特色是唐的文化被消化成熟，在宮廷裡漢文學的隆盛發展。以文藝為中心，追求國家隆盛的「文章經國」思想的開展。佛教裡新的佛教特別是密教的興隆。

　　貴族之間，基於儒學的教養，對中國文學或歷史的學習蔚為風氣。漢文體的國史「六國史」撰成。大學的教科中「文章道」最為興盛，貴族多有私設書院學習。漢詩文的盛行，乃有敕撰漢詩文集問世，是為這個時代特異的事象。

　　嵯峨天皇對漢學造詣甚深，他敕撰的有《凌雲集》（814〔弘仁5年〕）和《文華秀麗集》（818，〔弘仁9年〕）。淳和天皇敕撰的有《經國集》（827〔天長4年〕）。

　　這種文化風潮中，個人的漢詩文名作首推空海（弘法大師）的《文鏡秘府論》（819～820）和《性靈集》（835）。此外，僧侶景戒的《日本靈異記》

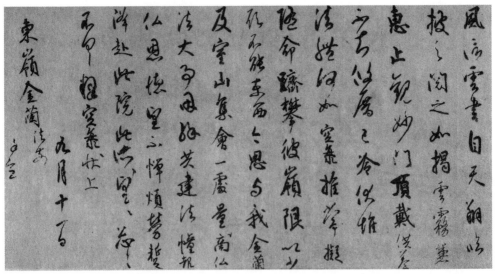

被視為空海書道代表作的「風信帖」。

（822），被尊為學問之神的菅原道真有的《類聚國史》（892）和《菅家文草》（900）等作。

　　佛教方面，追求現實幸福、利益的「實踐」的佛教取代了奈良時代鑽研經典的佛學，特別是密教的流行。這個時代出現了兩位平安佛教的奠基者，日本佛教界的巨星，最澄和空海。

　　傳教大師最澄長空海7歲。兩人同時（804）入唐求法，歸國後最澄開創天台宗，中心經典為《法華經》。後繼者圓仁和圓珍正式引進密教。空海入唐特別學習密教，歸國後開創真言宗。天台和真言兩宗均藉由加持、祈禱謀求現世利益，而為皇室和貴族所接受。

　　相對於依據經典學習釋迦的教誨，修行以達到徹悟的顯教所不同的，藉由祕密的咒法去接觸佛的世界以求得救濟者為密教。天台宗的密教叫台密，真言宗的密教叫東密。

　　一方面，聖武天皇的女兒孝謙女帝提倡神佛合一信仰以後，神社境內建立神宮寺，佛教跟在來信仰的眾神融合，繼而產生了佛與神本來是同一的思想，且在神前讀經，這使佛教深入民間。神與佛還有一種關係，即神是佛的化身，是所謂「本地垂迹」說。

　　當時的建築，寺院多建立在深山幽谷，隨地形配置，有大和的室生寺金堂和五重塔。美術一般稱為弘仁美術，以佛教藝術為中心。

　　佛像的彫刻和佛教的繪畫受密教的影響，富於神秘性。佛像多屬木彫像，佛畫則以曼荼羅（梵語mandala）最為特色。

　　這個時期書道（法）興盛，為貴族所不可或缺的教養之一。嵯峨天皇、空海和橘逸勢被譽稱為「三筆」。空海的「風信帖」具有唐的勁健之風。

國風文化

　　公元894年遣唐使廢止以後，不再引進、模仿唐的文化，而以既引進的大陸文

繩文	彌生	大和	飛鳥	奈良	平安
12,000年前	紀元前5世紀 （近千年）	3世紀後半～590 （300多年）	590～710 （120年）	710～793 （84年）	794～1185 （390年）

化進行融合日本固有的文化發展出列島獨自的和式文化。貴族失去了擔當國政的資格，被圍繞在京都美麗的大自然的狹隘天地生活，而從他們的生活型態和趣味創造出優美、華麗而感性的日本式文化。

第10和11世紀的200年間，日本文化的特色是日本獨特的「國風文化（和式文化）」。而最能顯示這種文化的發展者厥為國文學的隆盛。

漢文學雖然在平安初期頗為繁盛，但到了中期就沒能振作了。漢文學被侷限於特定的門閥世襲而衰退，代之而起的是國文學的興盛。

國文學之所以能興盛的基礎、背景主要是「假名」的發達成熟。日本自古即借用漢字作為音標文字表記日語音，《萬葉集》的詩歌就是採用這種方法。因而特稱之為「萬葉假名」，史書《古書記》和《日本書紀》亦不例外（詳前述第五章）。

第9世紀時，萬葉假名的草書體（漢字）被簡化成為「平假名」，而漢字的一部分被挑出來做為表音字母叫「片假名」。這兩種的假名字形經長年的「試行錯誤」，千錘百練後於第11世紀形成統一「定型」的字體而被廣泛地使用。日本人就運用這三種假名，把他們的纖細的感覺、感情充分生動地表現傳達出來，造就國文學發達的盛況。

國文學的代表作，首推醍醐天皇敕撰由紀貫之編撰的《古今和歌集》（905）。傳奇物語的名著有紫式部的《源氏物語》，而最古的物語是《竹取物語》，歌物語則有《伊勢物語》和《大和物語》。日記隨筆的名作有《土佐日記》（紀貫之）、《枕草子》（清少納言）、《紫式部日記》等。公元905～1205年的三百年間先後敕撰的八種和歌集總稱之為《八代集》。

這個時代（平安中期）國文學之所以發達的基礎是三種假名的成熟，而文學的發達特色為貴族文學、宮廷文學，尤其是女流文學的出色，紫式部和清少納言的作品不失為千古佳作。

第11世紀初是攝（政）關（白）政治的全盛期，律令政制趨於沒落。佛教的信

鎌倉 185〜1333 （148年）	室町 1338〜1573 （235年）	安土桃山 1573〜1603 （30年）	江戶 1603〜1867 （264年）	明治 1868〜1911 （44年）	大正 1912〜1925 （14年）	昭和 1926〜1988 （63年）

仰最突出的現象是淨土教的盛行，建築和美術工藝的創作亦圍繞淨土教發展出新的面向。

神與佛的關聯益趨密切，所謂「神佛合一」的信仰盛行，由是產生的「本地垂迹說」更加深化，本地佛（菩薩）化身為日本的（權現），例如：大日如來→天照大神、阿彌陀如來→八幡神、聖觀音菩薩→大山祇神等。

同時，為了逃脫避免怨靈或疫病的災厄而流行「御靈會」的信仰。舉辦的地點都在京都市區。由於貴族失去政治舞台，生活環境與保守退縮的習氣被迷信所愚弄，而沈溺於佛教的加持祈禱的迷信。一方面被陰陽道（天文曆數，時日、方位與吉凶）所綁架。對佛教的信仰完全失去奈良時代鎮護國家或平安初期哲學傾向的性格。只想對現世的不安有所逃避以追求來世能往生於極樂淨土。

淨土教並非佛教的獨立宗派，10世紀後半時，在京中傳教誦唸阿彌陀佛，稍後有源信著述《往生要集》，倡說念佛往生（985）。這個時候，社會上正流傳佛教的「末法思想」。佛滅後經過正法、像法和末法三期，世間乃漸次墮落，發生天災地變（末世）。公元1052年是末世開始之時，人們害怕末法的到來深感不安乃紛紛投身依附阿彌陀佛。

建築和美術工藝的國風特色，貴族的住宅呈現日本式情趣的「寢殿造」。屋裡的隔扇和屏風除了從來的唐繪，還加上描繪日本的風物題材的大和繪。

佛教寺院的建築中，京都南部宇治川邊的豪華壯麗秀逸的平等院鳳凰堂於1093年落成，現在還在飄散古色的幽香，而醍醐寺的五重塔和法界寺的阿彌陀堂亦為代表作。

佛像的彫刻代表作有平等院和法界寺的阿彌陀如來像，都是「寄木造」（使用數根木材接合之作法）。繪畫的最大特色是內容題材為「來迎圖」，描繪阿彌陀如來由眾多菩薩陪同從西方淨土前來迎接念佛的行者的情景，「高野山聖眾來迎圖」（11-12世紀初）為現存最大的圖。

平安末期（院政期）的文化

第11世紀末期到12世紀末的一百年，亦即白河上皇開始院政（天皇讓位後為上皇，把天皇視當太子，自己執政稱為院政）到源賴朝開創幕府的武士政治（1086～1185），是平安時代的末期。這百年間院政盛行，文化史上可稱之為院政期文化。

文化營造活動的舞台從京都周邊的離宮（白河殿、鳥羽殿）普及到地方（奧州平泉中尊寺金色堂等）。文化活動的推手由上皇、貴族而武士以及一般庶民，展開了社會大眾的庶民文化。

此期文化的顯著特徵有三方向：一為淨土思想的蔓延擴大，二為今樣、田樂和猿樂的流行，三為傳說集、歷史物語、軍記物語和繪卷物盛行。

平安的貴族文化發展到這個時期乃滲入新抬頭的武士與庶民及其背後的地方文化，產生新鮮豐富多彩的新文化。亦即貴族文化和庶民文化開始進行交流。

淨土教的思想遍布全國各地，法然提倡只管唸誦「南無阿彌陀佛」，誰都能夠往生極樂（淨）土，於1175年開創了淨土宗。

淨土宗的建物有奧州平泉（岩手縣南部）中尊寺金色堂（1124年建，被登錄為世界文化遺產），盛時有40餘座的堂塔。福島縣的白水阿彌陀堂（1160），九州豐後（大分縣）的富貴寺大堂等都是地方豪族所創建的淨土教關聯的建築以及美術（堂內有來迎圖壁畫）。

著名的彫刻作品首推京都蓮華王院三十三間堂內的千體觀音立像和千手觀音坐像。京都南的淨瑠璃寺內的九尊阿彌陀佛合掌的不同手形，示意前往極樂往生的九種不同途徑。

繪畫的特色是將故事的進行描繪成卷的「繪卷」，除了大和繪添加上故事的詞語，即畫與詞交互貫通起來。題材多屬民眾生活和民間習俗，武士與農民、庶民的生活廣泛地被描繪出來。這方面的作品有「源氏物語繪卷」、「信貴山緣起

繪」、「伴大納言繪卷」、「鳥獸戲畫」、「扇面古寫經」等。

文學創作出現了新的「體裁」與內容，民間傳說故事的《今昔物語集》，軍記物語有《將門記》和《陸奧話記》。歷史物語有《榮花物語》與《大鏡》，描述藤原氏的榮華故事，有批判也有讚美。

白河法皇編撰的《梁塵秘抄》收錄當時流行的歌謠「今樣」和古代的歌謠「催馬樂」。這些流行歌謠和種田插秧時祭祀的「田樂」以及起源於唐樂之一的曲藝、奇術的散樂戶「猿樂」都是這個時代新興的技藝表演的文化。

第4節 鎌倉文化及其特徵

鎌倉時代指公元12世紀末葉到14世紀初，亦即1185年到1333年的148年間。這個時代國家的首都在京都，但是實際政治的運作，亦即政權的舞台在鎌倉（東京西南方）。西方的京都扮演文化都城的角色，文化的推手為公卿和貴族，而東方的鎌倉則扮演政治都城的角色，文化的推手為武家和庶民。總地來說，公卿繼承了傳統文化，而武士和庶民所支持的新文化形成起來。

鎌倉文化顯著的特色為，京都的公卿貴族文化和鎌倉的武士、庶民文化的兩面性。後者的武士文化樸實質直的風尚習性，而庶民大眾多被新產生的許多佛教宗派提倡的平易近人的念佛往生的信仰所吸引。鎌倉文化的另一面特色可以說是新興的鎌倉佛教。

鎌倉新佛教的多元信仰

第12世紀末葉以後，政治的實態為政權由京都的天皇掌中轉變為鎌倉的將軍武士執政，進入武士政治的時代。這種政治上的大地震，引發了社會、經濟、思想各方面的海嘯，影響之廣之大真難想像。

人們的精神生活主要的是宗教信仰，鎌倉時代佛教出現了好幾位高僧，各有獨特的「說法（佛法）」，形成不同的「新」佛教宗派。而且，影響到神道的信仰

產生新的神佛關係說。

（1）法然：在比叡山學佛後下山，在京都東山布教專修唸佛，「南無阿彌陀佛」很容易，是唯一往生的方法。對象為京都的公卿、武士，後來被尊奉為「淨土宗」的開山祖。

（2）親鸞：法然的弟子，跟法然一樣被舊佛教所排斥非難而遭流刑。後來在關東各地農村布教，倡說「惡人正機」的教義，即「惡人」（煩惱深的人）才更是阿彌陀佛應該要救濟的對象。其教說廣布農民和地方武士之間，成立淨土真宗（一向宗）。

（3）一遍：倡說不論善人或惡人有無信心，所有的人只要唸佛而且是「踊念佛」必能得救。雲遊諸「國」布教，在武士和農民階層流布，被稱為時宗（遊行宗）。

（4）日蓮：先是學習天台宗，後來認法華經才是釋迦的「正教」。主唱「南無妙法蓮華經」以求得救。在鎌倉各地布教卻攻擊他宗而被幕府迫害。日蓮宗亦即法華宗，在關東武士層商工業者間發展。

（5）榮西：12～13世紀之間，在關東的武士階層禪宗的勢力挺大的。主張坐禪鍛鍊自身以接近釋迦的境地的禪宗在宋國盛行。榮西曾兩度入宋（天台）傳來禪宗。他並善於密教、祈禱，為公卿及幕府首腦所歸依，成為臨濟宗（禪宗一派）的開山祖。

（6）道元：主倡只管打坐，徹於坐禪，閉居山中開創了曹洞宗。師事榮西，重視坐禪本身，完全不重視舊佛教要求的戒律或學問。

鎌倉新佛教的這些主張，廣泛地為武士和庶民開啟門戶，只要選擇一種「道」（念佛、題目、禪）便可以獲得救濟。

佛教與伊勢神道

鎌倉新佛教盛行的背景之下，在思想界出現了不可忽視的「伊勢神道」。

平安時代以來，僧侶之間盛行「神佛合一」或「本地垂迹」說賦予日本古來的神祇信仰以理論基礎。不過，對這種以佛為主，神為從，亦即神是本地佛的化身（權現）的「本地垂迹說」，伊勢神宮的神官度會家行著述《類聚神祇本源》，主張「神本佛迹」說，亦即神為主，佛為從，佛才是神的「權現」（化身）。

中世鎌倉文學的興起

鎌倉時代的文學中有名的作品，和歌代表作有西行法師的《山家集》和藤原定家的《新古今和歌集》。歷史書有《水鏡》、《愚管抄》、《吾妻鏡》等。傳說故事有《十訓抄》和《古今著聞集》等。紀行文學有《東關紀行》記述1242年從京都出發到鎌倉的途次，《海道記》是1223年頃記述京都和鎌倉間的東海道見聞。隨筆的名著有鴨長明的《方丈記》（1212）和兼好法師的《徒然草》（1331）。軍記物語有《平家物語》和《源平盛衰記》等。

此外，《萬葉集註釋》用字的分析，《釋日本紀》是民間最初的《日本書紀》註釋書。榮西的《興禪護國論》，道元的《正法眼藏》為著名佛書。

造型美術的新動向

建築的造型有「大佛樣」、「禪宗樣」（即唐樣）、「和樣」和「折衷樣」。

平安末期，由於源氏與平氏的爭戰被燒失的奈良諸寺逐步復興，除了武士精神，建築美術工藝繪畫各領域都產生了新的傾向。

東大寺南大門重建是「大佛樣」，圓覺寺舍利殿為「禪宗樣」是從宋（中國）傳來的樣式。南朝行在所的觀心寺正殿屬於「折衷樣」，以和樣為主，而一部分採用禪宗樣或大佛樣。

住宅的建築新造型有貴族的「寢殿造」和武士的武家獨特的「武士造」，簡素而實用。

彫刻方面，這個時代出現了彫刻佛像的著名佛師運慶、湛慶父子和快慶，留下

繩文 12,000年前	彌生 紀元前5世紀 （近千年）	大和 3世紀後半～590 （300多年）	飛鳥 590～710 （120年）	奈良 710～793 （84年）	平安 794～1185 （390年）

了不朽的佛像和肖像的名作。

　東大寺南大門的金剛力士像，開口的「阿」和閉口的「吽」兩尊巨大的仁王像，各有8.4公尺高，用3000件木材接合的「寄木造」。興福寺的金剛力士像，肉體筋肉的力動感富於寫實表現。同寺的無著像和世親像（立像）以及天燈鬼像（開口）和龍燈鬼像（閉口）都被列為國寶。

　此外，鎌倉市區的高德院阿彌陀如來（鎌倉大佛，坐像高11.5公尺），《吾妻鏡》裡有1252年建造的記述（大佛殿於15世紀末因海嘯而流失）。大佛迄今屹立無恙，仍是觀光客必遊瞻仰的名作。

　繪畫方面，繪卷物進入全盛期，有各種類型的繪卷，例如合戰圖、緣起圖、物語繪卷和傳記圖等。肖像畫有天皇、將軍（源賴朝有名）和高僧（親鸞）等肖像名作。

　書法（道）則出現了世尊寺流和引進宋的書道的青蓮院流。名作有「鷹巢帖」。

　工藝方面，因應武士的時代，甲冑和刀劍的創製盛行。而陶工則從宋引進陶法，在瀨戶築窯燒陶，成為後世的「瀨戶燒」，而陶器的日語亦就叫「瀨戶物」。

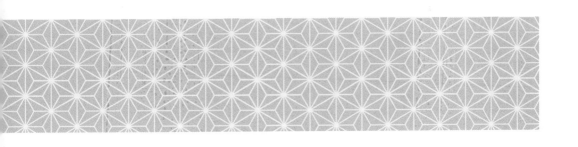

第XV章

日本文化史概觀 下篇

第1節 傳統日本文化源流的室町文化

　　室町時代（1338～1573）所創造的文化，例如建築的書院造、日本庭園、茶道、花道。能（能樂，戴面具的演藝）和（歌舞伎）的能狂言劇等，今日仍在盛行的日本的傳統文化。

　　第14世紀初葉到16世紀後葉的2百多年間，列島的歷史進入第二次武士執政的室町幕府時代。這個時代，天皇的居所在京都仍被架空而無實權。將軍的幕營亦在京都，惟第3代將軍足利義滿於公元1378年在京都市建造了「花之御所」室町殿，成為幕政的「司令部」，因而這個幕府便被稱為室町幕府，也稱為足利幕府。

　　室町時代的文化推手是政治、經濟力均壓倒了公卿勢力的武家。深受禪宗文化嚴厲律己影響的武家文化跟傳統的公卿文化融合，同時也跟農村、都市民眾交流而創生了廣泛基盤的具特色文化。可以說是大陸文化與傳統文化、中央的與地方

狩野永德繪製的「洛中洛外屏風」中的花之御所（局部）。

的，貴族的與庶民的文化廣泛交流而融合成熟，逐漸地形成了所謂日本獨特的民族文化。

這個時代的文化，大別可以分成三期三種不同特色的文化。

1、14世紀中葉南北朝動亂期的「南北朝文化」。

2、14世紀末～15世紀初將軍義滿時代的「北山文化」。

3、（15世紀中葉～16世紀前葉）第8代將軍義政的「東山文化」。

以上三種文化中，以後兩種文化堪稱是室町時代的兩個登峰造極的文化。

南北朝文化的特色

公元1333年，鎌倉幕府滅亡後，後醍醐天皇曾親政才3年即被足利尊氏（室町幕府首任將軍）所幽禁。足利將軍在京都擁立傀儡的天皇（1336），後醍醐天皇乃脫出囚禁所逃往吉野山另成立南朝政權與京都的天皇對抗，是為南北朝時代，持續了半世紀多（1336～1392）。

南北朝政治動亂，社會緊張不安的時代，文化即是生活本身，亦是生活的產物，自然地反映了時代的精神：苦悶、粗獷、暴亂與尋求解脫。文化的特色為反映動亂的緊張感（歷史書、軍記物語等），新興武士的粗獷、暴亂的精神，澗綽、奢華、喜新厭舊。結果產生了連歌、能樂、茶的聚會和流行鬥茶。

歷史書首推主張南朝正統，以南朝為立場的《神皇正統記》（北畠親房）以及《增鏡》和《梅松論》。

軍記物語有武（家）士的敘事詩「太平記」，偏向南朝的記述，早期即普及受朗誦。

文學方面有《新葉和歌集》（宗良親王），二條良基的連歌《菟玖波集》和《應安新式》。

學問的世界則有宋學的盛行，強調君臣情分、人倫分際的「大義名分論」以後醍醐天皇為中心。足利尊氏為了給後醍醐天皇祈福在京都嵯峨野建立天龍寺，請

夢窓疎石為開山。又在京都和鎌倉設立「五山」之制，保護禪宗。夢窓是臨濟禪僧，「五山」指京都的天龍寺、相國寺和鎌倉的建長寺、圓覺寺等禪宗寺各五寺，其下的官寺為十刹。五山的學僧輩出，文藝絢爛，成就後來的五山文學，五山版的出版事業對文化的普及地方也多有貢獻。

建築的特色以永保寺開山堂（夢窓）的禪宗樣可為代表。庭園的設計方面，夢窓設計庭園善用借景，活用周遭自然風光，運用石組在園中表現出禪的本質。天龍寺與西芳寺庭園之優美，近時被由聯合國教科文組織登錄為世界文化遺產（參照前出拙著）。

北山文化的特色

室町時代（1338～1573）的文化主要的大別為北山文化和東山文化。其中北山文化可包括南北朝文化，而東山文化則可包括戰國時代的文化。

北山文化的特色是傳統的公家文化和武家文化的融合。第3代將軍足利義滿的時代（1368～1408）是室町幕府的全盛期。義滿不但營建了「花之御所」（1378年京都室町），更營造了金閣寺（鹿苑寺，1397，京都北山）為北山文化的象徵，亦被登錄為世界文化遺產（同拙著）。

北山文化的幾樣特色是義滿的時代，室町幕府的全盛時代。最值得注意的是禪宗文化的全面普及發展。由於「遣明船」跟明國的貿易，引進明的文化，跟著漢詩文集的出版（五山版），五山文化達到最盛期。

在公家的傳統文化上形成武家文化。禪僧中有明朝渡來僧和日本的留學僧，他們不僅對禪學本身，而且禪的精神也具體化表現在水墨畫和建築樣式（禪樣）廣泛地傳布。

建築：代表性的首推金閣寺（鹿苑寺）的寢殿造、禪宗樣特色，興福寺東金堂、五重塔（和樣）。

庭園（園林）：金閣寺庭園。

佛教寺院：五山、十刹制度的完成。京都五山、鎌倉五山、十刹、諸山。

繪畫；水墨畫有寒山拾得圖、瓢鮎圖等。

文學：有五山文學，出版禪學經典、漢詩文集。

藝能（表演藝術，說唱歌舞）：神事藝能的猿樂，歌舞演劇形式的「能」發達。能師觀阿彌與世阿彌父子受到義滿的支持，完成了藝術性超高的猿樂能。撰寫了多數能的腳本「謠曲」。以及能的理論名著《花傳書》。

總之，北山文化是跟舊有貴族文化不同的新文化。這些新文化是基於在政治、社會擁有領導地位的武士生活和習尚所誕生的。

東山文化的特色

第15世紀中葉，8代將軍義政的時代（1449～1473～1490）天下動亂。先是天下發生大饑饉，連年風水災害生靈塗炭，繼則發生兵連禍結10年餘的應仁之亂（1467～1477）。

義政「飽嚐」天下動亂之後，在「失意」之中乃思脫離現實的嚴酷，謀求個人私生活的享受，乃仿效義滿的金閣寺，在京都的東山營建銀閣寺（慈照寺，1482）做為私邸別墅，一味沈溺於賞花遊山。這個時代的文化史稱東山文化。

建築的樣式，文化特色充分反映禪的簡素精神，幽玄、恬淡的性格。以銀閣寺為典型的代表，建築群包括佛殿、庭園、東求堂（持佛堂）等，結合調和非常卓越。內部的茶室（同仁齋）是東山文化精華的閑寂、恬靜氛圍。後來的日本住宅樣式幾乎是源自銀閣的「書院造」（書院式建築），房屋結構有玄關（正門）、書院（書齋、客廳）、壁龕、櫥架等都是那時的上流武士的住宅樣式傳下來的。

跟建築關連的造園，園林的規劃也被「禪的世界」精神所統一，營造出「枯山水」的園林。天龍寺、龍安寺和銀閣寺的園林都成了世界文化遺產。

日本式的水墨畫超越了禪畫的制約，由雪舟（1420～1506）創造出來。狩野正信、元信父子則將傳統的大和繪手法引進水墨畫裡，創出新的狩野派。

繩文	彌生	大和	飛鳥	奈良	平安
12,000年前	紀元前5世紀 （近千年）	3世紀後半～590 （300多年）	590～710 （120年）	710～793 （84年）	794～1185 （390年）

　　茶道和花道的「藝能」，代表日本傳統文化亦是這個時代奠下了基礎。茶本來是各地流行「聚會茶」，這時候主張茶跟禪的精神統一，在小間茶室裡，追求心的安靜，創出「恬靜茶」。草庵茶之湯和書院茶之湯聞名。這些都提倡「和、敬、清、寂」為茶的精神。

　　為了要把生花的插花編入壁龕的裝飾裡，把中心花枝立正的插花樣式定調下來（華道），創出裝飾壁龕的生花本身可以供鑑賞的形態。

　　在政治上和經濟上失去勢力的公卿們致力於學問和古典的研究，例如一条兼良的《公事根源》一書，詳細描述對自古以來朝廷公卿武家的行事、儀式、習俗等細節，還有源氏物語的注釋書《花鳥余情》等。吉田兼俱以神道為中心統合了儒學和佛教完成了「唯一神道」說。

　　庶民文藝的流行更是這個時代文化的特色。樸實無華而娛樂性濃厚的「能」在各地生根，在祭禮的場合被演出。「狂言」則帶有強烈諷刺性的喜劇登場，口語對話，不像能那樣帶面具。惟兩者多在農村的祭禮、祝宴時上演。

　　庶民所歡迎的「藝能」還有幸若舞、古淨瑠璃和小歌（閑吟集）。從和歌派生出來的連歌（5‧7‧5的長句和7‧7的短句交互連作）是發展為近世「俳諧」前的中世的詩歌文藝。

　　當時大流行的物語有《御伽草子》，是庶民性的短篇物語，其中最有名的故事有「一寸法師」與「浦島太郎」等。

　　今日列島各地特別是八月中旬在小廣場舉行「盆踊會」，也是這個時代出現的。當時是在祭禮或是正月、盂蘭盆會時，穿著多彩的服飾，配合小歌（有鉦和鼓樂器伴奏）在大路邊走邊踊，是為「風流踊」。這種風流踊跟念佛踊結合後逐漸形成為「盆踊」，是一種民眾娛樂性的藝能。

第2節　桃山文化與江戶初期的文化

　　桃山文化指安土、桃山時代的文化的略稱。戰國時代的末期，織田信長於消滅

室町幕府（1573）的3年後，花了3年時間在琵琶湖邊蓋了一座富麗絢爛的安土城做居城（1579）。另外豐臣秀吉統一天下（1590）後，晚年在京都南邊蓋建伏見城做隱居用的居城。

　　日本文化史上的「桃山文化」，實即信長與秀吉時代（16世紀後葉到17世紀初）半世紀多，用兩人的居城所在地並稱「安土桃山時代」文化。

　　至於江戶初期的文化，指桃山文化之後，第17世紀初的寬永文化。

安土桃山文化的主要特色

　　織田信長的居城安土城和豐臣秀吉隱居的伏見（桃山）城，代表信長與秀吉時代文化的名稱。第16世紀後葉室町幕府已經滅亡（1573）。戰國時代則延續下來織田信長行將平定天下的前夕，因本能寺之變（1582）而身亡。嗣而豐臣秀吉如旋風式地突起而統一了天下（1590），戰國的時代這才告結束。惟文化的生命

外形有如白鷺展翼的姬路城，被列為世界文化遺產。

繩文	彌生	大和	飛鳥	奈良	平安
12,000年前	紀元前5世紀（近千年）	3世紀後半～590（300多年）	590～710（120年）	710～793（84年）	794～1185（390年）

潮流則持續到17世紀後交棒給江戶幕府時代的江戶文化。

桃山文化包括信長的安土城所代表的文化。顯著的特色為：

（1）新鮮味豐富，佛教色彩淡薄（中世寺院的衰退），充滿了豪華、壯大內容的文化。

（2）新興的大名、武士以及豪商（戰爭財起家），甚至於庶民層、町民的抬頭，文化呈現多彩多姿。

（3）葡萄牙等南蠻文化和西歐文化的傳來，受其影響所產生的新文化。

首先來看最突出引人注目的建築文化。豪華壯大的城郭建築，亦是戰國時代後期因應時代的需要之所產。安土城、大坂城、姬路城和二條城堪稱為當時的四大城郭，而後兩者今日猶傲視天下，成為日本的世界文化遺產（參見前揭拙著）。

安土城：信長於1576年在琵琶湖東南畔花3年建造的城郭。他居住的巨大「天守閣」（城的中央最高樓）是當時開始的建築樣式，這座城地上有6層、地下1層，無與比類的壯大規模。城堡的西北邊有天主堂教會、學校和臨濟宗派的摠見寺。城下有家臣團和庶民居住區（城下町），可惜這座城樓已經燒失了。

姬路城：1573～92年時為豐臣秀吉的居城（三層）。關原之戰（1600）後新城主池田輝政大興土木於1610年竣工。城堡的最大特色是大天守閣和三座小天守的聯立式天守結構，規模之壯大絢麗為天下第一名城。三重城郭（護城河）有外圍城下町，內部佔地23公頃，建築物有74棟以上。高度7層，從地上（地下1層）起高92公尺。其雄姿如白鷺展翅振飛，壯觀又美極了（參見前揭拙著）。

大坂城：豐臣秀吉於1583年興建，超越安土城的巨大要塞，城堡5層9階。同時營造諸大名的邸宅和商業都市住民的城下町。後來在大坂之陣時被家康軍侵攻時燒失。

二條城：德川家康為了京都的警備和上洛時的宿所需求而創建的一座平城。後增建天皇的行幸所。1867年，末代將軍慶喜在城大殿「宣布」把大政奉還。

　　這些代表性的城堡都是兼具軍事、政廳、住宅機能，而擁有城郭、護城河和天守閣為中心的書院式複雜集合體建築物。

　　除了這些名城建築，代表性建築尚有京都西本願寺飛雲閣和書院，大德寺的唐門（中國式門），妙喜庵的茶室（待庵、京都臨濟宗的禪庵）等優雅式的建築。

　　象徵這個時代的可以說是城郭的建築，外觀雄大壯麗，內部的書院式造型、藝術性的裝潢修飾更是「巧奪天工」。居館內部的隔間，壁有障壁畫，襖（隔扇）、屏風採用金箔底子，再用青、綠的彩色描繪濃厚的障壁畫。天花板下的「欄間」是透明的彫刻，增加了豪華感。

　　障壁畫的中心狩野派集裝飾之大成，尤其屏風的裝飾畫盛行。家具的泥金描繪富於裝飾性為一大特色。繪畫的另一個面向的特色是風俗畫，大部分繪在屏風上，題材有各種工匠（鎧師、番匠、鍛冶師、桶師…）工作圖，有花下遊樂圖、觀楓圖等。

　　茶道的盛行：京都、大坂、堺、博多各大都市的富裕城市為這個時代茶道的推手。堺市的商人千利休制定茶湯的儀禮確立了侘茶。其作法秉持簡素、閑寂的精神，亦即「恬靜茶」，在華麗的桃山文化裡創出異色的一面。茶之湯因受秀吉和諸大名的保護而大流行。茶室、茶器跟庭園的逸品相繼出現。

　　庶民的娛樂文化有歌舞伎的阿國歌舞伎，人形淨瑠璃（傀儡人形）逐漸流行起來。風俗文化的一大變化要算是每天用餐從2餐變成3餐。

南蠻文化的傳來

　　南蠻文化指葡萄牙、荷蘭等西歐的文化。第16世紀中葉葡萄牙來航，帶來槍砲、火藥。南蠻貿易和宣教師傳來基督教活字版印刷術以及羅馬字，西洋的天文學、地理學、醫學和航海術。西式油繪、銅版畫、時鐘、眼鏡、香煙、玻璃以及西服洋裝紛紛出現。

　　葡萄牙語系和荷蘭語系的一些常用詞彙成為日語。葡語有：páo（麵包）、

castella（蛋糕）、tabaco（菸草）、carta（紙牌）、sabào（肥皂）、botào（釦）、tempero（油炸食品）。荷語有：koffie（珈琲）、bier（啤酒）、gom（橡膠）、glas（玻璃）、pek（油漆）、kurk（木栓）、pomp（唧筒）等詞彙。

江戶初期的寬永文化

　　幕府開府（1603）後到了寬永期已經過20多年，幕藩體制已鞏固。文化的發展，初期繼承桃山文化，卻逐漸反映幕府支配的文化性格。文化的推手為幕府、朝廷和上層的町眾。

　　首先值得注目的是，為幕府支配服務的「御用學問」朱子學成為封建教學的主流。亦即朱子學成為儒學的主流，而且是統治者幕府控制上下秩序的恰好論據。蓋朱子學在辨君臣、父子之別，重上下秩序的封建制。

　　學僧藤原惺窩還俗後將朱子學從禪宗解放出來，推薦門人林羅山為德川家康所重用。羅山子孫代代服仕幕府，奠立了江戶期朱子學的基礎。

　　江戶初期（寬永期）的建築有幾座代表性的建物：京都的桂離宮（茶室式數寄屋建築），祀奉德川家康日光的東照宮（權現造，菩薩化身為神的建築）（世界遺產，參照拙著）。清水寺的本堂和延曆寺的根本中堂均具代表性。

　　繪畫仍盛行屏風圖，著名繪師狩野探幽成為幕府的御用繪師，京都方面則以裝飾畫著稱。

　　這個時期的陶藝有地方知名的薩摩燒、萩燒。尤其是九州西北佐賀縣西南的「有田燒」（有田瓷器），為馳名遐邇的名陶藝品。

　　文藝方面，民眾的文藝文化尚未十分發達。室町時代的御伽草子的餘緒有假名草子，以教訓、道德為主旨的通俗作品，然而文學價值不高。從連歌衍生的俳諧則才剛起步。

第3節 花果豐碩的元祿文化

元祿時代（1688～1703）也是第5代將軍綱吉（1646～1709）的時代，第17世紀中後葉到18世紀初葉的半世紀，以元祿時代為中心，是江戶幕府的全盛期。

幕府終結從來的高壓政策改採行文治政策，地方諸藩的藩政安定，發展領內的經濟，推行以儒學思想教化家臣和領民的政策。

這個時代由於農村生產發展的基盤上，都市新興的商人活躍，武士和町人促成元祿文化的全面開花。加之將軍綱吉愛好學問，興建湯島聖堂（即孔子廟，在東京御茶水站對面），致力於學問的興隆。

元祿文化時期由於是鎖國的時代，所受外國的影響殊少，所以產生日本獨自的文化。其中最引人注目的特色是展現了現實主義（realism）的傾向。獎勵跟政治結合的儒學，立足於實證主義的古典研究和自然科學的學問大有進展的成果。把現世看成是「浮世」（wukiyo），加以全般肯定（就是現實的社會人世），從而產生了描繪現實社會的人情義理情慾的文學作品，在在說明這時代的文化故事。

另方面，在商業經濟發展的背景下，華麗的藝術開滿了花也引人注目。那是元祿文化的推手大多是上方（京都、大坂）的豪商。他們繼承了豪華的桃山文化以及受它影響的寬永文化的傳統，而展現了更精練成熟的美。

儒學的興隆

隨著幕藩體制的安定，儒學大為興盛起來。元祿期的儒學不僅為公認的學問，其定位為且是「國學（國之學問）」。儒學之得勢可從學派之多、學者之眾來觀察，主要的有朱子學和陽明學。

（一）朱子學派：南宋朱熹集大成，學說要旨為窮理致知，以天地萬物為秩序原理之理，重視君臣上下的秩序。為維持封建社會恰好的教學而為幕府和諸藩主所「最愛」。

朱子學又分京學派和南學派。前者開祖為藤原惺窩，派下林羅山（道春），其子鷲峰服仕第3代將軍家光，父子共著《本朝通鑑》。木下順庵為第5代將軍綱吉的侍講，形成木門派，新井白石等人材輩出有「木門十哲」。新井白石著有《讀史餘論》和《西洋紀聞》，且被譽為洋學之祖。室鳩巢為吉宗（第8代）將軍的侍講，著有《六諭衍義大意》等。

南學派是土佐（四國高知）的南村梅軒所開創，其中山崎闇齋把神道用儒教式解釋，結合為「垂加神道」（垂加為闇齋的號）。

（二）陽明學派：明代王陽明創始，批判朱子學，倡說知行合一，改正現實社會的矛盾。中江藤樹與門人熊澤蕃山為首，其革新的精神為幕府所警戒。蕃山著有《大學或問》，後被幽閉。

（三）古學派：日本獨自的儒學，批判朱子學和陽明學為後世的解釋，主張直接學習孔孟的教學，重視研究古典。山鹿素行著有《聖教要錄》，遭幕府流刑。伊藤仁齋在京都，荻生徂徠在江戶（為將軍綱吉進講），更提倡「經世論」。

諸學問的發達

（一）自然科學的研究：貝原益軒有《大和本草》，宮崎安貞有《農業全書》，關孝和《發微算法》，安井算哲在天文曆法首創日本曆（貞享曆）等，在在顯示醫藥農學等實用科學方面的研究成果。

（二）國文學的研究：研究《萬葉集》的僧侶契沖著有《萬葉代匠記》，北村季吟研究《源氏物語》和《枕草子》，著有《源氏物語湖月抄》等注釋書。

元祿文學的三大文豪

賦予元祿文化的特色者厥為在京坂隆盛的町人（市民）文藝。這種文藝的代表者為井原西鶴、松尾芭蕉和近松門左衛門是日本文學史上的三大巨星。

（一）井原西鶴（1642～93，享年51歲），大坂的町人，初為俳諧的才子，

後轉向於浮世草子的小說。色情作品有《好色一代男》、《好色五人女》，武士題材的作品有《武家義理物語（故事）》、《武道傳來記》，以城鎮居民為題材的作品有《日本永代藏》和《世間胸算用》。這些作品從肯定現實的立場描述「浮世」的世相風俗，町人的愛慾，對金錢的執著。

（二）松尾芭蕉（1644～94，享年50歲），伊賀（三重縣西北、奈良市東北邊）上野的出身。初立志於俳諧（俳諧歌，俳句與連句的總稱），它是帶有滑稽味的一種和歌。俳句以5・7・5的15音（節）為本體的短歌（詩）。

芭蕉曾在江戶從事水道工事，移往深川的芭蕉草庵後，賦予俳諧以高度的文藝性，創始蕉風。公元1689年3月27日，從江戶出發雲遊各地（日光、平泉、福井、敦賀、大垣、長島），留下名作《奧之細道》，日記和紀行文和名句（俳句），被譽為「俳聖」。

芭蕉也以寫實直逼對象而確立「wabi」（「侘」恬靜、閑寂）、「sabi」（「寂」，古色古香）、「shiori」（「撓」，纖細餘韻）、「hosomi」（「細」，妙玄）和「karumi」（「輕」，平易輕快）的筆法寫出「幽玄閑寂」的蕉風（正風）俳諧。

（三）近松門左衛門（1653～1724，享年71歲），京都地方的武士出身。同樣以寫實主義為基調，是人形淨琉璃和歌舞伎的卓越的戲曲腳本家。他的作品的題材針對世俗的町人的人性、人情義理做深刻生動描寫。其特色為「心中」（即殉情，一塊自殺）的作品殊多，有《曾根崎心中》、《心中天網島》。他的歷史題材的作品《國姓爺合戰》，為描寫有關鄭成功（國姓爺）的不朽名作。

建築、工藝與繪畫

元祿期的建築：主要的有奈良東大寺大佛殿的重建（1709），長野善光寺本殿的重建。庭園的營造有東京駒込的六義園，是一座有起伏（假山）的迴遊式泉水園林，據說將軍綱吉常去「探幽」。也是筆者的「最愛」。

　　工藝美術：陶器的製作技術超出實用性的燒陶，達到追求美術的境地。茶壺（高度約30公分）的作品尤為名作。還有螺鈿和泥金繪（蒔繪）的家庭用品、硯台箱。染色工藝之美以京都東山的「友禪染小袖」堪稱稀世的傑作，令人驚嘆。

　　繪畫方面：主要的有大和繪的土佐派（名著春秋花鳥圖屏風）和住吉派。後者同是大和繪，代代為幕府的繪師，有名作〈東照宮緣起圖〉、〈洛中洛外圖卷〉等。此外有（尾形光）琳派，在京都和江戶各有著名繪師和作品（大和繪）屏風圖。

　　繪畫的另一大特色是浮世繪的出現。「浮世」的想法也被引進繪畫裡，而成立了町人藝術的浮世繪。菱川師宣完成了浮世繪的特定樣式。其題材透過花街柳巷和劇場的町人的風俗以及演員、美人和相撲（摔角），用肉筆寫實描繪。

　　師宣更應用印刷術將浮世繪製成「版畫」，製作了町人賞翫的華麗的「錦畫」而大為流行。

第4節　江戶後期的文化

　　江戶的後期指18世紀初葉到幕府滅亡的19世紀中葉的1百多年。這個期間的文化又可分為兩期：前半期為寶曆天明期文化和後半期的化政期文化。

寶曆天明期的文化

　　江戶後期中的前半期文化指以寶曆（1751～1763）和天明（1781～1788）為中心時代，18世紀中後葉的文化。

　　這個時期（18世紀中後葉）文化的最大特色厥為洋學的開始。此前，元祿文化中的儒學、本草學等實證的，博物學研究受到高度的關切。本期由於吉宗將軍對漢譯洋書輸入放寬限制，促進了洋學的發達。就中，尤以天文、曆學、算學以及地理學成果可觀。

　　1、西川如見：長崎出身，著有《華夷通商考》。

2、新井白石：朱子學者（京派），研究西洋地理著有《西洋紀聞》。

3、青木昆陽：栽培甘藷，著有《蕃薯考》。

4、山脇東洋：古醫方（重視實驗的漢代醫方）學者，解剖刑死囚，著述日本最早的解剖書《藏志》。

5、杉田玄白；蘭學者著有《蘭學事始》，與前野良澤合譯《解體新書》。

洋學、自然科學的研究著述蔚成風潮，同時國學者輩出，尊皇論抬頭為日後倒幕啟開序幕。

本居宣長為當時國學界的泰斗，著有《古世記傳》。賀茂真淵研究「萬葉集」、「古事記」，著有兩書的註釋書。平田篤胤則倡說「復古神道」，對尊王攘夷論產生影響。

尊王論以「前期水戶（茨城縣都）學」為代表，竹內式部、山縣大武等人倡說德治者為王，以力支配者為霸，主張尊王斥霸（幕），均遭治罪（前者放逐，後者死罪）。

文學與藝能的特色

元祿期是江戶前期的後段，是江戶幕府的全盛期。本期是江戶的中期（18世紀中、後葉），幕府開始走下坡，極盛的封建文化只強烈地露呈頹廢的側面。在寬政期（1789～1800）對出版物的取締（1790禁令）鎮壓，文學的活氣生機遭受斲喪。

文學作品多流於通俗性的，小說方面，插畫的「草雙子」取代了「浮世草子」。江戶的花街柳巷為舞台描述男女對話的「灑落本」大為流行。「灑落」（share）意為詼諧、風趣、俏皮，其涵義是會玩會逛、風流瀟灑和滑稽。

狂歌與川柳的出現，以俳諧的形式在社會一般廣為流布。狂歌（鄙俗的滑稽和歌）有蜀山人（太田南畝）的《千紫萬紅》，川柳（由17個假名組成的詼諧諷刺的短詩）乃是江戶淺草出身的柄井川柳的選句叫「川柳點」，而得名「川柳」。

繩文	彌生	大和	飛鳥	奈良	平安
12,000年前	紀元前5世紀 （近千年）	3世紀後半～590 （300多年）	590～710 （120年）	710～793 （84年）	794～1185 （390年）

演藝方面，歌舞伎和文樂（人形淨琉璃戲）在18世紀中葉流派眾多，呈現盛況。竹田出雲等腳本家著有「忠臣藏」、「本朝二十四孝」等劇本。演出的劇場「中村座」、「市村座」和「森田座」為歌舞伎的著名戲劇場。

繪畫除了浮世繪之外，出現了寫生畫、文人畫、西洋畫等新面向。

浮世繪（風俗畫）的集大成創出了「錦繪」（彩色浮世繪版畫），天明時代是錦畫的全盛期。這主要有三種類的繪，即美人畫（喜多川歌麿）、演員繪和相撲繪均以東洲齋寫樂為代表繪師。

惟這時也產生了新的畫風，引進清國的畫風，例如與謝蕪村（「宜秋圖」）等創造了「文人畫」的全盛期。長崎的渡來的（西洋）畫被模寫出來的「西洋婦人圖」成了日本西洋畫的先驅。圓山應舉針對京都保津川的急流，採取遠近法平明地描繪「保津川圖屏風」是為寫生畫的名作。

化政期的文化

江戶時代後期後半的文化以文化期（1804～1817）和文政期（1818～1829）為中心，亦即19世紀前半50多年的文化統稱之為化政文化。

這個時期的江戶和京坂並肩發展為全國的經濟中心，多數都市民為對象的町人文化達到最盛期。都市的繁榮帶來商人、文人的全國交流，教育、出版的普及、寺社參詣（拜）的流行，促成中央的文化傳播到地方。都市生活的多樣化也使文化的內容多種多樣化。

惟由於不斷的改革與嚴屬的統制下，卻逐漸失去活力。人們被壓抑的本能只能在諷刺或挖苦的文藝從事些少的發散，趨向於追求愛慾與嬉笑。一方面顯現頹廢、低俗化，一方面則在為尋求新時代的胎動。

化政文化的特色要之為：（1）文化的庶民化和地方化，（2）都市生活、文化的多樣化，（3）學問、思想方面的批判精神高漲。

學問思想的動向方面，為維持封建體制，改良幕藩財政，「經世論」紛紛出

籠，倡說重商主義，重視流通經濟。本多利明有《經世秘策》，佐藤信淵有《經濟要錄》（國家專賣）。

尊王攘夷論的大本營為水戶藩（後期水戶學），影響幕府的思想至鉅。尊王論者賴山陽有名著《日本外史》和《日本政記》。

學校私塾教育的發達　幕府設立的湯島聖堂學問所改制為「昌平坂學問所」（1797），各國有教育藩士子弟的「藩校」。這些都是以儒學講義為主，後來引進洋學和國學。

在遠離城下町（城堡外圍的庶民居住區）的鄉下地方，則有藩主援助設立來教育藩士和民眾的「鄉校」。民間則有武士、學者、町人所開設的「私塾」，講授儒學、國學和洋學。蘭醫緒方洪庵於1838年在大坂開設「適塾」育成福澤諭吉等俊才。吉田松蔭在長州萩市設立的「松下塾」（1842）造就了高杉晉作和伊藤博文等幕末維新的英傑。地理學的巨星伊能忠敬花16年的時間（1800～16）實地測量日本全國的沿岸後製成「大日本沿海輿地全圖」，志筑忠雄著《曆象新書》介紹地動說。

庶民初等教育機關的「寺子屋」的發達，在封建社會之下，這種現象舉世罕有。所謂「寺子（小）屋」指「寺子」學習的屋子，而「寺子」即「寺小屋」入門的兒童。至於「寺子」一詞是寺的兒童（孩子），亦即它是僧侶所開始的庶民的世俗教育的「機關」。

寺子屋的學童約10歲前後，人數約20名，授業為初步的習字、讀書（法）、算盤，亦教《三字經》、《童子教》、《孝經》等，以及平易的道德倫理教育。經營者為武士、吏員、僧侶、神官以及富裕的町人，是一種私塾。

化政期的文學，其題材是江戶末期的政治社會發生的事情，屬於一般大眾的文學，比起元祿的文學是通俗的。

主要的文學作品有式亭三馬的滑稽本小說《浮世風呂》。風俗人情的小說（人情本），勸善懲惡的歷史傳奇小說（讀本），以及記錄百姓的生活和風俗的紀行

文（菅江真澄的「遊覽記」）。

　　繪畫的種類雖然延續前期的浮世繪、寫生畫、文人畫和西洋畫，不過，浮世繪有創新的風景畫，誕生兩位傑出的巨匠；葛飾北齋的「富嶽三十六景」和歌川廣重的「東海道五十三次」均為不朽的名作。

　　庶民的娛樂與信仰的文化方面，江戶為中心的庶民文化的發展，帶來都市文化的開花。都市裡有各種娛樂設施的演戲小屋、表演雜耍的小屋、說評書、單口相聲、雜技等聚集場所。公共浴場和梳髮店也成為庶民的娛樂場。溫泉療養、遊山逛景等庶民的旅遊普遍盛行。

　　民眾的信仰的特色方面，信仰的行事主要的有三類：（1）集團組織的「講」（遊山拜廟的團體），（2）寺社參拜，（3）巡禮。

　　「講」指為參拜寺社所組成的信徒團體，參拜寺社可以「代參」，最有名的是「富士講」和「伊勢講」。寺社的參拜以伊勢神宮、金毘羅宮尤盛行。其中參拜伊勢又叫「御蔭參り」，據記錄1830年的參拜者多達400萬人。（井上光貞等著《新詳說日本史》P225）

　　聖地、靈場的「巡禮」瞻仰參拜盛行，以西國三十三個地方（觀音信仰），四國八十八個地方巡禮尤其聞名。

　　民間信仰有七福神信仰、氏神等的信仰。此外還慶賀五個傳統節日：人日（1/7）、上巳（3/3）、端午（5/5）、七夕（7/7）、重陽（9/9）。（按：月日為陰曆）春分和秋分時舉行佛教法事的「彼岸會」、中元節（7/15）的盂蘭盆會等行事，不僅都市、在農村各地盛行。這些都是列島近世文化的新面向的特色。

第5節　明治維新期的文明開化

　　美國培里提督率領的黑船艦隊來航叩關要求日本開國通商，驚醒了在鎖國中酣睡的日本人。結果，武士掌政的幕府滅亡，明治天皇回復親政，在政府領導下，

不但開國，而且展開了全面性的引進西洋的文化，促使日本近代化，文明開化，營造了前所未有的「蓮花化身」的全新文化。

明治維新期指明治元年至33年（1868～1900），亦即19世紀的中後葉約30年間。明治時代（1868～1912）共44年，文明開化期的文化主要在於明治初期與中期的這段期間的文化現象。

文化開明的風潮

明治政府成立後，正如當時流行的「御一新」一詞所展現的，而政府亦公布「五條誓文」明言要「破除舊來的陋習」，「廣泛地向世界求取新知」。因而急速地輸入西洋文明以資助「富國強兵」，正是那個時代的進步精神的「口號」。

基於促進文化和國民生活的近代化的必要性，率先要積極引進西洋的近代思想和生活樣式。這種風潮透過新聞雜誌以及學校機關的教育推行啟蒙運動。從東京等大都市為中心展開到庶民農村。這可以說是明治初期的「文化開明」。

思想、學術的近代化

這是個時代的「轉換期」。從封建制的社會轉換為近代市民社會，首要之務必須是思想的革命、意識的革新。從封建專制主義轉化為自由民權的政治思想的根源，首推「萬國公法」，公平、公義的精神。把從來的儒教的「道」的觀念加以國際化。思想革命的指導原理歸根於「公法公議」的政治意識的變革和來自「文明開化」的思想的近代化。

學術思想著重實證的、經驗主義，特別是，福澤諭吉引進英國的「功利主義」，主張伸張國民權利的伸張與生活的提高是國家發展的根本，亦即民權論。中江兆民雖然也是民權論者，卻偏向法國的自由主義，而主張天賦人權思想。一方面國權論者加藤弘之則主張德國式的國權主義，謀求跟外國保持對等關係，基於對等外交與富國強兵前進海外。這種國家主義海外擴張，在明治後期陷日本成

為帝國主義的侵略性國家而不知節制。

教育與大眾傳播的發達

明治初期，在文明開化的風潮中，在學術思想引起「推波助瀾」作用的有以下著名的人物和著作。

（1）福澤諭吉：《西洋事情》、《勸學》、《文明論之概略》。

（2）中江兆民：《民約譯解》、《社會契約論》的漢譯。

（3）森有禮等人：創辦《明六雜誌》為啟蒙思想的「明六社」社誌。

（4）中村正直：翻譯《自由論》、《自助論》。

（5）西周：翻譯國際法（萬國公法），明六社員。

（6）加藤弘之：介紹立憲政治和天賦人權論（否定）。

這些學者思想家的著作透過出版、大眾傳播以及教育機關、學校等廣泛地傳布。 以下來看看當時大學等教育機關如雨後春筍地設立，啟蒙民智，擔負起文明開化的時代使命。

（1）福澤諭吉將私塾改稱為「慶應義塾」（1868）。

（2）政府設置文部省（教育部），派遣女學生留學歐美。

（3）政府公布學制（1872），同年東京設立女子學校。

（4）東京設立官（公）立女子學校（1874）。

（5）1876年，北海道札幌農校（今北海道大學）開校。

（6）1877年，設立東京大學（1869年設立時為「大學」）。

（7）公布教育令廢止法國式的學制，改採美式教育制度（1879）。

（8）1882年，東京設立最初的高等女子學校，大隈重信創辦東京專門學校（今早稻田大學）。

（9）1886年，公布（大中小學師範）學校令，小學3-4年間的義務教育，到1907年義教延長為六年。

（10）1880～90年，東京現在的名門大學紛紛創立了。立教、學習院、法政、
專修、明治、青山學院大、中央大、東洋大、日大、國學院、津田塾大學
（1900）等校。

明治初期的大眾傳播新聞和雜誌跟教育的普及，並肩扛起文明開化的使命。

重要的報紙有橫濱每日新聞（1870）、東京日日新聞（1872）、讀賣新聞
（1874）、朝日新聞（1879）、大阪每日新聞（1888）。

雜誌著名則有明六雜誌（1874）、女學雜誌（1885）、國民之友（1887）、
日本人（1888）、文學界（1893）和中央公論（1899）等。

文明開化的近代文學的潮流

近代小說的萌芽與茁壯

從明治初年（1868）到明治30年代（1900）可分為四期不同特色的文學。

（1）明治初年到10年代：主要為「戲作」文學的復活，翻譯的西洋小說和政
治小說（政治思想的小說化）。戲作文學（江戶後期遊戲的文藝）的殘留，有假
名垣魯文的《安愚樂鍋》。翻譯小說有川島忠之介的《八十日間世界一周》。政
治小說有末廣鐵腸的《雪中梅》。

（2）明治20年代（1888～1896）的前半：寫實主義崛起，坪內逍遙倡說文學
應照現實原原本本地表現，成為近代文學的出發点。名作家與作品有，坪內逍遙
的《小說神髓》，二葉亭四迷的《浮雲》，尾崎紅葉的《金色夜叉》（被搬上銀
幕，人氣絕頂）。

（3）明治20年代後半：浪漫主義（romanticism）重視情緒與自然，尊重創造
性的個性，有多愁善感的傾向。這有森鷗外的《舞姬》，德富蘆花的《不如
歸》、《自然與人生》和樋口一葉的《たけくらべ》（比個子大小）。

（4）明治30年代（1897～1906）：接受法、俄的自然主義的影響，重視表現

人世社會的實態。名作家和作品有島崎藤村的《破戒》和田山花袋的《蒲團》。

近代文學的詩歌、短歌與俳句

近代詩分為新體詩和象徵詩。前者有森鷗外等人的新聲社的譯詩集《於母影》，島崎藤村的《若菜集》，土井晚翠的《天地有情》等。後者有上田敏的《海潮音》和北原白秋的《邪宗門》。

近代俳句的名詩人有正岡子規創辦俳句雜誌提倡俳句的華新運動。高濱虛子的《ホトトギス》（動物的杜鵑、子規），主倡寫生句，重視傳統。

文明開化的建築、繪畫、彫刻與工藝

建築：明治時代的建築有幾位接受西洋建築教育的建築家留下諸多名建築。希臘正教的俄人傳教士尼古拉，1891年在東京神田駿河台建造的大聖堂，被尊為「日本建築之父」的英國建築師約書亞・康德參與了實施設計。康德的弟子辰野金吾設計的日本銀行總行於1896年竣工，以文藝復興樣式為基調。同年，康德設計了岩崎邸，洋樓為木造二層樓附地下室的洋風住宅建築物，。

文明開化的風潮中，西洋式的樓房建築物如雨後春筍地出現。東京的銀座旅館大樓以及磚造樓房的街道建設在迎接新時代的到來。

繪畫：明治初期政府設立工部美術學校，招聘外國教師授業西洋畫，不到十年關閉。1887年設立東京美術學校，在美國人費諾羅薩（Ernest Francisco Fenollosa）和岡倉天心等人的影響下創作了優秀的日本畫。西洋畫短暫衰退後成立明治美術會（1889），而岡倉和橫山大觀等人又成立日本美術院盡力於傳統美術。

彫刻與工藝：傳統的木雕和西洋的雕塑對立競爭。木雕像有伎藝天、老猿等名作。石膏像有墓守與坑夫等名作，銅塑有日本婦女塑像。工藝方面也加進了西洋的技術，開始製造新的陶器、景泰藍、玻璃、漆器等。

文明開化的音樂與演劇

近代音樂的登場：最初，引進西洋音樂作為軍樂之用，後來在1882～84年間，文部省的伊澤修二將唱歌等西洋音樂引進小學校的教育裡。當時刊行的《小學唱歌集》裡出現了「螢之光」、「庭園裡的百花草」、「蝴蝶」等名曲。

1887年設立東京音樂學校在首任校長伊澤修二之下栽培了「荒城之月」的作者瀧廉太郎（伊藤著有《清音鑑》，後來為首任台灣總督府學務部長，盡力於台語教學）。

演劇的特色：演劇有歌舞伎和新派劇兩種。

（1）歌舞伎：演劇的改良，腳本取材寫實的歷史演劇，將西洋近代劇的規矩作法引進歌舞伎。

（2）新派劇：明治中期出現的寫實的大眾的演劇，其現代劇有尾崎紅葉的「金色夜叉」和德富蘆花的「不如歸」腳本化。

生活樣式的近代化

明治以後，官廳、公司、學校、軍隊從實用面莫不採用西洋式的生活樣式。

公元1872年採用太陽曆（不過農村以農耕關係舊曆並行）。

（1）衣：70年代穿西裝、靴、洋傘、帽子的流行，剪髮脫刀許可令（1871）。

（2）食：牛肉店開業，釀造啤酒、菸草、汽水，西洋料理店。

（3）住：旅館開業，磚造樓房街（銀座）、瓦斯燈（1872）和電燈（1882）的設置，開始生產火柴。

（4）行：電信、郵政、人力車、腳踏車（普及）、鐵道開通（1872）、電話開通（1877）、路面電車開業（1895）、汽車使用（1895）。

（5）其他：新聞發行（1868）、禮拜天休假制、近代公園開園（上野）、動物園、博覽會（1877）、歐式社交館鹿鳴館開館（1883）。水族館（淺草，

繩文	彌生	大和	飛鳥	奈良	平安
12,000年前	紀元前5世紀 （近千年）	3世紀後半～590 （300多年）	590～710 （120年）	710～793 （84年）	794～1185 （390年）

1885）、百貨店（三越，1904開業）出現了。（註：參照《日本史圖錄》，山川出版社，P210～211、Ｐ241～248）

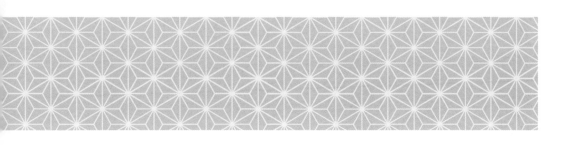

第XVI章

日本文化面面觀 信仰宗教篇

第1節 神道信仰的變遷

列島的古代，繩文時代的人們認為山、川、太陽、星星、草木，甚至自然現象的雷、雨本身（裡頭）都有棲息魂、靈、生命。這種信仰，一般稱之為精靈崇拜，亦即一切萬物均寓有魂靈、生命，這樣的「想法」，日本人形容之為「八百萬」之神。這種「泛靈論」（animism），成千成萬的神靈存在的構思成了神道思想的基礎，為神道的起源。

到了彌生時代，稻作農耕生產遍及各地，人們在定居生活中，內心裡除了崇拜精靈之外，對於開拓農地的祖先萌生了感恩尊敬之情，這就是祖靈信仰。嗣後，隨著精靈崇拜和祖靈信仰的普及過程裡，有某特定的人聽見了「神」的聲，說那是神的啟示（天啟）而轉告周圍的人們，因而就產生了所謂的「神諭」。

大約第4世紀中葉，在大和纏向（天理市西南方）發祥的王權，起初在三輪山（天理市東南）祭祀神。這座山本身就是「御神體」，它被認為是「神社」，叫大神社是日本最古的國家的神社。

後來這個王權成長為大和朝廷（350～590）統一全國後，把原有的傳承和神話整理成，天皇（大王）具有絕對地位，「天之神」的天照大御神（太陽神）為天皇家的祖神，為「八百萬」眾神的最高神。

西曆第6世紀中葉，佛教傳來，聖德太子和蘇我馬子接受佛教，採用佛教思想來營造國家。其後在飛鳥時代初期，推行大化革新（645）的中大兄皇子（後來的天智天皇）發動政變消滅蘇我氏，改以神道為中心營建中央集權的律令制國家。接著7世紀末天武朝（天智之弟）時，現在所稱的「神道」確立起來。同時，佛教跟神道一併在民眾之間普及開來，崇神同時崇佛，所謂「神佛習合（調和）」的思想亦產生了。

神道思想的變遷

鎌倉	室町	安土桃山	江戶	明治	大正	昭和
1185~1333 （148年）	1338~1573 （235年）	1573~1603 （30年）	1603~1867 （264年）	1868~1911 （44年）	1912~1925 （14年）	1926~1988 （63年）

神道確立起來後，曾經受到了諸多外來宗教、思想的影響因而在各不同的時代，神道的思想有所變遷而有許多形形色色的神道出現。

「神道」一詞最初出現在日本的古文獻是《日本書紀》（720）。用明天皇時有「信佛法、尊神道」之語，而孝德天皇時則有「尊佛法、輕神道」之說。這裡「神道」的意思是指「靈妙不可思議的自然界的理法」。不過，神道如是自然發生的現象，並沒教祖，重視祭祀並沒教義、戒律或經典。然而，神道卻深入日本人的生活裡頭，浸透在日本人的日常言行中，甚至可以說日本人的生活本身就是神道。

本地垂迹說

神道所受佛教的影響極大，本土的信仰跟外來宗教免不了有「敵對」意識。可是日本人居然把神佛兩者調和融合為一體。在第10世紀（平安時代）依據「神佛習和」想法乃產生了「本地垂迹說」。意思是，「印度的『本地佛』，來到日本後，暫時化身（權現，權即權且、暫時之意）成為日本的各種神來救濟世人」。

例如，天照大御神是大日如來的化身，神乃是佛的權現「身影」。亦即，佛是主體，而神是從屬。神跟人一樣具有人性（喜怒哀樂苦惱），所以必須脫離神身歸依佛道祈願受救濟。

神在奈良時代被認為是「眾生」，到了平安時代初期就成為「菩薩」，而平安時代的末期則成為「如來」（石田一良《日本文化史通論》P253，許極燉譯）。神佛調和的思想就這樣延續發展下來，到了明治元年（1868）政府頒布「神佛分離令」，厲行神佛分離，神道並成為國家神道，而佛教和儒教同時遭到迫害。

佛家神道：兩部神道與山王神道

平安時代的後期（12世紀），僧侶與佛教徒對神道做出種種不同的理論。其中

成為當時佛教神道的主流是真言宗和天台宗的神道說。

從真言宗的立場解釋神道的叫「兩部神道」，別名「兩部調和（習合）神道」，亦就是「真言神道」。它說伊勢神宮的祭神是大日如來的「權現」，「兩合神道」是將胎藏界和金剛界（兩界）跟神宮的內宮和外宮（兩宮）調和（習合）。亦就是拿胎•金兩界的眾尊（佛）來跟內宮和外宮的眾神「配合」來解釋。

天台宗則基於三諦圓融、法華一實的教理，解釋比叡山的鎮守神日吉大社的祭神是為所謂「山王神道」。

這種神佛調和的神道到了鎌倉時代更為盛行。尤其是兩部神道為中心，江戶時代又衍生了雲傳神道。

伊勢神道：度會神道

鎌倉初期（12世紀末～13世紀初），伊勢神宮的外宮為中心，由於兩部神道的影響，神宮的祠官度會家行一族所倡說的神道為伊勢神道，也叫度會神道，是中世的代表性的神道。

它有代表作「神道簡要」，主倡「神本佛從」，反對僧侶的神道說，強調神才是本地，佛不過是暫時的身影，亦即「神本佛迹」說，反（佛為）本地垂迹說。

唯一神道：吉田神道

伊勢神道到了室町時代（14～15世紀）為吉田神道所繼承而更彰顯。吉田兼俱的「唯一宗源神道」足為室町時代神道思想的代表。

京都吉田社的的祠官吉田氏代代相傳這種神道，故被稱為吉田神道，又因其原本姓卜部，故亦叫「卜部神道」成立於15世紀後葉。兼俱著有《唯一神道名法要集》，倡說「日本的神道是萬法的根本，震旦（中國）的儒教是枝葉，天竺（印度）的佛教是花實」，神佛並非混淆不分。

鎌倉 185~1333 (148年)	室町 1338~1573 (235年)	安土桃山 1573~1603 (30年)	江戶 1603~1867 (264年)	明治 1868~1911 (44年)	大正 1912~1925 (14年)	昭和 1926~1988 (63年)

江戶時代的神道

江戶初期（17世紀），儒學的巨匠林羅山為家康及以後四代將軍侍講，盡力普及朱子學成為幕藩體制意識型態的守護神。羅山在《神道傳授》中倡說神道王道儒道和人道根本同一，強調「神儒一致」，是為「理當心地神道」，即「儒家神道」。

稍後朱子學者山崎闇齋統合神道與儒學倡說「垂加神道」。他將朱子學跟神道領會成「唯一」的關係，使儒教不致和神道混淆而得以從神道截然區別出來（前出石田著許譯p265）。

到了江戶中期出現了國學者倡說的復古神道（國學神道、古學神道）。他們透過「記紀」等古文獻究明日本固有的精神、文化，主要學者有荷田春滿、賀茂真淵、本居宣長和平田篤胤等「國學四大人」。他們的神道思想成就為後來的尊王論，以及明治維新的神佛分離論和神道國教化政策的基礎。江戶末期成立了十三派的神道系新興宗教（教派神道）。

明治以降的神道：皇室神道

明治政府成立後即頒布「神佛分離令」否定神道與佛教的混淆合一。同時實施一連串的相關政策，而形成了皇室神道、國家神道。神道乃成為重視祭祀的「公的」宗教，相對於佛教和基督教之為「私的」宗教。

第2節　神社的文化

神社的起源

神社是人跟神相會的聖域。日本列島富於四季的變化，受惠於豐富的大自然。自古居住在列島的人們對於寓居在巨木、巨石或山川等大自然裡的神靈供奉禱告。

繩文	彌生	大和	飛鳥	奈良	平安
12,000年前	紀元前5世紀 （近千年）	3世紀後半～590 （300多年）	590～710 （120年）	710～793 （84年）	794～1185 （390年）

　　日本人的這種泛靈（animism）的信仰，從稻作傳來以降未嘗改變，配合農時周期舉行各種相關神事。祭祀「拜拜」辦熱鬧的場所，亦即人跟神相會的「聖域」正是神社（zinzia）。

　　據神道的說法，任何地方都有「神」的存在。人們聚集舉行祭祀的場所，神祇們會湊聚過來。神社既是祭祀神的場所，也是人們潔淨本身的場所。到底這樣的場所（神社）是怎樣的「形貌」與結構，如何誕生的？

　　在古代，巨大樹木的周圍或巨大（岩）石或聚落附近的小山岡，山裡是神會聚集的地方。這樣的場地有神靈（生命）存在，是恰好的祭祀的祭場。這種簡陋的祭場慢慢發展成為神社。

　　從祭場到神社的過程，先是有「神籬」（垣）。它是在祭場中心的常綠樹周圍造起叫「玉垣」的柵子圍繞起來，做為標誌。這個祭場的標誌「神籬」是後來成為神社的「原點」。

　　泛靈信仰的世界裡，巨岩絕壁或山川等是神靈降臨、棲息之處，為人們不能靠近，用「注連繩」（掛在神殿前表示不能入內的稻草繩）裝飾起來，作為神聖的土地或事物成為信仰的對象。這樣，祭祀至上的祭場，山或川本身就是信仰的對象，這座山本身就是神，管叫它「神體山」。這樣以山川本身做為信仰的對象，不須建造本殿，只要有蓋「鳥居」，並不是信仰的特殊的形態。

神社境內的建築物

　　「神社」這個詞語的涵義是「神靈的鎮座地」之意。意即，神社裡重要的是鎮座地。

　　從鳥居（神社的牌坊）下面通過之後，前方就有「御神體」。據說像現在這樣神社境內有建築物的背景是，天皇即位之際要舉行「大嘗祭」的儀式。那是天皇要奉獻穀物給神，跟神一塊膳食的儀式。作為舉行大嘗祭的神聖的場所而蓋了「大嘗宮正殿」，亦就是現在的本殿的原型。

　　神社的建築物並沒一定的規格，本殿雖然最重要卻不一定都有。拜殿是必要的，但是也有闕如的神社。神社的構成形態多種多樣，茲就一般的神社而論來看看共通的建築與設施。

　　鳥居：參拜道的入口豎立鳥居，它是神社的門。穿過鳥居就是跟俗界隔離的聖界，是眾神的領域。參拜道的中央是神通過的路，人必須迴避，走兩側。

　　鳥居的形態有兩種：一為神明鳥居，用有皮的圓形木架成，最古的黑木鳥居。二為明神鳥居，頂上橫木兩端略向上翹起，上頭懸社名匾額，塗朱紅色，標致的鳥居，佔大多數。鳥居有木造的和石造的。

　　洗手舍：為了參拜要把身體滌淨的地方。用杓子取水、洗手並用手捧水嗽口。

　　參道：進入鳥居後到拜殿之間，兩側有社務所和神樂殿、舞殿。

　　拜殿：人們參拜的場地，受寺院的影響，從平安時代開始建造。附帶還有神職人員禮拜的祓殿和供奉物品的幣殿。

　　本殿：祀奉神的建築物，安置「御神體」。其位置通常在境內最裡邊，有用墻垣或柵欄圍起來保護的。如果御神體是山或森林等自然物本身就不蓋本殿。

代表性的神社信仰

　　伊勢神宮：日本列島的無數神社中，最尊貴受崇拜的是三重縣伊勢市的皇大神宮，正式名稱為「神宮」。主祭神為天照大御神，既是皇室的皇祖神，又是日本全國的總守護神社。

　　這裡區分為奉祀天照大御神的內宮和奉祀豐受大御神的外宮，另外有14座別宮。

　　天照大御神之所以鎮座在伊勢，因為伊勢在都城大和的東方，是太陽昇起的方位，跟太陽的信仰有關，而天照大御神是太陽神。

　　出雲大社：主祭神是營造日本國的地上最高神大國主神，鎮座在島根縣出雲市大社町。這裡是全國的神聚集之地，「八百萬」的眾神聚集在出雲結緣，進行

「神議」。因而，大國主神被認為是「結緣之神」，廣受信仰。

伏見稻荷大社：日本最多的神社（約有2萬社），京都的伏見稻荷是稻荷神社的總社。主祭神是宇迦之御魂大神，原本是農耕神，後來也被認為是商業繁盛之神。

稻荷之神亦就是負荷稻穗之神，稻米為日本人的主食，稻米的靈是被奉祀在稻荷神社的神。稻荷神社裡安置神的使者狐像，是有名的標誌，被認為是帶來豐收的農田之神的使者。

宇佐八幡宮：日本全國有八幡宮約1萬5千所，總宮是九州大分縣的宇佐八幡宮。八幡宮奉祀的八幡神，據神諭的傳說是應神天皇。到了鎌倉時代，八幡宮以其為源氏的氏神，尤其是成為武家的信仰中心。

其他神社信仰

（一）日吉（山王）信仰：名稱為「日吉」、「日枝」和「山王」的神社，總本宮山王日吉大社鎮座於滋賀縣大津市。最澄在比叡山開創延曆寺時，奉祀地主神日吉神社的祭神為守護神。日吉的祭神被稱為「山王」，山王神道與天台密教神佛調和。

日吉信仰的起始顯然在於比叡（日枝）之山。實際是藉加持祈禱來鎮護國家和息災延命。

（二）春日信仰：總社春日大社在奈良市，祭神為春日四所明神。神佛調和盛行時，祭神亦稱慈悲萬行菩薩。而且有春日曼荼羅，春

紀伊半島的速玉大神社是日本全國熊野神社的總社。粗大的「注連繩」為聖所，不得侵入此範圍。

日大社被註冊為世界文化遺產（前出拙著）。

（三）住吉信仰：住吉神社鎮座遍布列島各地，總社在大阪攝津，奉祀住吉大神和神功皇后。住吉神是航海安全之神，派遣唐使時多去祈願。

（四）金毘羅信仰：鎮座在四國香川縣的金刀比羅宮為總宮。自古即為雷神、水神的信仰，亦是航海安全，守護漁業之神。金刀比羅、琴平等神社（名）全國有669社。江戶時代大坂江戶之間港的廻船盛行，各港多有信仰的組織。

（五）靖國神社：唯一的「國家神社」，鎮座在東京都九段，是全國護國神社的信仰。明治二年（1869）創立東京招魂社，祭神是幕末維新時期為國捐軀的「御靈」。社名於1873年改為「靖國神社」，1939年以後亦被稱叫「護國神社」。

神社裡祭祀的神靈包括明治初年的戊辰戰爭以後的西南戰爭、日清、日俄戰爭、第一次大戰以及第二次大戰，不分軍民男女為國犧牲者總共有246萬「柱」的神靈。

第3節　佛教的興隆與發展

明治元年頒布「神佛分離令」以前，從古代、中世到近世，佛教一直是日本文化史的樞軸。日本文化可以說是受到佛教的影響極大的文化，長期間佛教思維對日本人的生死觀、自然崇拜浸透深入。日本人的一般生活之外，對藝術方面也有強烈的影響。

隨著水稻農耕生活的成立，神道這種與「生」一體的宗教即將要成形確立時，佛教便傳來了（6世紀中葉）。於是，神道掌管「生」，佛教掌管「死」的任務分工打下了基礎（《日本文化史通論》，P283）。

佛教的傳來與展開

佛教從印度經由中亞細亞、中國和朝鮮傳來日本（538，一說552年）。時佛

繩文	彌生	大和	飛鳥	奈良	平安
12,000年前	紀元前5世紀 （近千年）	3世紀後半～590 （300多年）	590～710 （120年）	710～793 （84年）	794～1185 （390年）

教誕生已經千餘年，亦經過好多國家，所以傳來日本的佛教變成跟釋迦的教理簡直是不同的佛教了。

佛教傳來後，作為國家的立場可否接受，欽明天皇詢問重臣的意見。蘇我稻目答以應該接受信奉，而物部尾輿則認為會惹來固有神祇的惱怒加以反對。這件事卻引來兩氏（派）的權力鬥爭。

先是天皇應稻目之請求將佛像給稻目准其禮拜。稻目將佛像安置在向原的私邸，成為向原寺。

繼欽明之位的敏達天皇是排佛派，時百濟寄贈彌勒石像由稻目子馬子接受，而建立佛寺。馬子又懇請讓歸化人女兒出家、辦法會、建造佛塔。不料跟先前一樣又發生疫病，佛寺被排佛派所燒毀。

敏達之後的用明天皇（聖德太子父）信奉佛教，在病床時，馬子請來法師祈願，天皇乃歸依三寶。天皇歿後，排佛派的物部氏與蘇我氏為擁立後繼者對立激烈，竟訴諸武力。結果馬子擁立敏達的皇后（聖德太子姑母）成功，是為推古天皇，而物部因而滅亡。

此後，馬子更盡力於與百濟的交流而引進佛教文化，並為紀念打倒物部氏而在飛鳥建造元興寺（588）。同時，研究佛學，從百濟招請僧侶以及佛寺的建築、画、雕刻等技術者，這樣鞏固了日本佛教興隆的基礎。

聖德太子的興隆佛教

如前所述，聖德太子是日本史上最初的聖人。太子在歷史上所遺留的六項功績，對興隆佛教有決定性影響。

太子擔任推古天皇攝政的翌年（594），天皇頒布了「佛法興隆之詔」，正式公認並要發展佛教。太子跟父親用明天皇同樣篤信佛教。他的佛法之師是高句麗的渡來僧惠慈，曾對佛典撰述《三經義疏》注釋書。

太子對興隆佛教的另一大貢獻是建造了三大佛寺：（1）四天王寺（大阪），

在崇排佛論爭時，太子在這裡祈願崇佛勝利。（2）法隆寺（斑鳩寺），是世界最古的木造建築。（3）中宮寺，太子在母親的宮址建立佛寺。寺內有太子妃為悼念太子的日本最古的刺繡「天壽國繡帳」。

奈良平安佛教的展開

在飛鳥時代（第7世紀）太子興建佛寺的前夕，早期的佛寺是私人的氏寺。公元596年，才在飛鳥建立了具備佛塔、金堂（大殿）和講堂的伽藍形式的法興寺。

在太子之後，大化革新（645）以降，在各國建立「國分寺」，寺院乃被置於律令國家的管理之下。到了奈良時代（第8世紀），在奈良有興福寺（世界文化遺產）等南都七大寺的繁榮。迨平安時代初期，京都東北郊外的比叡山延曆寺和紀伊山地高野山的金剛峰寺（均為世界文化遺產）成為日本佛教的兩大聖地。

第8世紀聖武天皇和女兒孝謙（重祚為稱德）天皇的時代，在京城奈良大力振興佛教，營造大佛，建立大寺（東大寺），頒布「國分寺建立之詔」（743）。佛教成為國家佛教，設立佛教的官署「僧綱」統轄佛寺和僧侶，禁止無許可的和尚 對一般民眾布教。僧侶成為「官吏」，天皇成為「三寶之奴」，女帝亦出家，寵任僧人道鏡窺伺帝位。

佛教成就為鎮護國家的思想，南都奈良有七大寺，更有六宗（佛教宗派）盛行。公元752年，在孝謙女帝時，舉行東大寺大佛開眼，已退位的聖武天皇和皇太后參加，是一場天平文化代表性的國際色彩濃厚的盛典。

這個時期，佛教成為國家的宗教跟一般庶民的救濟無關。東大寺大佛完成後，不久鑑真來日，開創日本的律宗（754），聖武天皇、皇后和太子均接受其授戒。翌年在東大寺設立戒壇院確立要成為僧侶的授戒制度。同時期，行基通過從事社會事業把佛教普及民眾做出貢獻。

繩文	彌生	大和	飛鳥	奈良	平安
12,000年前	紀元前5世紀 （近千年）	3世紀後半～590 （300多年）	590～710 （120年）	710～793 （84年）	794～1185 （390年）

平安時代佛教的興衰

平安初期，桓武天皇為了擺脫南都佛教的干政與「不務正業」，遷都長岡京後再遷都平安京。公元804年，傳教大師最澄和弘法大師空海同時參加遣唐使團（不同船）入唐求法。最澄在京都東北郊開創比叡山天台教學（法華經為中心）兼密教（台密），而空海則在紀伊山地的高野山和京都的東寺發展東密（東寺的密教）。

當時朝廷亟思建立佛教的新秩序，桓武天皇對最澄期待殷切。嗣後，嵯峨天皇（桓武的第二皇子）則跟空海同為漢詩文和書道的「知己」，而做空海的後盾，不但把國營的東寺讓渡空海，高野山的土地賜給他振興真言密教。這些在揭示密教時代的來臨。

密教的傳來與展開

密教即「秘密佛教」，其根本為密教經典的雙璧《大日經》（7世紀初在北印度成立）和《金剛頂經》（7世紀末在南印度成立）。密教是宇宙根本佛大日如來為教主的佛的秘密教義。

第4～5世紀時受印度教要素的影響而產生了「雜密」，主要用咒術給人除災招福。後來兩經成立才有系統化的「純密」。

《大日經》於第8世紀由印度僧善無畏傳來中國（時80歲，享年98歲）漢譯，闡述物質原理。稍後《金剛頂經》由印度僧金剛智傳來中國漢譯，在長安開設灌頂道場。其弟子不空在乃師死後赴印度帶回密教經典1,200卷，唐玄宗後三代的皇帝均受歸依，密教乃成為國家宗教。

這兩個系統的密教乃被不空的弟子惠果所統合，而惠果（密教第7代祖）則將密教的正統傳給空海。當時國家所期待的是密教，空海入唐習得密教的真傳與正統，所以前輩的最澄亦必須來請益。

中世鎌倉新佛教的形成

鎌倉時代（1185～1338）由於原有的佛教南都六宗、天台宗和真言宗都不過是貴族的佛教，庶民難解的佛教。人們在渴求易解的佛教，於是有淨土宗等許多宗派在12～13世紀誕生，是為鎌倉新佛教（相對於原來先的（舊）佛教）。

淨土教的興起

平安末期內亂頻仍，疫病流行中佛教的思想盛行，社會動盪人心不安提供了淨土教隆盛的背景。

淨土教的教主是阿彌陀如來，念誦「阿彌陀如來」便能往生樂土（這世間已無快樂的可能）。先是空也在市場邊念佛邊跳舞頗受歡迎。其後源信著《往生要集》，描述只要誦念「南無阿彌陀佛」，死後便能往生，成為暢銷書，淨土教因而正式傳布開來。

淨土宗諸派與日蓮宗的成立

平安末期末法意識加深，佛教要把人教導成佛。這時自力修持已無望，亦就是要有阿彌陀佛的本願，更要他佛力的加持。

到了鎌倉時代，法然的淨土宗、親鸞（法然的弟子）的淨土真宗、榮西的臨濟宗、道元的曹洞宗和日蓮的日蓮宗，以及臨濟和曹洞兩宗的禪宗等陸續誕生。

臨濟宗和曹洞宗的禪宗受到幕府的保護之下發展開來。一方面淨土宗和日蓮宗等淨土系諸宗則廣為庶民所信仰而擴大其勢力。

戰國時代，淨土真宗門徒為中心的「一向一揆」和日蓮宗的「法華一揆」等傾向於形成自治社會。

江戶時代幕府開始依法律管理各宗派，施行「諸宗諸本山法度」，各宗派的總寺院統治屬下的末寺，以及所有的人是佛教的施主（檀家）的「寺檀制度」。自

繩文 12,000年前	彌生 紀元前5世紀 （近千年）	大和 3世紀後半～590 （300多年）	飛鳥 590～710 （120年）	奈良 710～793 （84年）	平安 794～1185 （390年）

天皇、將軍以至於庶民莫不屬於末寺（菩提寺）的檀家，葬禮、法要由寺的和尚來誦經。

例如，天皇家以京都泉涌寺（真言宗），德川家以江戶增上寺（淨土宗）為菩提寺。

江戶時代是利用佛教統治庶民的時代，佛寺形同（市區）公所，有「宗門改帳」登錄戶籍，「寺請制度」發行住民結婚、遷居等證明文件，也就是寺請證文。

日本最後出現的宗派是黃檗宗。明末中國禪僧隱元隆琦渡日傳來的禪（在中國稱臨濟宗楊岐派），包括淨土教和密教，也叫念佛禪，跟日本的臨濟宗旨趣不同。

明治初年，政府頒布「神佛分離令」和「大教宣布之詔」，大規模排佛運動叫做「棄佛毀釋」運動，佛像、經典被破壞，甚至佛寺也遭燒毀。

第4節　佛教的名僧、宗派與寺院（上）

佛教於第6世紀中葉傳入日本後，歷經1,500年以上的歲月。佛教發展、演變過程裡，誕生了許多高僧，開創宗派。這些宗祖，他們的教義、總本山、經典以及「教勢」有必要做個梗概的俯瞰。

佛教傳來以降迄19世紀後葉一共成立了13個宗派。就時代大別為：奈良、平安、鎌倉室町和戰國江戶等四個時代。

（1）奈良佛教：即南都佛教有六宗，惟以法相、華嚴和律宗三宗為著。

（2）平安佛教：以天台宗和真言宗兩宗為主。

（3）鎌倉室町佛教：有七個宗派，以淨土、淨土真宗、臨濟、曹洞和日蓮五宗的教勢較大。另外融通念佛宗（良忍）和時宗（一遍）兩宗較弱。

（4）江戶末期的黃檗宗。

奈良佛教的三大宗派

在奈良成立的佛教六個宗是為了鎮護國家受到保護而極其隆盛。寺院形同大學、研究所，宗等於是學派。佛教是國家的宗教，並非是為民眾的宗教。

南都六宗中，三論、成實和俱舍三宗在末尾略述先就法相、華嚴和律三個宗派概述大要。

（1）法相宗：宗祖道昭（629～700，享年71歲）

法相宗的本家中國，始祖是唯識教學大成的慈恩大師（基），而其肇始者為基的師傅三藏法師（玄奘）。日本法相宗的宗祖道昭赴唐留學師事玄奘，把玄奘從印度帶回中國的教學帶回日本。

道昭出生於河內國（大坂東南部），先在飛鳥寺出家，26歲時參加遣唐使團赴唐，師事玄奘習法相教學，尤其是禪，歸國之際，玄奘授以舍利、經論。回國後除設禪院從事教學，亦盡力於掘井、造橋的社會事業。每日過的「坐禪三昧」，據說坐禪入寂，死後遺言火葬，是佛教關係荼毘（火葬）的嚆矢。其後文武、元明、元正三代天皇連續被火葬。

法相宗（653年開宗）有著名的留學僧玄昉，所據的經典為《成唯識論》和《解深密經》。總寺院是奈良的興福寺和藥師寺，本尊釋迦如來和藥師如來，寺院數46，信徒52萬人。

（2）華嚴宗：宗祖良弁（689～774，享年85歲）

良弁是研究華嚴經的先驅者，由於被選任參加聖武天皇的夭逝皇子的供養，跟皇室結緣而發跡。華嚴經是由唐僧道璿傳來的，公元740年在金鐘寺（後更名東大寺）辦華嚴經的講義是開宗之始，時良弁已51歲。

其後，華嚴宗因良弁的研究而勃興。在華嚴思想之下，聖武天皇頒布建立盧舍那佛之詔，在天皇庇護下，良弁與華嚴經地位「暴增」。

華嚴經倡說「一即多、多即一」的精神，展開壯大的宇宙論，其內容卻止於觀

念論。奈良以降未見發展，平安時代即趨衰退，畢竟侷限於學問的研究，教勢微弱。

華嚴宗的教主（本尊）是盧舍那佛，總寺院為東大寺，寺院數62，信徒4萬人左右。

（3）律宗：宗祖鑑真（688～763，享年75歲）

鑑真和尚是唐揚州人，20歲時受過戒正式成為僧侶。除天台宗教學之外，也學習戒律的律宗。到40多歲時已給4萬人僧侶授過戒，並寫經3萬3千卷成為著名高僧。54歲時應日本僧榮叡的招聘為「戒師」決定渡日，歷經5次渡航失敗亦失明。

公元753年，搭乘遣唐使歸國（日本）船，成功地在南九州西南岸登陸。翌年即在奈良東大寺為聖武太上天皇，皇太后等信徒440人授戒。同時，是律宗開宗，翌年在東大寺設立戒壇院。凡是要正式成為僧侶者必須在戒壇受戒，這樣確立了日本的授戒制度。

稍後鑑真開創唐招提寺，研究戒律做為實踐道場。鑑真入寂後，律宗大為衰退。鎌倉時代曾一度復興，惟引進真言宗教學而產生真言律宗。近世以後律宗又再度沈滯下去。

律宗的教義以研究戒律為中心，由實踐戒律而成佛。總寺院為唐招提寺，本尊是盧舍那佛，所據經典為「四分律藏」，寺院有28，信徒約3萬人。

平安時代的兩大佛教

（1）天台宗：宗祖最澄（767～822，享年55歲）

天台教學的開創者最澄（死前被授號傳教大師）出生在琵琶湖近邊，18歲時上比叡山修行，21歲設立一乘止觀院。他認為當時是無佛的時代，祈願要完成佛道而且能夠救濟世人。這個院聚集了許多弟子鑽研《法華經》以及華嚴、天台教學。

桓武天皇對最澄期待為新佛教的推手，一乘止觀院乃成為鎮護國家鬼門的寺院。最澄認為所有佛法的教義都要「歸一」於《法華經》的「法華一乘思想」。公元804年，他為了究明其法而參加遣唐使團入唐登天台山學習。一年後回國，翌（806）年在比叡山開創天台宗。

當時國家（朝廷）所期待的與其是天台教學勿寧是密教。他倡說禪、圓（天台教學）、戒（律）和密（密教）四者的根本在《法華經》之下成為一體，這種教義和以密教第一的空海不相容。一方面認為具足戒是小乘戒，不足以養成守護國家的僧侶，堅持要授以大乘佛教的戒律，為期9年跟南都佛教論爭。

天台宗的總寺院是比叡山延曆寺，這裡可以說是日本佛教的「綜合大學」，在鎌倉期新佛教的宗祖陸續輩出，既權門（貴族）化也世俗化，結果融和成為日本佛教源流的綜合佛教。

最澄歿後，使天台密教興隆的是弟子圓仁（慈覺大師，入唐7年，著《入唐求法巡禮行記》）和徒孫圓珍（智證大師）。兩人先後入唐學密教，回國後實現了最澄所願望的「圓密一致」（法華經和密教的一致）。

10世紀末，圓仁系（山門派）和圓珍系（寺門派）分裂。良源起而復興比叡山天台教學，引進淨土教，源信著述《往生要集》，成為法然和親鸞誕生的契機。室町時代產生了「天台本覺思想」學習天台宗的僧侶們散布全國各地。

惟號稱為「僧兵」的組織介入政治，在跟織田信長對抗中，比叡山遭受燒毀。德川家康時重用天台僧天海開始復興，以後在幕府的庇護下得以再發展。

天台宗的本尊是釋迦如來，所據經典為《法華經》。有系列大學是大正大學（東京），寺院數4054，信徒數約320萬人。

（2）真言宗：宗祖空海（774～835，享年61歲）

空海諡號弘法大師，四國讚岐（香川縣）人。14歲時上京求學，17歲從大學退學回四國進行山林修行。23歲時著作《三教指歸》，認為儒道釋三教以佛教最優。其間發現密教的《大日經》決心研究密教。

公元804年，空海在東大寺得度後參加遣唐使團入唐到長安，在青龍寺師事密教7代祖惠果接受密教之法的真傳。兩年後攜帶大量經典、法具和曼荼羅等歸國。

空海倡說「即身成佛」，其修法叫「三密加持」。三密指身（動作）、口（言語）和意（心）三者的活動。空海習得密教真傳，又繼承惠果的正統成為密教第8代祖，是日本密教的第一人，密教又是當時鎮護國家所必要的佛教，備受重視。

為了推動密教活動，空海向有私交的嵯峨天皇懇願而受賜高野山土地（816）開啟道場，蓋金剛峰寺（816）。

公元822年（48歲），在東大寺設立灌頂道場，其宗派真言宗獲得公認是為開宗之始。翌年嵯峨天皇把京都的東寺下賜給空海。稍後設立日本史上第一所私立學校「綜藝種智院」，著述《秘密曼荼羅十住心論》。在高野山入定前在東大寺建立真言院。

空海不僅是一位史上著名的高僧，而且漢詩文的造詣很深，尤擅於書道（法），是當時聞名的「三筆」之一（另兩位是嵯峨天皇和橘逸勢）。

空海的真言（宗）密教有高野山和東寺兩個道場。他歿後，成為真言宗發展的據點是東寺，教團由十個弟子運營，門閥、流派的歧異一再鬧分裂，寺院林立。第10世紀高野山曾經被認為是淨土復興過。第12世紀以後卻明顯地分裂成古義真言宗與新義真言宗。

後來高野山因受到豐臣與德川家康的援助乃發展成為宗教都市（門前町）。

真言宗的主要教義是，為了跟大日如來一體化進行的修行，此身就此成佛（即身成佛）為目的。教主（本尊）是大日如來，總寺院為高野山金剛峰寺。所據經典有《大日經》和《金剛頂經》。列系大學有：種智院大學、高野山大學和大正大學。寺院數12,100所，信徒多達897萬4千人。（本節多參照成美堂《日本的佛教的宗派》）

第5節 佛教的名僧、宗派與寺院（下）

鎌倉、室町的佛教宗派

（1）淨土宗：宗祖法然（1133～1212，享年79歲）

法然出生於武士的家庭，幼年父親被襲擊戰死，被佛寺收留。13歲上比叡山習佛教，後來看到源信的《往生要集》，說是受不了嚴格的修行者必須稱誦念佛，卻未出示根據。後看了中國淨土教的僧侶善導所著《觀經疏》裡說「只要一心口誦念佛便有可能往生」。

接觸了這些之後，法然開始倡說藉專修念佛以求往生。要之，把心安定下來，腦裡浮現阿彌陀佛或極樂淨土的「觀想念佛」，以及出聲念阿彌陀佛的名字，即「稱名念佛」。法然認為要救得眾生，誰都做得到的稱名念佛以外別無辦法。

他在1175年（42歲）離開比叡山，結庵開創淨土宗。否定修行，倡說念佛優先的專修念佛為劃時代的創舉。此時正值末法思想盛行，教勢急速擴展而為南都諸宗與比叡山所忌，以至被朝廷命令停止念佛（1206）。翌年法然及門徒親鸞等多數被流刑。四年後歸京，仍繼續唸佛，一年後往生。

法然歿後，弟子分散各地產生許多分派，由於教義簡單易行：只管誦念「南無阿彌陀佛」，誰都能往生極樂土，教勢日增。江戶時代受德川家庇護，東京增上寺成為其菩提寺而繁榮。

淨土宗的教主是阿彌陀如來，總寺院為京都的知恩院。所據經典為《淨土三部經》，系列大學有：佛教大學，淑德大學和大正大學。寺院數約1萬6千所，信徒有625萬5千人。

（2）淨土真宗：宗祖親鸞（1173～1262，享年89歲）

親鸞出身於京都的下級武士，8歲上比叡山習佛教。28歲時下山在京都六角堂師事法然。31歲時跟法然同時遭到鎮壓還俗又被流放到越後（新潟）。此時年過34的親鸞跟惠信尼結婚，後有6個小孩，變成「非僧非俗」的人。刑期4年滿後前

往常陸國（茨城縣）布教，並著述淨土真宗的根本大典《教行信證》。這年（1224）被認為是淨土真宗開宗之年（時51歲）。

親鸞在60歲以後回京都，到89歲入寂前，勤於著作，有《歎異抄》為代表作名著。

淨土真宗原本只是法然淨土宗的一派，一直到明治初年（1872）都被叫「一向宗」。親鸞比乃師法然更徹底地否定自力，主張一切要依賴阿彌陀如來，所謂「他力本願」（靠阿彌陀的力）。倡說人在「有了」信仰的瞬間即得了救，要懷著那樣感謝的心情稱誦念佛。

淨土真宗的意涵是要闡述法然所究明的極樂往生的真實的教義。親鸞的弟子們形成教團，由於血脈相續而傳給親鸞子孫的法脈。實質上的開宗是寺號命名「本願寺」主張血脈相承。

戰國時代顯如的石山本願寺形成「一向一揆」集團，勢力匹敵戰國大名，跟織田信長抗爭十年之久。豐臣秀吉時代在京都建立本願寺，德川家康將它分成東西兩派；（西）本願寺派和東本願寺（真宗大谷）派。明治時代，真宗十派團結，後來結成「真宗教團聯合」。

淨土真宗的教義簡樸；「他力本願」念阿彌陀佛，信仰由父傳子的血緣繼承確立了社會基盤。所據經典是《淨土三部經》，總寺院為京都的西本願寺和東本願寺。系列的大學有大谷大學和龍谷大學等。寺院數20,550所，信徒有1,338萬3,300人，居各宗派之首。

（3）臨濟宗：宗祖榮西（1141～1215，享年74歲）

榮西出生於備中國（岡山）神社的神官家庭，13歲在比叡山出家得度，原本學習天台教學和密教，戒律。27歲和46歲時兩度入宋，在天台山學習臨濟禪，將當時最新的佛教的禪帶回日本，在九州建立禪寺布教。後來著述《興禪護國論》（1198），主張禪宗的正統性。

晚年在鎌倉布教，將軍母子均歸依，受幕府的庇護。臨濟宗的基礎鞏固下來。

他又在京都開創建仁寺做為天台教學、密教和禪的三教的道場，來往於京都鎌倉之間布教。

榮西在70歲時著《喫茶養生記》，普及茶對健康和提神醒眠的效益智識（詳後述茶道）。

榮西歿後，臨濟宗由徒孫圓爾弁圓振興。13世紀的中、後期，中國禪僧先後來日創建專修禪的寺院。室町幕府時代受到朝廷和幕府的保護。

13世紀末，建仁寺的禪僧夢窓疎石不僅足利尊氏，後醍醐天皇也來歸依。為了保護、統制寺院確立「五山制度」的規定寺的等級制度。鎌倉和京都各「五山」（寺），其下有「十刹」。

臨濟宗主要在都市部貴族、武士階層傳布，有機靈智慧聞名的一休宗純等名僧輩出。足利將軍所營建的金閣寺和銀閣寺都是臨濟宗的寺院。

臨濟宗的本尊是釋迦如來，總寺院為京都建仁寺。所屬大學有花園大學，不具經典，寺院5,700所，信徒約116萬人。

（4）曹洞宗：宗祖道元（1200～1253，享年53歲）

道元是京都南部宇治的人，13歲出家入比叡山的佛門。17歲時到建仁寺學習臨濟宗，六年後渡宋師事如淨禪師學習曹洞禪，認為只要坐禪就可以了悟。這就是曹洞有名的「只管打坐」，道元即在越前國「只管打坐」過一生。

回國後著《普勸坐禪儀》為坐禪布教，宣言開宗（1227），日本曹洞宗於此誕生。為避開比叡山的壓力，於1244年從京都移至越前（福井），開創大佛寺（即永平寺），至入寂在此培養弟子，著有名作《正眼法藏》。

道元對自己的教義否認冠以宗派之名。歿後瑩山紹瑾開創總持寺（石川縣能登，明治末年移至神奈川縣），引進密教的加持祈禱要素，不問僧俗授戒成為佛弟子，後醍醐天皇也歸依。嗣後擴大全國的教線，從南朝到戰國時代急速發展。把土俗信仰和葬祭的儀（式）禮聯結起來，讓死者暫且先出家後授以戒名，這樣把佛教跟葬禮聯結起來。在今日，日本人不管是否是佛教信徒，葬禮時必有「～

居士」之類的戒名，叫和尚來念經。

曹洞宗這樣的「世俗化」，對比臨濟宗聯結權貴，乃被戲稱「臨濟將軍曹洞土民」。惟15世紀末以降，永平寺與總持寺兩派的近四百年對立，迄明治初年化解而結盟，兩寺同為曹洞宗的總寺院。

曹洞宗的教義特徵就是「只管打坐」以達到釋迦了悟的境地。本尊為釋迦如來，系列大學為東京駒澤大學。寺院有14,500所，信徒約160萬人。

（5）日蓮宗：宗祖日蓮（1222～1282，享年60歲）

日蓮生於安房國（千葉）海邊，11歲就出家，不久即上比叡山。後來在京都奈良以及高野山對密教、淨土教各處佛門「叩門」，耗費10多年「探索」真正的佛道，卒而確信就是《法華經》。

日蓮回鄉里後倡說歸依《法華經》，於1253年（31歲）開宗布教。當時叫「法華宗」，明治初年的1876年才公稱為「日蓮宗」。時正值淨土系的念佛宗流行信者眾多的時期，日蓮到鎌倉強調只有《法華經》才是釋迦的真正的教義，而批判法然的淨土教是邪教。並且將主張非重視《法華經》不可的「立正安國論」硬呈給幕府當局，導致草庵被襲，又被幕府流罪。

日蓮的排擊他宗激烈，而有四個格言「念佛無間（落地獄），禪天魔（沒經典勾結權力），真言亡國（祈禱無力），律國賊（犧牲貧者）」。先後四度遇法難，最後一次死刑執行沒成而被流放佐渡離島。

在佐渡多所著作（《開目抄》等），以後認為「南無妙法蓮華經」的題名裡顯示《法華經》的全體教義。

日蓮歿後，將教團託給弟子六老僧，隨即分裂發展。室町到江戶時代，教勢與淨土真宗並肩。現在的立正佼成會和創價學會等廣大勢力的新興宗教的源流即來自日蓮宗。

日蓮宗的本尊是釋迦如來，經典是《法華經》，系列大學有立正大學和文教大學。寺院數有6,575所，信徒約550萬人。

　　鎌倉新佛教除了上述五個宗派之外，還有融通念佛宗和時宗兩宗。再加上19世紀開宗的黃檗宗，統稱為日本佛教13宗。

　　融通念佛宗：平安時代末期的公元1117年開宗，宗祖良忍（1072～1132，享年60歲）從比叡山下來後建立來迎院專心念佛，讀《法華經》以外每日念佛6萬遍。倡說念佛才是到達往生的途徑，一個人唱念佛跟所有人唱誦念佛融合即成就大功德，藉阿彌陀的願力顯現本來具備的佛性能夠往生。

　　良忍開創的日本最初的淨土宗系念佛宗派，他歿後衰退而斷絕。迨14世紀以後復興，江戶時代17世紀末才獨立為一宗。

　　時宗：鎌倉時代開宗（1274）的時宗宗祖（1239～1289，享年50歲）是一遍，倡說只要唱誦「南無阿彌陀佛」，沒信心或社會低階層的人都能平等得救。一遍無意形成教團，宗名在江戶時代宗派固定化時才成立。

　　時宗的布教方式特殊，「踴舞念佛」的弟子「時眾」雲遊上人到各地與人結緣，擴大教線。

　　黃檗宗：17世紀明的禪僧隱元隆琦來日本帶來的臨濟宗的一派，到明治時代的1876年才獨立為黃檗宗。

　　在京都宇治總寺院萬福寺住持是中國僧，讀經用中國語，與日本佛教樣式截然不同。黃檗宗沒經典，倡說坐禪一邊念佛以便到淨土往生，是將禪和念佛結合的「念佛禪」。

淨土信仰產生的文化

　　從平安末期到鎌倉時代（12～13世紀），淨土教的融通念佛宗、淨土宗、淨土真宗、時宗相繼被開創出來。淨土系這些宗派在根底裡的共同思想是，指望要往生到阿彌陀如來所住的極樂世界。在那裡，是阿彌陀佛為救眾生安設之佛的世界，有金銀財寶之美，在十萬億土的彼方。

　　要往生此一極樂土之際，「臨終時阿彌陀佛會來迎接」，「能夠直接聽到佛說

繩文	彌生	大和	飛鳥	奈良	平安
12,000年前	紀元前5世紀 （近千年）	3世紀後半～590 （300多年）	590～710 （120年）	710～793 （84年）	794～1185 （390年）

的真理」，「佛性自然提高，得悟而成佛」云云。

　　在末法思想蔓延當中，信仰阿彌陀如來，只唱誦念佛就能夠往生極樂淨土，這樣的淨土教的教義很快地讓尋求救濟的眾多民眾著迷。

　　由於對極樂淨土的嚮往，淨土的信仰乃產生了一些特殊的優美文化。主要的有重視極樂淨土庭園（園林），例如京都的銀閣寺、淨琉璃寺、宇治的平等院、橫濱的稱名寺以及平泉毛越寺的庭園。又如裝飾內經（寫經）出於女性之手的《法

日本佛教各大宗派教勢比較圖

（1）奈良佛教三大宗派

奈良有南都六宗，以法相宗、華嚴宗與律宗三宗派影響力較大。

宗派	宗祖	開宗年	教義	寺院數	信徒數
法相宗	道昭	653	唯識思想，心之外無物	46	52萬
華嚴宗	良弁	740	法界緣起，一即多，多即一	62	4萬
律宗	鑑真	754	研究戒律為教義中心，實踐戒律成佛	28	3萬

（2）京都平安佛教二大宗派

宗派	宗祖	開宗年	教義	寺院數	信徒數
天台宗	最澄	806	法華經為中心，融合密教禪戒律	4,054	320萬
真言宗	空海	822	即身成佛，與大日如來一體化	12,100	897.4萬

（3）鎌倉新佛教五大宗派

	宗派	宗祖	開宗年	教義	寺院數	信徒數
淨土宗系	淨土宗	法然	1175	念誦阿彌陀佛即可往生極樂淨土	16,000	625.5萬
	淨土真宗	親鸞	1224	依附阿彌陀佛本願瞬間即得救	20,550	1,338.3萬
禪宗系	臨濟宗	榮西	1191	打坐座禪想透參禪課題得開悟	5,700	116萬
	曹洞宗	道元	1227	不求回報貫徹座禪體會佛法	14,500	160萬
日蓮宗	法華宗	日蓮	1253	只管念「南無妙法蓮華經」誰都可得救	6,575	550萬

鎌倉	室町	安土桃山	江戶	明治	大正	昭和
85～1333 （148年）	1338～1573 （235年）	1573～1603 （30年）	1603～1867 （264年）	1868～1911 （44年）	1912～1925 （14年）	1926～1988 （63年）

對日本佛教發展影響深遠的名僧，傳教大師最澄（左）、弘法大師空海（中）與見真大師親鸞（右）。

華經》，而阿彌陀跟菩薩的來迎圖讓死者安心又有夢想。（本節同前節參照《日本的佛教的宗派》）

第6節　神道與日本佛教的文化觀

神道是全世界獨一無二的「日本」的宗教，而佛教雖說是全世界普遍的宗教，但經由中國傳來日本以後卻演變成「本土化」的日本佛教。

神道與日本佛教在文化各方面顯現諸多不同「面相」，有必要摘其大要著其梗概。

（1）神道與日本佛教各是怎樣的宗教？

在了解神道與日本佛教的差異之前，先來了解一下神道與佛教的「根本差異」。

神道是自然發生的「泛靈思想」的信仰，沒特定的教祖，也沒經典、沒教義，故有人甚至不認為神道是宗教。

神道是祭祀至上，重視儀禮。政治的與軍事的支配者同時是宗教的支配者，亦即祭政一體，在古代甚至是神巫操控政治。神道的社會裡，共同體的利益優先，不重視個人救濟。

佛教恰好相反，有教祖釋迦牟尼，有佛教經典。教理教每一個人都能夠受救濟往生淨土，涅槃成佛，所以是普遍性的世界宗教，不像神道只限於日本人（血緣）才能成為信徒，那是「民族宗教」。神道是傳統的宗教，而佛教是外來的宗教。

傳來日本的佛教雖說也是大乘佛教，卻日本化而變質跟釋迦的教理不同的佛教。

日本佛教裡，要成為佛的基本途徑有二：自力之道，二是他力之道。自力之道指坐禪的修行以達「開悟」。他力之道即靠阿彌陀佛的佛力，口誦「南無阿彌陀佛」便能往生到阿彌陀佛所在的淨土國。

神道是日本人的宗教，是祭祀中心，既沒教義，只有祀奉神，有天皇主祭，神社祭祀，而民間的共同體祭祀流為習俗，結合現實利益，不救濟個人。

（2）「神佛混淆」與「神佛習合」各作何解？

第6世紀中葉佛教傳來時，引起神道派的排斥，造成神佛的緊張關係。聖德太子的時代（7世紀）以後，神佛和平共存。奈良時代（8世紀）佛教大興隆成為國家宗教，神也信仰起佛來，神社裡蓋寺院叫神宮寺，而且進行神前讀經。這個現象就是神佛和平共存的「神佛混淆」。

至於說「神佛習合」，則是說神和佛融合為一體，正如「（神佛）是水波之隔」，亦即波也是水，只是「形式」的差異。這種看法叫「本地垂迹說」，是10世紀平安前期成立的思想。它說本地（真實身）的佛或菩薩為了救濟民眾而權且（暫時）化身（權現）「垂迹」為日本的神祇的思想。亦即佛是水，神是波。

此說成立後，在平安末期鎌倉初期，日本的主要神祇的本地佛被確定下來。例如，熊野三山的神是：阿彌陀佛、藥師佛和千手觀音。伊勢神宮的神的本地佛有毘盧舍那佛、救世觀音和大日佛。到了南北朝，神道開始「反攻」，主張神才是「本地身」，所謂反本地垂迹說盛行。一直到明治初年頒「神佛分離令」，神佛的「糾纏」狀態才結束。

（3）神道的神體、鳥居與佛教的佛像、卍字

神道是多神教不製作神像，神道的神是「靈妙的東西」，不具備「身影」。在神道裡，對所設定的神所依憑的物體或場所加以禮拜、祭祀。例如御神體，神靈所依憑的神聖的物體，鏡、劍或玉、岩石等被視為神聖的物體即「神體」。

佛教則有各種各樣的佛像，主要的種類有：如來像、菩薩像、明王像、諸天像等。這些佛像的製作雖然有一定的「儀軌」（製法細則），畢竟佛像是對佛的緬懷想念而非佛本身。

不過「神（體）像」裡有神存在，而佛像裡則否。那麼神像的神聖性可就比佛像要高了。

神社的象徵是鳥居，而寺院的象徵為萬字「卍」。據說天照大神自閉在天之岩屋戶內，天地常闇，聽到戶外「長鳴鳥」（古時的雞）啼鳴告曉，而從戶內出來。爾後，神前造雞停的木是為鳥居的起源。惟鳥居的語源是「通行進去」（通り入る），是神社的山門、顏面，有各種造型和木、石、金屬等材質。

佛寺的山門好比神社的鳥居，惟山門有極壯麗的重層的或樓門。山門有金剛力士在「守衛」（有二體仁王、有四體天王）。

（4）神社與佛寺的建築和機能各如何？

神社的建築很簡單；本殿是奉安神靈的社殿，拜殿是禮拜用的前殿。當初，祭祀的地方甚至沒神社，只有臨時的設施，祭拜完後就撤除。

目前的神社建築是飛鳥時代（7世紀）才有，常設的神社出現還是受佛寺的影響的。

佛寺的出現是為了安置佛像，寺院的建築總稱為「七堂伽藍」。亦即指寺院境內的七種堂舍：金堂（安置本尊的佛殿）、講堂（講義之堂）、塔、經藏、鐘樓、僧坊和食堂。惟真言宗和禪宗則略異。

日本佛寺的機能有：誦讀經典的地方，僧侶修行的場所，僧侶為信徒講經說（佛）法的地方。寺院有這些機能是從平安末期到鎌倉時代。

繩文	彌生	大和	飛鳥	奈良	平安
12,000年前	紀元前5世紀 （近千年）	3世紀後半～590 （300多年）	590～710 （120年）	710～793 （84年）	794～1185 （390年）

（5）日本佛教思想家輩出，神道只有意識型態

日本佛教史上卓越的佛教思想家輩出，諸如聖德太子、最澄、空海、法然、親鸞、道元、日蓮等不勝枚舉。對現代日本人的想法給以很大影響的還是親鸞和道元。親鸞是淨土真宗的宗祖，道元是曹洞宗的宗祖。

親鸞的《歡異抄》和道元的《正眼法藏隨聞記》為現代日本人所愛讀。他們兩人另外一個共同點就是遠離政治。親鸞因受乃師法然的停止念佛連座被流刑後，即斷絕不跟政治權力交涉。而道元入宋時受乃師如淨禪師的訓誡，拒絕跟政治權力接近。

佛教原本在探究普遍價值的超越時空的「真」的人問題，而指出教導人如何活下去。

然而神道卻相反，以祭政一致為原則。北畠親房的《神皇正統記》開頭即說「大日本神國也」（14世紀）。江戶時代的平田篤胤的復古神道則為王政復古運動提供了實踐理論。

神道思想大多有替政治服務的傾向，在神道裡找不到超越時代的普遍性思想。

（6）佛教的「坊主」跟神道的「神主」的出家問題

佛教的僧侶基本上是出家人。釋迦拋棄妻兒出家悟道成為佛陀，佛教的修行者學他出家修行。不過，佛教當然有在家信徒，亦可能得到救濟。

日本的佛教屬於大乘佛教，在家並非不可。僧侶叫「坊主」，屬聖職，要出家才有資格取得僧侶的資格。日本的古代，要做僧侶需國家的承認，他可以免除繳稅或服勞役，就有出家的義務。

然則，鎌倉時代的親鸞卻娶妻生子，淨土真宗的僧侶被准許娶妻。到了明治以後只有淨土真宗的僧侶是在家的人，不剃髮。

公元1872年，明治政府頒令僧侶可以吃肉、結婚、蓄髮。以後不是淨土真宗的僧侶也公然娶妻了。結果，現在的僧侶幾乎都不是出家的。

神道的神職人員叫「神主」原本就不出家。古代，神道並沒專業的神職，後來

鎌倉	室町	安土桃山	江戶	明治	大正	昭和
85～1333 （148年）	1338～1573 （235年）	1573～1603 （30年）	1603～1867 （264年）	1868～1911 （44年）	1912～1925 （14年）	1926～1988 （63年）

才有一定期間內的專業神職，主宰神事叫神主。他們是在家人，當然結婚絕非墮落，不成問題。

（7）神道與佛教的「酒色」觀

有句話說「無不供酒的神」，佛教則有戒律禁止喝酒。日本的神祇喜歡酒，印度的神亦不例外。神前供酒在《日本書紀》（卷五）就有記載，從前用濁酒，近來則用清酒。

佛教有「不飲酒戒」，不論出家與否都不許喝酒。日本可能因為是寒冷地，日本佛教雖然有不飲酒戒，卻顯得寬容。和尚喝的是「般若湯」，亦即「智慧湯」，真諷刺，足見佛教的日本化。

神道對男女的性行為比佛教大方多了。在某些神社境內可以看到把男女的性器當祭神的，在關東有叫「金精樣」的神，豎立木製的男根當神體，或者參拜的人奉納陽物。

奉祀陰物的神社則叫「觀音樣」或「弁天樣」。不過，這在佛教的寺院比較多。日本的佛教「不嫌」酒色，而神道則「嗜好」酒色。

（8）日本人婚禮在神前，葬禮用佛式

在日本的社會有句話說「神道「管」生，佛教「管」死」。日本人從嬰兒出生後成長過程中常要去神社參拜，習俗有「七五三」，一般是3歲和5歲的男孩，而女孩則3歲和7歲於每年11月15日要去神社參拜。

到了結婚時，則要去神社舉行神前婚禮。據說大正天皇結婚時（1900）的神前婚禮是一般人的先例。

至於葬禮方面似乎是和尚的「專業」。有個笑話說，某信徒去佛寺請教人生問題，住持回答：「我不處理『生』的東西，是屍體請搬來。」

佛教傳來當初，僧侶是不接觸葬禮的。後來到江戶時代，幕府為了鎮壓基督教制定了「寺請制度（俗稱檀家制度）」，讓寺院證明非基督教徒，那就得成為寺的檀家（施主）。農民的住居遷移、奉公、結婚或旅行都有必要由檀那寺發給

「寺請證文」。這樣，寺院就扮演了幕府的庶民支配機構末端的角色。這種寺請制度，不僅使佛教世俗化，而且大為墮落。

此後，神宮不能碰葬禮，佛教式的葬禮裡，僧侶的任務是讀經給死者聽。奇怪，不在生前卻在死後才要讀經。如前述，死者原本在家人，死後連忙讓他「出家」，引導到佛道，授以戒名，不斷地讀經給他聽，真地聽進去了嗎？

神道之不事葬禮，因為認為死是不潔，限於神官死時才在神宮寺由社僧來進行，故「神葬」只有神官家人才可以。（按：本節主要參照Hiro Sachiya著《佛教與神道》）

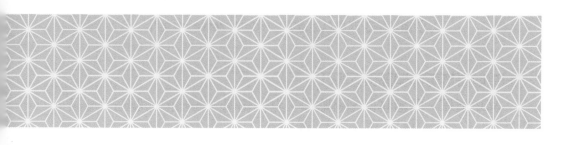

第XVII章

日本文化面面觀 大和之「道」

第1節 《武士道》與武士道

日本的武士道，因為新渡戶稻造《武士道》這本書而聞名世界各國。

日本稍早通用的五千圓紙幣上的肖像人物，新渡戶稻造（1862～1933），於1900年在滯留的美國出版前一年以英文撰寫的《BUSHIDO，The Soul of Japan》（武士道：日本精神）。

這本書後來被翻譯成20幾國的語言而傳遍「天下」，亦被譯成日文引起日本國內的轟動。它的影響最切近而「效果地」是美國老羅斯福總統接受贈書閱讀後，了解日本國民的德性，讚賞日本人高尚優美的性格與誠實剛毅的武士道精神。（《新渡戶稻造研究》第12號P2所引「日本外交文書」日俄戰爭V.708頁）

老羅斯福總統與《武士道》的因緣，驅使他調停日俄戰爭以及促成締結樸茨茅斯條約（1905），盡力幫助日本。《武士道》不啻成了日本的「救國之書」。

新渡戶稻造的《武士道》

新渡戶是日本青森縣盛岡人，北海道札幌農校（北海道大學前身）畢業後，在東大讀2年旋渡美，3年後再轉往德國留學。他是一位學者、教育家，曾任東大、京大教授以及東京女子大學首任校長，也是名「國際派」人士，曾任台灣總督府臨時糖務局長，他的「糖業改良意見書」促成台灣糖業的近代化。還曾任國際聯盟事務次長七年。

《武士道》誕生的契機，據新渡戶在序文中表示，撰書的10年前，

曾為五千圓紙幣上的肖像人物的新渡戶稻造（1861～1933），在美國出版以英語寫作的《武士道》闡述日本武士精神轟動海內外。

他的好友比利時某著名法學者問他在日本學校裡沒有宗教教育，如何教授子孫道德教育？

稻造省思自己的善惡觀念、人倫教訓並非來自學校教育，而是從武士道得來的。一方面，他的太太（美國人）一再詢問他為甚麼這些那些想法與習慣浸透日本各地？為了給這兩個人有個滿足的回答，他認為必須了解封建制和武士道。為了讓外國讀者能更切身地理解，所想要說的用英語寫，都舉述歐洲的歷史和文學中的例證做說明。

《武士道》的武士道內涵

本書由17章所構成。第1章說明何為武士道，這是封建制度下的高貴戰士的職分以至日常生活的規範，肩負的義務，道德體系，類似歐洲「騎士道的規律」。

第2章關於探討武士道的起源，說明佛教與神道賦予武士道的部分。佛教給予對命運的信賴，尤其禪的教誨。神道以「鏡」明心自省自知。

第3章到第7章分別闡述「義、勇、仁、禮、誠」等德目。第8章「名譽」，為重視武士階級的義務與特權。從幼小時就灌輸成就武士的特色。「名、體面、名聲」即「人格」，必也有羞恥心。「名譽」是世上「最高的善」。

第9章「忠義」，這項德目即對主君的臣從之禮和忠誠的義務，賦予封建道德以特色。明治以前封建制下，武士只服從自己的主君，不擴於上層。明治近代國家以後，天皇成為唯一的主君。武士道所重視的並非個人毋寧是邦國。不過忠君並非諂媚當寵臣或無節操的佞臣。

第10章「武士所學何事，如何磨練自己」。常言「文臣不愛錢，武臣不惜命」。武士絕對不口言金錢事，卑視理財而重節儉。武士道只相信無償、無報酬的實踐，因為那是沒法計數價值的。

第11章「為了勝人而克己」，武士道訓練不去列舉不平不滿的不屈勇氣。喜怒不形於色，克制自己保持內心的安定感。

第12章「『切腹』——生的勇氣，死的勇氣」，「切腹」即切割肚子自殺。古代解剖學的概念中，身體肚子部分是靈魂所棲宿處，心臟是感情的中樞，武士道重視名譽，那麼就不該死在榻榻米上。切腹並非單純的自殺手段，毋寧是「洗刷」罪過，免除不名譽，證明自身的誠實，武士道中的生與死的勇氣。

第13章「刀」，武士道把「刀」視為力量和武勇的象徵。武士的小孩五歲時就開始正裝佩刀，進入武門。切腹時，刀成為武士的靈魂。

第14章「武士道理想中的女性」，婦女的「婦」源於掃把（箒），即持家的任務，她必也是女傑。武士道認為女性應從「弱」者解放為強而勇敢。她要操作「薙刀」（長柄刀）保護自己，教育子女。少女成年即授「懷劍」（短刀），必要時為貞操、「恥」自衛。妻的任務是音曲、歌舞、讀書，創造家庭的和樂。否定自己，成就對丈夫的內助之功。

第15章「『大和魂』如何成就為日本人的精神？」武士階級所啟發的武士道的道德體系，吸引了一般大眾中的追隨者。從前的日本，一切都負託於武士，他們可以說是民族之花、之根源。武士定下道德規範，成為民眾的楷模，民族「美麗的理想」。

大眾的娛樂，教化的手段、戲劇、淨瑠璃、讀本、講評（書籍）等都以武士為題材。源義經、忠臣藏的故事，信長或秀吉的物語令人們著迷。婦女幼童成了武勇物語主角的粉絲。「花是櫻樹，人是武士」的俗謠傳遍列島。社會中的俠客自然地成為民眾的領導，武士道精神的感染，日本人的精神，亦即「大和魂」和櫻花同樣地自然浸入日本人的心。

第16章「武士道會復甦嗎？」像怒濤般湧進日本的西洋文明果真將七百年來訓育的痕跡消除掉了嗎？一國的國民精神如果這麼早就死滅那未免可悲。

古來日本的建設者，亦是它的產物武士道，如今仍然是過度期日本的指導原理，形成新時代日本的力量。翻閱建設近代日本的西鄉、木戶、伊藤、板垣等人的成長史，可知武士道是共同的原動力。今天日本變容的主要力量無疑地是武士

鎌倉	室町	安土桃山	江戶	明治	大正	昭和
85〜1333 （148年）	1338〜1573 （235年）	1573〜1603 （30年）	1603〜1867 （264年）	1868〜1911 （44年）	1912〜1925 （14年）	1926〜1988 （63年）

道。國民全體之所以循規蹈矩，千真萬確地是武士道的遺產。武士道的無言的感化現在還根深柢固。

第17章「從武士道的遺產學習甚麼？」歐洲的騎士道跟封建制度分離之後，立即被基督教所收容。在日本沒有養育武士道的宗教，它必須自己找出前進的方向。武士道是充分儲蓄了知性與文化的獨佔權力者所組織的特權集團。

日本在1871年發布的廢藩置縣的詔敕是武士道喪鐘的信號。五年後公布的廢刀令使男子氣概的感性與英雄式行動的保護者罄盡了。在朝鮮與滿州使我們贏得勝利（指日清戰爭）的是引導我們的祖先靈魂。從這裡可以看到武士（samurai）吧。

現在我們的使命是要守護名譽、勇氣以及所有武德的卓越遺產。我們還沒能發現可以取代武士道的東西。目前武士道僅是「一火尚燃的燈芯」，制度本身也許會消滅，不過其德目尚存，力量也不會從地球上消滅的。

以上摘要簡介新渡戶的《武士道》的內容，其中第3至第7章有關「義勇仁禮誠」五種德目跟儒家和一般所認知的有共同內涵，故沒個別敘述。

本書是在日清與日俄兩次戰爭中間在美國用英文寫成刊行的，自有其時空的背景侷限。日文版的譯著亦有幾種版本，戰後對武士道的研究著作不下數十種。以下擬對新渡戶的《武士道》，補充一些有關武士道的資訊。

武士與庶民的武士道

武士道是武士的「道」，即規範、戒律、道德倫理系統。原本在武士社會的核心階級武士的道德規範自然形成後，一般庶民亦蒙受感染。到了明治時代以後，武士、士族息影歛跡以後，武士道精神仍然活在社會的各角落。

武士亦即SAMURAI，漢字作「侍」，指有骨氣、行動果斷的人物，延伸為「了不起」、「不簡單的人物」。武士的起源，見前第Ⅸ章第1節，主要的在平安時代的末期，亦即11〜12世紀。

繩文	彌生	大和	飛鳥	奈良	平安
12,000年前	紀元前5世紀 （近千年）	3世紀後半～590 （300多年）	590～710 （120年）	710～793 （84年）	794～1185 （390年）

　　日本的歷史，自聖德太子主政營造律令制中央集權國家的第7世紀以後到明治維新的19世紀約1,200年間，先後出現了三個武士主政的幕府時代，長達將近700年（12～19世紀前葉）。

　　幕府時代，武士是政治的掌權者，社會核心的特權階級。他們以血族作為「氏」的一體性，直系繼承形成「家」這種獨特的親族集團。

　　武士的「賣點」是騎射武勇能力為價值觀、規範和道德的自然形成。從鎌倉幕府到室町幕府時代（包括戰國期），12世紀末到16世紀末的4百年間，武士道的規範與精神文化殆已成形。

　　到了德川幕府，17世紀初以後持續2百年的和平，沒戰爭的社會，武士的任務與其是「戰」鬥毋寧是統「治」，因而武士道的內面深化和任務角色調整，改為過去所不屑做的管理行政財政工作。

　　武士既與一般庶民不同，必定貫徹信義「死守」約諾。庶民也不甘示弱，尤其商人之間「賭志氣」之風漸萌，於是經濟活動重視信用乃有「借用證文」出現。

　　德川中期以後這種信用經濟日增，今日銀行業務如商業票據、匯票、票據兌現等均已登場。由於經濟倫理的傳播，米的交易中乃有信用交易和期貨交易等新的商業制度產生。

　　到了德川後期，武士的切腹和報仇精神感染庶民，庶民的報仇件數較諸武士大增。武士道的概念在德川時代已見完成。到了明治時代，武士道的「景氣」從不同的角度起漲。不過，由於跟（近代）國家主義的聯結，天皇成為唯一的忠誠對象的主君，武士道於焉變質，佩刀、切腹、執仇都屬違法行為。然則，武士道的精神氣質：「忠、義、勇、誠、禮」等今日仍潛在列島各地。

　　「武士道」這個詞語大致是從戰國時代（1467～1573）到德川時代（17世紀初～）形成的。代表武士的詞語常見「武者之道」、「武者道」、「武道」和「武士道」出現。以下四本書是武士道的早期名著。

　　《甲陽軍鑑》：20卷，高坂彈正口述著作，（1577以降）小幡勘兵衛補訂。

鎌倉	室町	安土桃山	江戶	明治	大正	昭和
185～1333 （148年）	1338～1573 （235年）	1573～1603 （30年）	1603～1867 （264年）	1868～1911 （44年）	1912～1925 （14年）	1926～1988 （63年）

兩人均為武田信玄的家臣，書中言及「武士道」有三十數次，此即「武田（甲州）流軍學」，被視為近世德川時代軍學的聖典。

《諸家評定》：軍學者小笠原昨雲於1621年編纂，20卷，於1658年以20刊行。此書針對《甲陽軍鑑》重視外觀的勇猛善戰毋寧探討武士的內面信念、志氣、思想問題。

《可笑記》：5卷，1624年出版，作者筆名「如儡子」（自虐如同傀儡），本名齋藤親盛（山形藩家臣）。這是一本武士的教訓書，書中出現「武士道」十幾次，對武士道的概念、觀念多所闡述。作者（是武士也是文人）自己以武士身份在解析「武士道」這個詞語。前兩書以武士為對象寫的軍學教科書，本書是以庶民為對象用假名寫成的讀物，所以一再再版。

《葉隱》：被認為具代表性的武士道的書。佐賀藩鍋島家的藩士山本常朝口述，田代陣基記述，耗時6～7年於1716年完成，凡11卷。書的開頭表示：「武士道者尋找死之道也」，卻又說主君如有非，則諫言使主君悔改以固國家是為大忠節。高層次的忠義或武士道並非任由主君所言而唯唯諾諾，明知主君錯誤則必敢然諫言，甚至合議形成之下把主君「押込」（幽閉在藩邸的前廳）。這在戰國時代每有「下克上」的事件，到了18世紀安定的狀態時則成為擔保組織統制的重要制度之行為。

（按：本節主要參照：①新渡戶稻造著《武士道》（奈良本辰也譯），②笠谷和比古《武士道的精神史》，③李登輝《武士道解題》日文版等書。）

第2節　日本書道藝術的傳統

書道的由來與內涵

「書」（書寫），是指用文字做原材料，運用筆墨（汁）來表現個人的思想和感情的藝術作品。在漢字的世界，日本的文字漢字和假名用毛筆書寫特別鑑賞作

者的風格、精神，稱之為「書道」。

「書道」與「書法」都是指稱寫字的規範。字的書寫體裁「書體」有篆書、隸書、草書、行書、和楷書。書寫的筆法、筆致、筆跡等「書風」屬於書寫者個人的風格、個性與精神的表徵。

日本的文化，有很多是從外國移植的，古代輸入中國、尤其是唐的文化，近代則模仿歐美文化，而都能加以發展使之更精致，所謂「青出於藍而勝於藍」。其根本精神在於「求道」，一以貫之，以致極品。於是有武士道、書道、茶道、花道……等各種「道」。

「書道」的意涵不止於書寫的規範、技法，更著重書寫者的精神、性格所顯示的「書風」，個人格調、品味、筆致。

日本的「書」來自中國的書法，書寫的文字漢字是中國的文字，各種「書體」（字體）亦都是中國的漢字書體。雖然有中國文字所沒有的假名，惟平假名與片假名都是從漢字衍生出來造成的。

古代的書道，在假名成熟以前、只有漢字的時代，書道限於名家的「特技」表現。平安中期（第10世紀）以後假名的運用促進書道的傳布。江戶時代，寺子屋教育的普遍，書道庶民化、大眾化。

目前，即使在電腦化的時代，尤其是年青人逐漸跟寫字「離緣」而趨向於打字化，而學校（尤其是小學）教育的「習字」以及社會上的書道教室仍並不寂寞，報社重視書道，每年特別是新年，由於新春「試筆」的成果佳作都會在報紙公布出來。這種書道傳統一直持續中。

漢字書體的演變與種類

依時代而字體數不同，到現在一共有五體。

1. 篆書：篆字（與天聯結的文字），字的結構是原則上縱長，重心在上面、腳稍長、左右對稱。篆書成立於秦代（前3世紀），因是古文字乃被視為神聖的書

鎌倉 185～1333 （148年）	室町 1338～1573 （235年）	安土桃山 1573～1603 （30年）	江戶 1603～1867 （264年）	明治 1868～1911 （44年）	大正 1912～1925 （14年）	昭和 1926～1988 （63年）

體。現在日本，契約的印鑑、護照封面的「日本國旅券」五個字用的是篆書。

2. 隸書：政治目的的文字，由於篆書的字劃數多，寫來費時，將篆書彎曲的改成直線，字形四角化。前漢時已出現，後漢時（1～3世紀）精美而樣式化，扁平的字形，舒暢的平（橫）字劃為特徵，多用於石碑刻字的銘文。現在亦用於書籍和報紙的題字。

3. 草書：簡略式的文字，漢代主要因隸書的速寫而產生。西元前1世紀，紙的發明讓書寫者運筆的幅度增加，點和劃的省略以及簡便化的寫法促成草書體。草書不僅效率快，而且注重美的功夫，多用於個人的書翰。

4. 行書：是日常用的文字，字的形態介於楷書於草書之間。活用筆勢而不像草書般的簡略化，多用於事務的日常書體。

5. 楷書；正式的文字，又叫「楷體」、「正書」、「真書」，是歷史上最後形成的書體（第3世紀中期）。它是直接從隸書變化來的，主要的特徵是對點和劃有意識地從始至終拘謹地書寫。到第7世紀（唐初），優美而定形化，乃取代以往的篆書、隸書成用於公文書的正式書體。涉及皇帝的碑文多用楷書寫。

以上五種書體，並非新的書體產生後，舊的書體即被放棄或廢止。例如石碑的本文是用楷書寫的，而上部的題名則用篆書或隸書寫的不少。

書的名家與書風

「書體」即字體、字的形體、體裁，而「書風」是指書的作者個人作「書」的風格，即思想精神，個性感情所表現的筆致、筆法、筆跡等。書體是有時代性，社會全體的，而書風則屬於個人的特徵，超越時代的。

日本的很多書道名家的書風學習或模仿中國的名家。因而應先了解一下中國的書法名家的書風。

中國漢字的書體的演變，到了三國時代（第3世紀中期）大致五種已完成。晉朝結束了三國的分裂後，先有內亂後有外患（五胡之亂）而亡。東晉以後，書法

的名家才誕生，被譽為「書聖」的王羲之。

第4世紀前葉王羲之以降，第6世紀後葉，初唐有三大名家：歐陽詢、虞世南和褚遂良。盛唐8世紀有與王羲之並稱的顏真卿，還有懷素（僧人）和柳公權。北宋有三大家蘇東坡、黃庭堅和米芾，13世紀後葉有趙孟頫。明代中期15～16世紀有董其昌、文徵明和祝允明。清代有王鐸和八大山人等名家。

這些名家中，王羲之與顏真卿兩人被並稱為「書聖」。而兩人的書風不同，亦代表中國書法的兩大流派。王與顏的時代均在日本的書聖空海之前，他們的作品對空海以及遣唐使的學僧、學生的能書家必有影響。

王羲之（307～365?），東晉的政治家、軍人，官拜右軍將軍，人稱王右軍。他的書風特色是「典雅優美」，擅長行書和草書。行書寫成的「蘭亭集序」為千古不朽的名作。

顏真卿（709～785，享年76歲），南北朝時代北朝世家出身，個性剛直，作品不為外面美所拘而毋寧表現內面的感情，筆勢筆力直迫紙面，「書魂」躍動。他的作品以楷書取勝。蘇東坡評之為「雄秀獨出，一變古法」。

日本書道的源流：「三筆」與「三蹟」

書道藝術的創作，除了文字材料，更要有筆墨硯紙四項文房寶物。聖德太子攝政時代，高句麗的僧侶畫家曇徵傳來紙的製法（610），促進書道的發展。第7、8世紀，由於佛教的興隆，寫經風氣漸開。遣隋使和遣唐使帶回中國的典籍、碑帖，對漢字的書寫藝術多所影響。晉唐的書法，王羲之、王獻之父子和初唐三大家（歐陽詢、虞世南、褚遂良）的書法頗受天皇或貴族所愛好。

書道的「三筆」：空海、嵯峨天皇與橘逸勢

桓武天皇遷都京都以後的平安時代初期的1百年（第9世紀），日本書道史上誕生了三名書道名家空海、嵯峨天皇和橘逸勢，在江戶時代被譽稱為「三筆」。

嵯峨天皇（桓武的次子）愛好唐文化、漢詩文，亦是能書家。他即位後，貴族和知識階級「爭」相學習中國歷史、文學，流行寫作、鑑賞漢詩文。

在這種唐風盛行的時代，青年空海除了研習佛經，必然接觸到晉唐風的書法。24歲時用行書書寫的《聾瞽指歸》，氣脈一貫，確實很能掌握王羲之的《集字聖教序》的形和線。

空海和嵯峨天皇、橘逸勢三人很要好。空海參加遣唐使團入唐求法時（804），跟橘逸勢同船。他的船遭難漂流一個月才到福州時被誤認為海賊險被殺害。空海乃借紙筆寫了陳情書說明遣唐使者身份。空海獨學中文，又是書的達人，讓衙吏驚嘆心服而加以厚遇，傳為佳話。

空海在長安修習真言密教，當時王羲之的書風在翰林盛行，篆隸書體流行。他對書的材料收集不遺餘力，帶回王右軍蘭亭碑等不少書的作品。空海回日本後，服仕嵯峨天皇的橘逸勢介紹空海給天皇。公元809年，36歲的空海跟剛即位的24歲的天皇初次見面時，空海給天皇的見面禮是從中國買回來的、在日本買不到的大小齊全的毛筆。這讓能書家的天皇樂透了。

空海的書道作品著名的為《風信帖》，和《灌頂曆名》被視為空海書的雙璧。其書風以王羲之為根底，卻有空海獨自的風格，氣韻生動。它是空海寫給最澄的書翰，因開頭寫「風信雲書」而得名。

嵯峨天皇的書與書風

堪稱為「文士天皇」的嵯峨天皇，幼少即愛好讀書，關心中國的經疏，擅長漢詩文，遺作《凌雲集》、《文華秀麗集》等，嚮往唐風，書道的造詣「直追」空海，並受初唐書家的影響。

天皇的真筆「光定戒牒」最著名，書風顯然學歐陽詢的真蹟，亦可看出空海獨特的文字。天皇曾敕賜屏風要空海題詩獻納，可知其對空海的書法如何的「傾倒」了。而且「戒牒」書中還有王羲之書的痕跡。

橘逸勢的書與書風

橘為嵯峨天皇的姻戚，長於漢詩文，與空海同船赴唐學習琴與書。書法求教於柳宗元，協助抄寫真言密教的「三十帖冊子」。

橘的名作為「伊都內親王（桓武皇女）願文」，用行書體寫成，用筆變化自由闊達。幼小時學習王羲之的書風，又親赴唐實地見學，並擅於隸書與楷書。

日本書道的「三蹟」

遣唐使廢止（894）以後的第10世紀，日本的和風文化逐漸取代唐風文化。書道方面更因假名（尤其是平假名）的成熟，流麗優美的和樣書體大受愛好，和歌與書信用平假名（混用漢字）書寫大為流行。第10～11世紀之間產生了三位「和樣」書道的名家，被譽稱為「三蹟」：小野道風、藤原佑理與藤原行成。

小野道風（894～966）：和風書體（和樣）的創始者，將正當盛行的平假名的日本美感引進漢字書裡。道風的名作有「屏風土代」（928），「土代」即底稿（仿唐樣）和「秋萩帖」。除了和歌，亦臨帖王羲之的信件，以羲之的書風為基礎，創作和樣的書。

藤原佐理：三蹟的第二手，他的名作是「離洛帖」，是赴任地大宰府（北九州）途中所寫的書信。它雖說是用漢字寫的，乍看像是假名，自由奔放地簡略省點與劃，行雲流水般一氣呵成。

藤原行成：繼承道風所創立的和樣書而予以完成。開創書道的「世尊寺流」（世尊寺為行成所建），其子孫歷代為宮廷的書吏。行成的名作是用漢字寫的「白氏詩卷」，抄寫白居易的詩集。他的時代（10世紀末）假名書道最盛行，假名同漢字的「行成風」風靡一世。

後來到了鎌倉時代，尊圓入道親王先是學習世尊寺流，繼則引進宋（中國）風的書體而確立強有力的重厚感書風是為「青蓮院流」。其名作有「鷹巢帖」（給

天皇的書信）。

　　室町時代的足利義政將軍也是青蓮院流的傳承者。一直到江戶時代發展下來，以「御家流」（幕府的公用文書的書體）而興盛不衰。

第3節　茶道藝術的文化

茶道的精神

　　茶道看似是喫茶的儀式（tea ceremony），實質不止於此，而是像佛教、道教那樣同宗教意涵層次的「teaism」。

　　在中國有被譽為「茶聖」的詩人陸羽（？～804）所撰著的茶之聖典《茶經》（30卷10章），著者從茶湯發現了支配萬有同樣的調和與秩序。而中國人卻止於「品茶」而未能創造出茶道來，茶葉每每綻放像花的芳香逸品，畢竟沒能從茶碗中發現從前唐宋時代茶會的浪漫。

　　茶原本是藥用植物，後來成為飲料。在中國第8世紀時，茶成了精練高尚的一種娛樂進入了詩的領域。到了15世紀，在日本被提昇為審美主義宗教的茶道。佛教徒中，南方禪的宗教採取很多道教的教義，制定了深厚的茶儀式。僧人們聚集在菩提達磨的像前，在深遠的聖餐的形式中用一個碗一塊喝茶。這個儀式在15世紀發展為日本的茶道。（岡倉天心《茶之書》，桶谷秀昭譯，P32）

　　茶的哲學不單是審美，它跟倫理聯結，講求清潔衛生，在單純中顯示慰藉，不奢侈複雜。對照武士道講究「死之術」，茶道則大大地在闡述「生之道」，對日本人來說茶道是生之道的宗教。

茶道的源流

　　華南原產的茶樹，很早就在植物學和醫學上以茶、葭、荈、檟、茗等名稱出現在古典裡。它具有解消疲勞，使精神清爽，強化意志，回復視力等效能而獲得高

度評價。除了作內服藥服用，亦常被用於軟膏的外用藥。道教徒主張它是不死的靈藥的重要材料。佛教徒則在長時間的冥想間為防止睡魔而服用。到了4～5世紀，成為揚子江流域居民所愛用的飲料。

　　茶的進化可大別為三個時期，唐代為固形茶（團茶），宋時為抹茶，明以後為煎茶。茶之進入日本，是遣唐使所帶回來的。古代日本對中國文明的足跡緊跟著在走。早在公元729年，聖武天皇曾經賞賜茶給百名僧侶。801年最澄在比叡山種植茶樹，後來有了很多茶園。

　　臨濟宗的宗祖榮西（1141～1251）為了研究南方禪曾經兩度赴宋。榮西帶回茶的新種，移植成功，撰著《喫茶養生記》。宋的茶的儀式和理想隨後傳開。到了15世紀時，在室町幕府的將軍足利義政（開創東山文化）的保護之下，茶道的原型完全成形了。那以後，茶道在日本完全確立起來。日常喝的茶，雖說煎茶取代了抹茶，而抹茶仍然保持為茶中之茶的地位。

　　茶道的背景的哲學是老莊思想為起點，繼承它的道教，以及繼承它的禪，這些是支撐茶道哲學的源流。宋國的茶文化被蒙古的支配而摧殘斷絕。而日本則抗拒了蒙古的侵襲（1281）卻得以繼承宋的茶文化。對日本人來說，茶道不單是茶喝法的蘊奧而已，毋寧是傳授生的術策的宗教。

　　茶道成立的要件不外：有專用的茶室空間，這空間內有茶器、茶具，利用這些器具在來訪者面前進行沏茶，按照一定的作法主客共同飲食的一種特殊的演藝。

「茶寄合」、「鬥茶」與「數寄茶」

　　日本的「茶之湯」即「茶道」，意為品茶會、品茗會。這種主客共同演出特殊演藝成立於中世（14～16世紀）。它的成立受其他日本文化的影響，而成立後則對日本文化給與影響。

　　大家湊在一起喝茶叫「茶寄合（chayoriai）」，「寄合」意為聚會、集合。湊在一起喝茶之後，逐漸發生「鬥茶」，亦即根據對於所喝的茶的味道做「打賭」

猜測判斷茶種或產地。這有對四種類的茶喝十次後做判斷叫「四種十服茶」。這種鬥茶不限於京都和鎌倉，全國各地的武士、公卿和町民之間都在流行。

當時，連歌也在盛行，連歌會被叫做「歌數寄」。「數寄」意為風雅、瀟洒。喝茶會亦比照被稱為「茶數寄」即茶道，而「數寄屋」便是茶室。這是15世紀的「茶之會」的情形，是茶道的胎動時代。

茶道鼻祖珠光與侘茶的成立

被尊稱為茶道鼻祖的珠光（1423〜1502）一生是僧侶，所以俗姓（村田）就免了。珠光早年在奈良草庵隱遁，晚年移住京都。他的時代是室町幕府的後期，戰國中期。茶數寄的進行，原本先在別的房間泡抹茶湯後再搬到客人在的房間。不知何時，改在客人面前燒煮，而且，燒煮泡茶的動作、順序也都有規定了。

珠光曾在一休宗純門下學習泡茶，熟習茶的儀禮，制定「點茶法」（即泡茶法，泡抹茶使起泡沫）以及規定台子的型式。受寵於室町第8代將軍足利義政，成為茶道的宗匠，珠光青磁（茶碗）遺留後世聞名。

珠光創始的茶道叫「侘茶（wabicha）」，意為閑寂的茶，「侘」是閑寂的風趣。珠光從一休參禪，將禪的精神注入茶裡，在戰國末期流行。後來由武野紹鷗（大坂武具商人）繼承，加以簡化，再傳給弟子千利休重視「和敬清寂」的境地，在桃山時代集「侘茶」之大成。

千利休與茶道的普及

千利休（1522〜91），本名宗易，大坂堺市的人，茶道千家流的始祖。師事紹鷗，繼承「侘茶」，更提高其精神性，再加進樂茶碗等創作的道具，使「侘茶」致於大成，不失為「茶聖」。

利休22歲時初次參加茶會即擺設名具「宗易香爐」使用「珠光茶碗」。後來與堺市的豪商津田宗及兩個有名的茶人號稱「三宗匠」，同時服仕於織田信長。在

擔任豐臣秀吉的「茶頭」時代，對秀吉的茶室的造成與秀吉主辦的茶道行事盡力。他為自己建造的茶室「妙喜庵待庵」為日本最佳的茶室。

利休協助秀吉主辦的「北野大茶會」（1587）為史上一次著名的茶會，不論貧富、貴賤參加者達8百多人，在茶室內所有的人皆平等，後來在捐贈大德寺時，利休在山門（牌樓）安置自己的木像，觸怒了秀吉，認為利休傲慢自大而命令利休切腹自殺。

利休有七名高足，人稱「利休七哲」。其中，古田織部是一位大名，他的茶式偏於武士所愛，對茶器的設計造型聞名而留下「織部陶」，為利休茶道的後繼者。織田有樂齋是信長的弟弟，專心致意於茶道，他所蓋的茶室「如庵」被列為國寶。

利休所創始的「千家流」茶道逐漸傳布普及到民間各階層，而且他的子孫予以繼承分家發展。他的孫子千宗旦在江戶初期活躍。宗旦的三男千宗左為茶道「表千家」的始祖，四男千宗室是茶道「裏千家」的始祖，宗室之兄千宗守為武者小路千家的始祖。千家流的茶道也跟其他演藝、武道、花道一樣成立了「掌門人」的制度。現在，茶道的掌門人（家元）組織擁有的成員最多。

第4節　日本築城的文化

城的類型與城下町

「城」意為「用土堆圍城的構築物，指土壘狀『架構』」。在古代防衛用的有「柵」、「垣」、「郭」和「濠」等，分別為木製、石質和水，而有城寨（柵）、城垣、城濠和城塞（土質）。

日本築城的類型依使用期間分為：永久、半永久與臨時築城。依城的功能則分為：基地城、輔助城和聯繫城和境界防衛的城。再從地形上的觀點則有山城、平山城和平城，這節的對象是地形上分類的三種城。

鎌倉	室町	安土桃山	江戶	明治	大正	昭和
85～1333 （148年）	1338～1573 （235年）	1573～1603 （30年）	1603～1867 （264年）	1868～1911 （44年）	1912～1925 （14年）	1926～1988 （63年）

　　地形上分類的三種城：南北朝時代（1336～1392）是山城的全盛期，戰國到安土（信長）桃山（秀吉）時代（1467～1600）多出現平山城，而近世江戶以後則以平城為主。這些只是築城類型變遷的主流現象。

　　城的主要功能是防禦敵人的攻擊而不是攻擊用的構築物。在彌生時代，曾經出現過「環壕聚落」，掘土成濠（溝），將土堆成土壘（土牆），以防禦敵人侵入聚落內，該是「城池」的起源。

1. 古代西部防備的築城群

　　公元第7世紀後葉，對唐、新羅聯軍的白村江之戰（663）後，為防禦新羅與唐軍的入侵，以外交據點的北九州大宰府為中心，從海上對馬島蓋的金田城起，北九州的水城（築堤外側寬60公尺、深9公尺）、基肄城、大野城、本州西部長門山城、岡山備後常城，四國東北屋島城到大坂灣東部的高安城構成一道東西防線的城。

2. 東北地方的城柵群

　　奈良朝廷對律令國家建設的另一側面是征討蝦夷開拓疆土過程中，在東北地方建造諸多城柵。先是日本海方面的淳足柵、盤舟柵，第8世紀以後在東北的東部蓋多賀城，西部蓋秋田城。到了第9世紀蓋胆澤城設鎮守府，東北地方東西部形成城柵群的防線。

3. 都城制的「羅城」（網羅城壁）

　　古代日本仿效長安和洛陽的都城制在京城的北端設置皇城的形式。第7世紀晚期營造藤原京，第8世紀初頭，元明天皇遷都平城京（奈良），末期桓武天皇遷都平安京（京都）。這兩座都城都是計劃都市，規格模仿唐的長安。

平安京中央朱雀大路的南端是羅城門，即城的正門。所謂「羅城」，指羅城門的羅城，意為圍繞（網羅）城市全體的城牆（聯結起來）。在日本，不像中國那樣異民族時常入侵，有必要讓農民進城內固守，因而日本「羅城」並沒發達。至於城「垣」一詞與其是防禦用的城牆，毋寧是意味著都城與外地的「境

界」。

4. 中世武士的城館與山城

　　鎌倉武士的居館，顯著的特徵是聚落邸宅，用土壘和掘圍繞成正方形的「區塊」，一般稱之為方形館。土壘上面有設置柵或牆垣，種樹木使看不到內部。

　　方形館以外，也有利用丘陵地形掘空堀築城。室町初期南北朝時代，利用城的最大功能進行固守城池的保衛戰盛行，因而城郭的布局和形態乃從以往的類似平坦地的方形館改變為利用山岳地帶的天險的山城。這類新形態的山城以南朝尤多，南北朝時代可以說是山城的全盛期。

5. 軍事據點的戰國城郭與城下町

　　戰國時代的諸侯對作為軍事據點的城也加強整備，一則擴充自身的居城（本城），一則支城網的完備。支城不僅要支援本城，支城間亦互相支援。

　　織田信長選定近江（琵琶湖邊）的安土為統一天下的根據地而建築壯麗的城郭安土城。同時在城麓展開了城下町是為近世城下町的先驅。

　　所謂城下町指戰國時代以降，考慮臨戰體制以城郭為中心，讓它擁有某種程度的武士的邸宅群和工商業者的聚落以及寺社群，是一種非農業要素強的城鎮。相對於諸侯的軍事據點城池為中心所展開形成的「城下町」，其以佛寺為中心所「衍生」的市鎮叫「門前町」。

　　信長對安土城盡力建設的同時積極進行城下町的營造，並制定13條規律成為近世都市法的源流。安土城於1579年建成，位於標高199公尺的安土山，是一座5層7重擁有大「天守閣」的近世城郭「始祖」。最上層有金瓦、金柱、可謂「金碧輝煌」極盡壯麗的城。

　　不久，在京都發生本能寺之變（1582），信長慘死後，安土城燒失隨之衰亡，惟安土所意圖的東西被豐臣秀吉所繼承而有後來「青出於藍」的大坂城。

日本城的獨特性

鎌倉	室町	安土桃山	江戶	明治	大正	昭和
85～1333 （148年）	1338～1573 （235年）	1573～1603 （30年）	1603～1867 （264年）	1868～1911 （44年）	1912～1925 （14年）	1926～1988 （63年）

世界各地都有城。城的功能任務不外是城主生活的場所和有事時防禦的基地。「城」一詞有兩重涵義，一為指城市，有用城牆圍繞的，有的則沒完整的城牆。另一則指城堡，它是城主的居所（生活和公務的場所）兼作軍事據點。

日本的「城」一般多指一座建築物群，類似德國等歐洲的「城堡」。同樣，日本的「城」發展成為城下町，歐洲（德國）的城堡也發展成城鎮（burg），如漢堡、古丁堡，正如日本的某某町。

從建築物來觀察，日本的城很少例外地為白堊（石灰石白色土）牆壁，潔白乾淨，屋頂褐色的屋瓦，頂樓有天守閣，屋頂飛簷形，如鳥振翼欲飛，真是瀟洒。城壁的底部基礎用石頭堆砌極為堅固。整個城的外圍除了有城垣圍繞，更有濠溝即護城河環繞阻礙敵人的侵攻。

不過，建築物本身與其他各國所不同的是建材不使用石頭。因為列島的地質屬高溫的岩漿冷卻的火成岩硬而不易加工形成，而且多山不易運搬。日本的城，雖然在牆壁上不使用石頭，而在構造上，在牆腳部分則有使用石塊，亦即「石垣」。在掘溝堀後，用其土築造土壘，再用石塊來加強土壘。

十三名城各有千秋

日本的城，從稻作農耕的彌生時代誕生以降，歷經古代、中世的變遷，到了戰國末期織田與豐臣時代（安土桃山文化）完成了日本獨特優美的近世城郭，其任務於江戶幕府的末期結束。

日本城郭的發展史來看，古代模仿朝鮮式的山城或城柵，中世則有居館和山城。戰國以後乃有平山城和平城大量出現。惟本土化較遲的北海道則另有「chashi」，蝦夷語意為城寨、柵圍。沖繩則有「gusuku」，亦即石灰岩的石垣城圍。

從「城」的廣義的觀點，日本的城究有多少？（光chashi就有五百多）根據財團法人日本城郭協會《日本100名城》的說明，全國城郭的粉絲曾經推薦478座

城，協會從中選定了100座。選定的基準有三：①卓越的文物、史蹟，②曾經是著名的歷史舞台，③時代、地域的代表。

這裡我從100名城中，從被列為世界文化遺產，現存大規模壯麗的建築，亦即名城中的名城選定了13座。惟山城因在山頂上，規模既小、交通不便，又因古舊或燒失重建，或功能不大所以未入選。以下僅就平山城與平城兩種做說明。

一、平山城七座（由北而南）

1. 會津若松城　別名「鶴之城」，是東北第一名城，幕末動亂期、戊辰戰爭時以白虎隊少年勇士抵抗官軍之役而聞名。天守的現狀層塔型，五重五樓為重建者。

    築城於1384年名為「東黑川館」。織田信長女婿蒲生氏鄉曾任城主。後來加藤明成大改建為目前形態。

2. 金澤城　「西北王」的「王城」，是「加賀100萬石的諸侯」前田氏的居城。織田信長的家臣佐久間盛政首築（1580），三年後前田利家入主（第2代城主）即進行大擴建。以降至明治維新 285年一直屬前田氏的居城。

    城建構的特別裝置有「海鼠垣」、「五十間長屋」、「出窗式落石」、「船瓦」等，石川門有二重箭樓，它是一座可守也可攻的美城。金澤城（石川縣金澤市）的外郭園林兼六園是日本三大名園之一，位於城的東南邊。

3. 彥根城　別名金龜城，位於琵琶湖東南邊的彥根市。現在遺構是望樓型，三重三樓木造建築。關連設施有玄宮園、樂樂園和彥根城博物館。

    城為井伊直繼興建於金龜山（1604），耗時20年完成。目前政府在推動為世界文化遺產的候補。

4. 大阪城　明治以前寫成大坂城，是豐臣秀吉始建（1583），後因兩次大坂之役（冬與夏）被燒失，德川幕府重建（1620）為現在形態。天守為層塔型，五重五樓地下一階。德川城比豐臣城石垣加倍高和濠堀加倍深（舊垣與濠均被破壞）完全新的面貌。

鎌倉	室町	安土桃山	江戶	明治	大正	昭和
85～1333 （148年）	1338～1573 （235年）	1573～1603 （30年）	1603～1867 （264年）	1868～1911 （44年）	1912～1925 （14年）	1926～1988 （63年）

明治以後一度失火燒燬，以德川大坂城為模形再建（1928）是目前的大阪城，鋼骨水泥的5重8樓。城的位置在大阪市上町台地，它是在豐臣的城址上建設的德川最強的城邦。

5. 姬路城　目前，日本被聯合國教科文組織登錄為世界文化遺產的城只有兩座，第一號就是這姬路城（另一座是二条城）。 姬路城的雄姿與壯麗絢爛的氣概不僅獨步日本，亦傲視世界。它位於姬路市區姬山（標高50公尺）上，當初只是一座小城塞（1333）叫「姬山之城」。兩百多年後，豐臣秀吉在此蓋建三層的天守閣成為一座小型支城（1580）。關原之役後，池田輝政在此大興土木，耗時7～8年完成了今日面貌的姬路城。

城堡、城區和三重城郭由三道護城河所圍繞，形成一座壯大的螺旋狀固若金湯的城池。三重城郭中現在只剩內郭23公頃，惟當時的城幾乎無損。

歌川貞秀繪製，真柴久吉公（秀吉）播州姬路城郭築之圖。

姬路城的「雄姿」不只規模大，堅固的石垣圍繞內郭四大塊。櫓（箭樓）、門、口眾多，尤其連立式的渡櫓拱衛最後方高處的天守群。而且連立式的天守群有大天守、東西乾三棟小天守為國寶級建築物，域內擁有74棟的木造建築物。

大天守外觀5層，內部為地下1階地上6階，實際7樓，從地面算起總高度92米，牆壁全部白色，屋瓦灰色，從遠處看去彷若白鷺展翼要振飛真是美觀而有白鷺城的美稱。（參見拙著《日本世界文化遺產》第13篇）

6. 岡山城 豐臣五大老之一的宇喜多秀家的「金烏城」，是日本「西國」屈指的名城。天守的外壁刷黑色，屋脊兩端的獸瓦（鯱）飾以金箔故稱「金烏城」。

城的初建者為金光氏，被宇喜多氏奪去後，宇喜多秀家擴建（1597），築高石垣，天守台為不等邊五角形，到了上面變成四角形。天守為望樓型5重6階，鋼骨水泥建築，附近有日本三大名園之一的後樂園。

7. 熊本城 加藤清正所築（1607）的難攻不落的鐵壁名城。西鄉隆盛的反政府軍在此激戰攻不下（1877）燒失的天守已修建，其他箭樓（櫓）12棟，高石垣等均完好。中央區塊（本丸）有大小天守，望樓型建物，3重6階地下1階，鋼筋水泥（重建）。關連設施有熊本博物館。

二、平城六座（由北而南）

1. 五稜郭 北海道函館市開港後，1857年建設第一座在歐洲設計的稜堡式的城塞。目的在管理蝦夷地和防禦歐美的軍艦入侵。

五稜郭內有函館地方長官廳舍，五個角用石垣、土壘圍繞成星形的稜郭外周有水堀圍繞，正門有半月堡。戊辰戰爭時被榎本武揚的舊幕府軍佔據跟新政府軍殊死戰的最後舞台。

2. 江戶城 江戶即今東京，太田道灌始築（1457），豐臣秀吉之命為德川家康的居城（1590）。時江戶周邊為近海的寒村，家康改築城堡，建設家臣邸宅，進行

填海造地營造町民能市易的城鎮。

　　江戶城位於皇居東御苑內，城牆成「の」字形的螺旋狀。現在的江戶城只剩天守台（遺址），以及幾棟箭樓、幾道門。域內有五個區塊（丸），石垣和護城濠等。

3. 松本城　長野縣松本市內，天守和乾天守的天守群漆黑色壁板。正門為四角形不易直攻侵入。目前主要的遺構有天守、渡櫓等幾棟箭樓和外圍濠堀。

　　天守的現狀是木造的5重6階建物。關連設施有西北邊的松本博物館。

4. 名古屋城　原叫那古屋城，先後曾是今川氏和信長的居城。家康為防衛大坂城，替幼年的九男義直動員土木工事20萬人員建設的巨郭。

　　城內有5個區塊、幾棟箭樓和三道主要的門，名勝二之丸庭園、石垣以及外濠。

　　天守閣屬層塔型，5重7階地下一階的鋼筋水泥建物（重建）。

5. 二条城　被聯合國登錄為世界文化遺產。德川家康興建（1601）為上洛的宿所，200年後卻成為末代將軍慶喜宣布大政奉還結束幕政的舞台，位於京都御所（皇居）附近。主要遺構有兩座御殿（大殿），天守「台」、幾處門、櫓，優美的庭園以及石垣和外濠。

6. 廣島城　位於廣島站西邊縮景園的西南邊，是毛利氏的居城。域內有本丸（核心區塊）和兼設「馬出」的二之丸，石垣上的三處箭樓（櫓）。「馬出」是虎口（城的出入口）外邊馬隻出擊和防禦場地，有四角形和圓形，廣島城有大規模的馬出。

　　天守的現狀是望樓型，5重5階鐵筋水泥建物（外觀復原），關連設施有絕景園，外圍有濠堀。

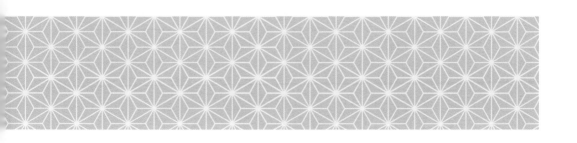

第XVIII章

日本文學史概觀

第1節 古代文學的名家與名作

文學的表現形態與日本文學的發生

文學的表現形態有：歌謠、詩歌、散文、日記、隨筆、紀行和小說、戲曲等。其中，最早發生的是歌謠、詩歌。日語裡，「詩」和「歌」訓讀相同，亦即詩就是歌。在歌曲裡，作「詞」亦叫作「詩」。可見，歌、詩、詞可視為同義詞。而在台語裡，1930年代，社會大眾之間盛行「七字仔」（即「歌仔」）的一種口語通俗詩。學習歌仔，說是「學念詩歌」，可見歌和詩是同義詞。

文學的發生必然跟語言的發生重疊，尤其是隨文字的發達而進展。文學的起源論有感情的起源說、異性吸引說、宗教的起源說等。

日本的文學起源說顯著的例有異性吸引說以及宗教的祭儀有密切關係說。前者如《古事記》描寫日本國土的造成，男女兄妹兩神的「對話」，雖然是神話，卻是男女情愛的對話，是日本文學最初的表現。

古代的日本人由於信仰泛靈，重視祭祀的神道。咒術的、儀禮的信仰構造中乃有文學起源之說。伴隨舞踊、音樂與歌謠混雜在政治中發生，逐漸發達而作為文學自立起來。

日本列島形成統一國家時為第5、6世紀。此前是各氏族分立，各行祭祀儀禮中伴隨發生文學或藝術的起源。在祭典當中，《記‧紀》的歌謠或跟《萬葉集》連結的抒情源流的原始形態歌謠，乃結合舞踊與音樂同時進行起來。歌謠之外，氏族神或英雄的事蹟的「傳說」，《記、紀》以外，也形成各國的《風土記》裡的敘事系統源流。

要之，日本文學發生的問題，其中心厥為：歌謠和傳說兩種文學形態和它們的系統。一般來說，歌謠是韻文系統的作品群的基盤，形成古代歌謠。而傳說則進展為散文系統的作品群，而結實為《古事記》、《日本書紀》和《風土記》等。

古代文學的名家與名作

日本文學史的時代區分，所謂「古代」指奈良朝及其以前的時代。

西曆第1世紀中葉的「漢委奴國王印」和第3世紀的「親魏倭王印」傳來日本，為漢字在列島出現的嚆矢。不過當時日本國尚未成形統一，只是眾多的小地域集團的「邦國」。

中國的漢字傳來列島被擬定是第4世紀後半，5世紀時，渡來人用在宮廷的記錄裡。中國南朝劉宋的《宋書》裡記述的倭的五王時代，在畿內確立專制王權的大和朝廷時代。倭的武王（五王之一，即雄略天皇〔大王〕）的上表文活用中國古典，引用其字句成就了出色的外交文書的體裁。口誦文學跟文字的似在這個時期「碰頭」了。

隨同古代王權的成立誕生的宮廷傳承，其後又因王權的擴大，地方諸豪族的傳承亦被吸收而繼續改觀。做為《記·紀》資料的「帝紀」和「本辭」的原型即在第6世紀所做的「公」記錄。

1. 《古事記》為神話傳說，分成上中下3卷。是現存最古的史籍，亦可視為文學作品。「古事」義同「故事」，全書全部用萬葉假名寫成，收錄歌謠有112首之多。天武天皇命稗田阿禮（可能是女性）誦習舊時的「帝紀」、「本辭」。元明天皇命太安萬侶筆錄阿禮所誦習者，於712年成書。

2. 《日本書紀》為編年體的30卷歷史書，亦叫《日本紀》，特附「日本」之國號。本書的主題一如《古事記》在於闡述天皇的正統性以及其宗教咒術的靈威之超越性。惟神話較稀薄而著重歷史敘述，指向王權的尊嚴與絕對性，締造中央集權的律令國家。在30卷中收錄的歌謠有128首（其中51首與《古事記》重複），亦顯示其文學價值的一面。表記用純粹的漢文體（當時國際通用），一部利用漢籍原樣文辭。舍人親王（天武天皇第五皇子）奉命編撰，太安萬侶協撰，於720年成書。

3. 《萬葉集》為現存日本最古的和歌集，凡20卷，收錄歌謠多達4,500首。基本上分為雜歌、相聞（愛情贈答歌）和挽歌三部類。

　　書名的解釋有二說：一是眾多（萬）言語和歌（葉）集之意。二為古今眾多時代（葉）的歌集。奈良時代是和歌最盛行時代，柿本人麻呂和山部赤人並稱為歌聖。《萬葉集》的作者有天皇、皇族、貴族、以及宮廷歌人（柿本等人）、下級官人、歌藝人。

　　和歌的產生早者有第7世紀中葉天武天皇、額田王（女性）（白鳳文化前期），晚者是第8世紀中葉天平文化後期以大伴家持笠郎女等作品為多。

　　因為時間上長達1百年，眾多作者所作各種不同的和歌多達4,500餘首，編纂者不止一人，以柿本人麻呂和大伴家持所作與所編為多。

4. 《懷風藻》是現存日本最古的漢詩集，公元751年編成。全集僅1卷，名曰「懷風」，意為仰慕先賢的文學遺產，「藻」即「文藻」，指詩文。

　　內容是天智天皇朝至奈良朝中期的80年間，64人的漢詩120首，依時代順序編輯。其中五言詩109首，七言詩7首，多屬律詩的形式，宴席的詩最多，並另附有大友皇子（天智的第一皇子）等九人的傳略。

　　編撰者不詳，傳說有淡海三船和石上宅嗣等人。按淡海是大友皇子的曾孫，曾任大學頭與石上的文名同齊。歷代天皇的漢式諡號出於他的首創。淡海另撰有《唐大和上東征傳》，描寫鑑真和尚渡日經緯。石上宅嗣是歷史上第一個設私人圖書館「芸亭」的文人。

　　《萬葉集》與《懷風藻》的最大差異是，前者為和歌，詩歌的內容多屬於私人的戀歌（2千首以上）。後者是漢詩，戀歌僅2首，屬宴會等公眾行事。惟兩者時代差不太遠，同是用漢字寫成。

第2節　中古前半期的名家與名作

　　奈良期（710～793）及其前為古代前期，而平安朝為古代後期。惟文學史的

鎌倉	室町	安土桃山	江戶	明治	大正	昭和
85～1333 （148年）	1338～1573 （235年）	1573～1603 （30年）	1603～1867 （264年）	1868～1911 （44年）	1912～1925 （14年）	1926～1988 （63年）

時代區分則前者為古代，後者為中古文學。

　　所謂中古時期指從桓武天皇遷都到京都（794）到源賴朝在鎌倉建立武人政治的幕府（1192），長達四百年之久。其間不僅文化成熟燦爛，文學也因平假名和片假名的成立而分別向物語文學、日記、隨筆以及詩歌其他各領域產生不朽的作品。以下將4百年間依時代劃分，同時分類表現形態著其梗概。

　　平安時代的文化，如前第14章第3節所述，可分為3期：①前期唐風文化期，②中期國風文化期，③後期院政文化期。惟文學上，中期國學興隆，名家輩出，產生了不少不朽的古典名作，期間又長達2百年，故分為兩段，將後半劃入後期而為四期：前期、中前期、中後期和後期。

一、前期的名家與名作（第9世紀）

1. 《凌雲集》為嵯峨天皇敕撰的最初漢詩集（814），小野岑守等編撰。收錄作者24人 的作品，漢詩91首，凡1卷，明顯受唐詩的影響。

2. 《文華秀麗集》為嵯峨天皇敕撰的漢詩集（818），凡3卷，藤原冬嗣、菅原清公等編纂，收錄漢詩148首。

3. 《經國集》為淳和天皇敕撰的漢詩集（827）。收錄作者178人，於707～827年間所作漢詩文，凡20卷。

　　以上三種漢詩文集中嵯峨天皇的作品不少。平安初期（第9世紀前葉）繼承前代《懷風藻》的餘緒，唐風文化隆盛的最高潮，漢學盛行，唐詩的影響，敕撰的漢詩集都是屬於「公」的性質的作品。相對之下，和歌則是屬於「私」的，言情戀愛的為多。漢詩文具有「文章經國之大業，不朽之盛事」的性格，跟律令制度、政治倫理有密切關係。正因此，在平安前期即開始出現崩壞的徵兆。

4. 弘法大師空海的名著除了漢詩集《性靈集》10卷，還有《文鏡秘府論》6卷、《文筆眼心抄》1卷等詩文集或詩學書。

5. 慈覺大師圓仁的《入唐求法巡禮行記》（847），是世界三大旅行記中最綿密的

繩文	彌生	大和	飛鳥	奈良	平安
12,000年前	紀元前5世紀 （近千年）	3世紀後半～590 （300多年）	590～710 （120年）	710～793 （84年）	794～1185 （390年）

日記式旅行記。

6. 《菅原文草》為學問之神菅原道真的自撰詩文集12卷，收錄少年時代的漢詩與
散文。

7. 《日本靈異記》為僧人景戒編撰，成書於822年，是以佛教傳說故事為中心的現
存最古傳說故事集。

8. 《竹取物語》詳下。

二、平安中期的前半的名家與名作（第10世紀）

第9世紀末葉唐朝日趨衰亡（907亡），唐風文化、文學（漢詩文）也隨之凋
零。反之，和風文學興隆起來，在平安中期達到最高潮。這種文學滿園春色的背
景，更得力於假名文字的成熟定型，醞釀了口語說話文學的發展，纖細感情的抒
發與表現技巧的進步，而產生物語、日記、隨筆以及詩（和）歌等各種表現形態
的文學。

這個時期在攝關政治體制之下，婦女進入天皇的後宮誇示榮華與權力，因而後
宮扮演了重要的角色，在文學上成為形成平安文學場所的文藝沙龍。進入禁中
（宮中、內裏）的皇后、中宮等妃子以及（女房）侍奉的官女們形成文藝沙龍，
在那裡進行「歌合」（詠詩歌比賽），創作書寫物語、日記。並且誦讀女房或貴
族們的戀愛為中心的贈答歌等的和歌。

漢詩文的衰退，代之而起的是和歌復興，以及代表平安文學的散文的文學有物
語文學、日記等產生了許多不朽的名作。

（一）物語文學：物語即故事、傳說。物語文學是平安時代到鐮倉時代盛行的文
學形態。一般有傳奇物語、和歌物語、歷史物語和軍記物語等。

1. 《竹取物語》為日本最古的傳奇物語，別稱《竹取之翁》、《赫夜姬的傳
說》。作者據說是僧正遍照（俗名良岑宗貞）或說是紀貫之（《古今和歌集》
的編者、《土佐日記》的作者），未詳。本書凡2卷，平安前期9世紀後葉撰

成。故事的內容是伐竹的老翁扶養從竹中誕生的赫夜姬這位容姿無比的姑娘，對五人貴公子向她求婚，分別出難題加以拒絕，連當時的帝君的召命也不受。終於八月十五日的夜晚，月宮派人來迎接她回天上的月宮。帝君派兵員來保護，不料天人來迎時，兵員全都麻痺不能動彈。姬則在眾目睽睽中回到月的世界去了。她在臨別時，跟帝說要贈不老不死的秘藥給帝，帝認為姬都不在人間了，要那藥幹嘛！

2. 《宇津保物語》 「宇津保」亦作「洞」或「空穗」，意為「樹木的空洞」，凡20卷，源順等人所撰。本書作者多人，成立於10世紀後葉至11世紀初，前後耗時長達20多年。

主要的內容是清原俊蔭參加遣唐使團因暴風雨漂流到波斯國，得仙人授琴（七弦琴）曲和秘琴歸國，是為音樂傳承譚的出發點。此後，是他的孫仲忠跟許多人參加對美女源貴宮的「求婚譚」。結果貴宮成為東宮妃，不久，皇位之爭引發源藤兩家的勢力之爭。

一方面，仲忠將祖父傳下的秘曲傳授給女兒，這樣回歸到以音樂而「奇瑞繁榮」的浪漫物語落幕結束。本書是物語文學上最初達成長編的物語。

3. 《落窪物語》 「落窪」意為塌陷的地方、低窪處。這本書一共4卷，作者不詳，成書時期為第10世紀末。這是一本典型的「後母苦毒前人子」，而繼女突然因禍得福的故事書。女主角落窪姬君亦就是日本版的「仙度瑞拉」。

這種「繼子」物語據說為數不少，趣旨亦在批判權門男君的好色，而標榜一夫一婦主義。

平安中期（10～11世紀）的物語文學除了傳奇物語主要的有上述之外，另有歌物語的名作如《伊勢物語》、《大和物語》等。

所謂歌物語是貴族社會內圍繞著「歌」，已經有了被稱為「歌的談話」（歌話）的民間傳說行為的基盤存在。圍繞歌的傳說，人們透過講述歌的故事發現抒情的世界，產生所謂「歌物語」的獨自文學形態。

繩文 12,000年前	彌生 紀元前5世紀 (近千年)	大和 3世紀後半～590 (300多年)	飛鳥 590～710 (120年)	奈良 710～793 (84年)	平安 794～1185 (390年)

4. 《伊勢物語》又作《昔男的物語》等，凡1卷。和歌為中心，穿插125段的小故事所構成，第10世紀中葉成立，為日本最初的歌物語，作者未詳。

　　故事的主角是在原業平，物語的基調是愛和風流瀟洒的容姿。描寫男女的愛以至親子兄弟主從之間的愛。特色是以業平的和歌稿為中心編成的。

5. 《大和物語》凡2卷，作者未詳，書成於第10世紀中葉。和歌之外，穿插相關的小故事173篇。故事中沒特定的主角，描述貴族社會盛行的和歌談說的口承傳說故事。

　　全書分前後兩部，前半部以歌為主，多屬當前人們的物語。後半部為圍繞古歌的傳承故事集成。

（二）日記、紀行、隨筆

　　平安中期第10世紀，作為文學的表現形態的日記、紀行文和隨筆陸續產生。其中日記有假名日記和漢文日記。

1. 《土佐日記》為日本最初的假名日記，凡1卷。作者紀貫之假託女性的身份撰述成書於西曆935年左右。主角在土佐國任國司期滿歸京的經過，從934年12月21日到翌年2月11日回到京都自宅。以海路為中心，55日的艱辛歷程的日次紀錄。

2. 《蜻蛉日記》為藤原道綱的母親所作，凡3卷。記述從西曆954年以後21年間跟丈夫兼家的結婚生活（作者20歲到40歲的人生）。書中多處在感嘆作為權門子弟妻子一生虛幻無常的悲情。對丈夫的不實、移情的怨念，轉而對藝術與母性愛的醒悟。

　　漢文日記有公人的公日記和私人的私日記。前者有殿上日記，後者則以皇族、臣僚個人記錄儀式、典禮的日記。另外有旅途中紀行文式的日記名作，例如奈良時代有《吉備真備在唐日記》，平安時代有慈覺大師圓仁的《入唐求法巡禮行記》。

3. 《入唐求法巡禮行記》作者圓仁入唐請益佛法，滯留約10年（平安前期第9世紀中葉）的日記。除佛教關係以外，紀錄在唐遣唐使及留學生的動向，唐的政

治、社會、風俗、制度等文化全般的見聞，凡4卷。

　　本書是作者親身的日記式實地見聞錄，與玄奘的《大唐西域記》，馬哥波羅的《東方見聞錄》被列為世界三大旅行記，且是直接用日記式錄下實況。

（三）詩歌及其他

　　平安中期和歌地位上昇以及文藝化，和歌的專家人才輩出，名作頗多可觀。

1. 《古今和歌集》為醍醐天皇敕撰的和歌集，紀貫之等人所編，凡20卷，用假名寫成。收錄和歌約千百首，成立於10世紀初。

　相對於《萬葉集》的男性氣概，本集顯見女性纖細美意識的表現，及修辭技巧的提昇是其特徵。

2. 《後撰和歌集》為村上天皇敕撰，凡20卷。編者為源順等五人，成立於10世紀中葉。收錄和歌1,426首，戀愛歌與贈答歌較諸《古今集》壓倒性地多。

3. 《拾遺和歌集》書名中的「拾遺」，意為收錄上述兩集（「古今」和「後撰」）所遺漏的和歌。花山法皇（讓位後出家的天皇）編撰自行敕撰的，凡20卷，成立於11世紀初頭。總歌數1,357首，作者196人，紀貫之最多有106首。

第3節　平安中後期的名家與名作

平安中期後半的名家與名作

（一）物語文學

　　平安中期後半（11世紀）是中古文學的絕頂期，尤其是物語文學的《源氏物語》為日本古典文學的至寶無出其右者。

　　《源氏物語》又名《光源氏物語》、《紫的物語》，全書54帖（卷），成書於11世紀初。這是描寫平安時代宮廷生活為中心的世態，長篇小說。

　　54帖中的前大部分（40帖）為前篇，「雲穩」（有帖名無本文寓意主角已死）以後的14帖為後篇。前篇的主角為光源氏，搭配以紫之上等幾位才女，描寫權貴

繩文	彌生	大和	飛鳥	奈良	平安
12,000年前	紀元前5世紀 （近千年）	3世紀後半～590 （300多年）	590～710 （120年）	710～793 （84年）	794～1185 （390年）

的花花公子「得意」的糜爛生活。後篇則另立光源氏的兒子薰為主角，搭配以宇治的八之宮的姬君等人，描寫薰的失意情狀。

　　本書的作者由《紫式部日記》可知，是紫式部（本名藤原香子）所著。不過自古許多學者專家的研究下得知，作者應不只一個人。紫式部是越前守藤原為時的女兒，27歲時跟藤原宣孝（48歲）結婚為後妻。夫死後入禁中擔任一条天皇的中宮彰子的女房（在后妃宮裡有住房的高級官女），奉侍皇妃。

（二）日記、隨筆

1.《枕草子》為日本隨筆文學的代表作，兼具日記的性格。書名又作《清少納言抄（記）》，清少納言是「清」原氏的在中宮服仕的女房（少納言），本名可能是清源諾子。《枕草子》意為一大疊的紙或枕邊的備忘錄。

　　據說有三卷或五卷的異本。作者描寫11世紀初頭在宮中生活中，對自然現象、事物、情意生活以及四季的情趣，有關人生的隨想、見聞。冷靜的寫實與才氣煥發的筆致，跟《源氏物語》並稱為平安文學的雙璧。

2.《紫式部日記》為紫式部所撰日記2卷。日記所涉期間從西曆1008年秋至1010年正月的一年半。日次記的形態，記錄所見聞，感想、皇子出生、女房的品評並雜以消息文，是一部自敘傳的形態表現的文學作品。

3.《和泉式部日記》別名《和泉式部物語》，凡1卷。作者以「女」和第三人稱記述的小說構想撰成的日記。作者回想跟敦道親王戀愛的日記式物語。

4.《更級日記》為菅原孝標的女兒所作，凡1卷。記述13歲時從父親的任職地上總國出發（起筆）到1059年與夫死別（50歲）的40年的追憶。

（三）詩歌及其他

　　西曆905年到1205年的3百年間，有敕撰的八種和歌集:《古今和歌集》、《後撰和歌集》、《拾遺和歌集》、《後拾遺和歌集》、《金葉和歌集》、《詞花和歌集》、《千載和歌集》、《新古今和歌集》。

平安後期的名家與名作（12世紀）

平安後期亦即院政時期（11世紀末〜12世紀末），是中古的文學趨向衰退的時代，亦是使中世的文學胎動的作品撰寫的時代。歷史物語的名作、傳說故事的作品以及和歌各有新的革新。

（一）歷史物語

1. 《榮花物語》凡40卷，作者可能是赤染衛門。對藤原道長的榮華肯定所作編年體的記述。

2. 《大鏡》凡3卷，作者不詳。本書的體裁分為序、帝紀、列傳、藤原氏物語等的紀傳體。除了敘述藤原道長的榮華歷程，並加以批判。

（二）軍記物語和傳說故事集

1. 《將門記》的作者不詳，以平將門之亂為題材的軍記物語，為日本最初的軍記物語。

2. 《陸奧話記》的作者不詳，以前九年之役的會戰為題材的軍記物語。

3. 《今昔物語集》為傳說故事集，凡31卷，作者未詳，成立於1130〜1140年頃。收錄1千多則佛教、世俗的傳說、故事，描述武士庶民的生活樣態。

（三）歌謠集

《梁塵秘抄》 後白河法皇編撰，凡30卷，現存者僅卷一和卷二。法皇整理當時流行的歌謠（平安末期的雜藝歌詞）所謂「今樣歌」，類似今日的卡拉OK歌謠集。

第4節　中世文學的名家與名作

中世指包括鎌倉幕府（1192〜1338）和室町幕府（1338〜1573）的兩個幕府時代（1192〜1573）約380年。中世的文學即指13世紀至16世紀後葉的文學。

中世的兩個幕府的政治舞台一在鎌倉（東國），一在京都（室町幕府）。文學

繩文 12,000年前	彌生 紀元前5世紀 （近千年）	大和 3世紀後半～590 （300多年）	飛鳥 590～710 （120年）	奈良 710～793 （84年）	平安 794～1185 （390年）

的創作不像平安四百年都以京都為中心。本期除了幕府政治的舞台不同，主導者
亦有異，必要分開來觀察。

（按）西曆1467年戰國時代開始至1573年室町幕府結束，1590年豐臣統一全
國。

一、鎌倉時代的文學名家名作

中世前期即鎌倉幕府期的文學，是在地方出身的武士階級崛起取代了貴族階
級，離開京都遙遠的關東之地鎌倉打造典型的封建社會中釀造出來的。

（一）和歌的名家與名作

1.《新古今和歌集》 後鳥羽上皇敕命藤原定家等5人撰集，凡20卷，為八代集的末
集，於1205年撰進。

本書收錄和歌1,979首（西行最多有94首），部類（門）中以神祇歌最多，後
鳥羽上皇等人的「御製」也很多，示意王權復興。優美歌風，用語淬練，技巧
又多被稱為「新古今調」，與「萬葉調」、「古今調」列為三典型之一。

2.《金槐和歌集》為右大臣源實朝自撰家集，凡1卷，成立於1213年。「金」意指
鎌倉，「槐」為大臣之意。收錄和歌663首，有很多是萬葉式的有氣力的短歌。

3.《山家集》西行所收集為後人所編撰者，凡2卷，成立年不明。西行是僧號，俗
名佐藤義清，年青時，因同族某人暴卒而出家成為歌僧。

（二）軍記物語的名家與名作

1.《保元物語》鎌倉初期的軍記物語，凡3卷，作者不詳，成立於1220年前後。和
漢混淆文，記述保元之久亂（1156）的「英雄譚」。

2.《平治物語》凡3卷，作者不詳（可能與《保元物語》同一人）。描寫平治之亂
（1159）的始末。

3.《平家物語》為藤原行長所撰，凡12卷，又名《治承物語》。描寫源平爭亂，
特別是平家一門的榮華、沒落與滅亡。以佛教的因果說與無常觀為基調，用和

漢混淆文雜以對話散文的一大敘事詩。撰成時期在鎌倉初期。

本書以「平家琵琶」而聞名。所謂「平曲」指用彈琵琶來講述《平家物語》，亦即付以曲節講述的音曲。盲眼僧人彈琵琶，即指唱平曲的琵琶法師將《平家物語》傳布全國。

4.《源平盛衰記》凡48卷，著者未詳，成立於1247～49年。敘述源平爭亂、盛衰過程，被視為《平家物語》的一異本，而多增補插話。

（三）隨筆的名家與名作

如實地呈現中世文學的精神者有草庵的文學，亦就是隱遁者退居山林的隱士們的隨筆和僧侶所寫假名佛法語之類平易的人生和生活指針。

1.《方丈記》由鴨長明作於鎌倉初期，凡1卷，是和漢混淆文的先驅著作。以佛教的無常觀為基調，舉各種實例敘述人生的無常。記述隱遁山野的方丈閑居的見聞、所思感懷。

2.《徒然草》為鎌倉末期的歌人、隨筆家吉田兼好（本姓卜部）作，書成於1330年左右。內容為種種思索、隨想或見聞共240段構成。名文被高譽為日本隨筆文學的白眉。此書與《枕草子》、《方丈記》合稱日本三大隨筆。

（四）紀行文的名家與名作

1.《海道記》據說是源光行所作，未詳。記述1223年從京都出發，循東海道到鎌倉，再回京洛的紀行文。筆致暢達，詞藻優美的駢麗體，洋溢佛教思想。

2.《東關紀行》作者不詳，記述1242年從京都到鎌倉，再回京的紀行文。源親行、鴨長明被擬為作者，和漢混淆文的模範作。

（五）日記的名作

《十六夜日記》凡1卷，作者阿佛尼（女性）記述從京都到鎌倉的日記式紀行文。

（六）傳說故事的名作

1.《宇治拾遺物語》《宇治大納言物語》，亦即《今昔物語》的拾遺（補篇），

凡15卷，成立於1213～1218年間。著者未詳，涉及日中印三地傳說故事196篇，包括童話。佛教色彩濃厚，為鎌倉傳說故事文學的最高傑作。

2. 《十訓抄》作者未詳，成書於1252年，凡3卷。儒教色彩濃的教訓式傳說故事集，列舉例話280件。

3. 《沙石集》著者為無住，凡10卷，成書於1287年。採混用假名寫的佛教傳說故事，集錄134篇的傳說，文體內容平明為庶民易接受。

4. 《古今著聞集》橘成季著，凡20卷，成書於1254年。採錄《今昔物語》等傳說故事，有關神祇、政道及教訓的故事。

二、室町南北朝的文學名家與名作

鎌倉幕府滅亡當時（1333）天皇一度恢復政權，惟旋因足利尊氏的叛變，朝廷乃分裂為南北是為南北朝。同時足利尊氏在京都成立幕府（1338）。政局混亂，南北朝與幕府同時並存約60年，至1392年南朝才統合於北朝。故室町時代的前60年應包括南北朝時代。

室町時代（1338～1573）的文化由於繼續鎌倉時代的保護臨濟（禪）宗，分別在京都和鎌倉有「五山十剎」制。禪宗的五山僧侶之間盛行漢詩等文學，而有所謂「五山文學」。

（一）五山文學。五山指五座大禪寺，京都以天龍寺為首。禪宗傳自中國，學習佛典必修習中國語。禪林中擅於漢詩文者輩出，受中國的影響而展開五山文學。室町時代的名家名著如下。

1. 夢窓疎石：疎石號夢窓，南朝（吉野）時代臨濟宗高僧，被足利尊邀請為天龍寺的開山。著有《夢中問答》。

2. 義堂周信：疎石的門弟，禪宗學僧五山文學的中心人物，著有《空華集》。

3. 絕海中津：室町南北朝初期臨濟僧，疎石的門弟，33歲渡明滯留9年。歸國後與義堂為五山文學的雙璧，著有《蕉堅稿》，詩之澄明為五山文學的最高峰。

鎌倉 1185～1333 (148年)	室町 1338～1573 (235年)	安土桃山 1573～1603 (30年)	江戶 1603～1867 (264年)	明治 1868～1911 (44年)	大正 1912～1925 (14年)	昭和 1926～1988 (63年)

4. 一休宗純：室町末期的臨濟僧，號狂雲子，著有詩「春衣宿花」，詩集《狂雲集》，收錄1,060首，全部是七言絕句。巧以作詩及狂歌，也善畫。

（二）和歌的名家與名作

1. 《風雅和歌集》為敕撰和歌集，1,349年成書，凡20卷，收錄歌數2,211首，四季歌特別多。

2. 《新葉和歌集》為準敕撰和歌集，凡20卷。撰者宗良親王，於1381奏覽，收錄1,420餘首。

（三）連歌：和歌的一體裁，兩個人將和歌分為上句和下句唱和者。5‧7‧5的長句與7‧7的短句交互連作到百韻為基本。

1. 《菟玖波集》編者為二条良基，書成於南北朝期的1356年。凡20卷，收錄古來連歌2千餘首，為連歌集之初始。

2. 《新撰菟玖波集》由一条冬良、宗祇等編，凡20卷，於1495年成立。較之《菟玖波集》沒有短連歌，雜體句，大部分為長連歌。

3. 《犬筑波集》為山崎宗鑑編，於1539年成書。俳諧從連歌獨立的契機之書。「菟玖波」和「筑波」均讀成tsukuba，意為連歌。

（四）短篇物語叫「御伽草子」，是一種小說，庶民的短篇物語。著名的故事有《一寸法師》和《物臭太郎》（2卷）。

（五）傳奇物語主要有《義經記》準軍記物語，凡8卷，又名《牛若物語》，作者，成立均未詳。描寫源義經個人被兄源賴朝「逼害」落魄後悲劇的遭遇生涯的過程，英雄傳記的故事。全體地富於儒教的濃厚色彩，將主角義經顯著地美化，對30歲出頭的英雄悲劇的末路寄以深切的同情。

第5節 近世的文學

　　近世的範圍界說不易，不過室町幕府末期發生長達10年的「應仁之亂」（1467～1477），以後列島戰亂頻仍，進入戰國時代。戰國末期的三雄之首的

繩文	彌生	大和	飛鳥	奈良	平安
12,000年前	紀元前5世紀（近千年）	3世紀後半～590（300多年）	590～710（120年）	710～793（84年）	794～1185（390年）

織田信長於1573年放逐室町末代將軍足利義昭，幕府滅亡。

1603年，德川家康在江戶（東京）創立幕府，期間30年可視為織田的安土和豐臣的桃山時代。因此，所謂近世，廣義地說包括安土桃山時代（1573～1603）和江戶幕府時代（1603～1867）的294年（約300年）。

通觀這3百年間的近世文學，安土桃山時代，亦即近世的「開頭」乏善可陳。17世紀初葉，江戶幕府的寬永期（1623～48），出現新式的文學形態「假名草紙」（短篇小說的一體），用平易的假名文撰寫適合婦女小孩讀的啟蒙性、娛樂性教訓式的物語。這有名作《御伽婢子》（淺井了意作，13卷），以及戀愛小說的《薄雪物語》（2卷，作者未詳，1632成書）。

到了17世紀末葉，町人（庶民）作家井原西鶴的「浮世草子」代表作《好色一代男》問世（1682）後，這種體裁的小說（浮世草子）盛行了百年。

從18世紀後半到幕末（19世紀前葉）產生了所謂「讀本」，有卷頭畫和插畫的小說（類似中國的繡像小說），歷史傳奇小說。這些文學作品都是「迎合」庶民大眾的通俗小說、故事體裁。

室町末期盛行的「俳諧連歌」在江戶時代逐漸發展，17世紀末葉產生了俳聖松尾芭蕉，俳句成為一般庶民愛好的文藝。

概觀近世3百年的文學推手，作者和讀者都是「町人」（庶民），可以說是庶民的世俗的文學。從前的古代、中世的和歌、和文、漢詩文所謂「雅文學」，對比近世新產生的「浮世草子」、俳諧、讀本等小說都不過是「二級」的文學。（三谷榮一《日本文學史辭典》P310）。

一、近世的小說名作

（一）假名草子：江戶初期短篇小說體裁。

1.《薄雪物語》，2卷2冊，作者未詳。

2.《祇園物語》（啟蒙、教化）。《七人比丘尼》3卷3冊，作者不詳（1635年

鎌倉 185〜1333 （148年）	室町 1338〜1573 （235年）	安土桃山 1573〜1603 （30年）	江戶 1603〜1867 （264年）	明治 1868〜1911 （44年）	大正 1912〜1925 （14年）	昭和 1926〜1988 （63年）

刊）。

3.《浮世物語》，淺井了意作，5卷5冊，1665年刊，具娛樂性。

（二）浮世草子：江戶時代的小說體裁，町人作家井原西鶴所作《好色一代男》

（1682）以後跟假名草子截然劃分界線，18世紀以後盛行近百年。浮世草子指

「好色」本的小說，針對人的性欲、愛欲為焦點的作品。

　　這類民眾文學，描寫遊里（花街柳巷），劇場為中心的町人的情意生活。名作

有《好色五人女》、《好色萬金丹》、《世間胸算用》等，分述如下。

1.《好色一代男》8卷8冊合計54集。井原西鶴浮世草子的處女作（1682年刊）。

　　主角世之介遍歷玩弄的女人多達3,742人。空間則三都（京都、大坂、東京）以

　　外並抵長崎、下關以及信州、酒田各地。

2.《世間胸算用》5卷5冊，20集，井原西鶴作，1692年刊。

3.《世間妾形氣》4卷4冊，12集，上田秋成作，1767年刊。

4.《武道傳來記》8冊，井原西鶴作，1687年刊。

二、近世中後期的通俗小說（18世紀後半）

（一）詼諧本花柳巷文學（江戶）的短篇風俗小說，代表作有《仕懸文庫》，作

者山東京傳。

（二）黃表紙，粗劣的黃色封面的小本子小說。名作有戀川春町的《金金先生榮

花夢》，1775年刊，帶諷刺插畫小說。

（三）讀本，傳奇的歷史小說（18世紀中葉至幕末）

1.名作有上田秋成的《雨月物語》，5卷5冊，1776年刊。《春雨物語》10編，

　　1808年刊。

2.山東京傳所作有《忠臣水滸傳》，10卷10冊，1799〜1801年刊（分前後編）。

3.瀧澤馬琴，別號曲亭，師事山東京傳著作甚多，《南總里見八犬傳》尤著名，

　　被搬上銀幕。9輯98卷，106冊，1814〜1842年刊。

4. 滑稽本，江戶末期因詼諧本被統制而產生的小說體裁。描寫江戶庶民社交中心之一的大眾浴湯，男女之間的卑近的對話，是一種風俗小說。名作有式亭三馬的《浮世風呂》。風呂即澡堂，屬於滑稽本，4編9冊，從1809年～1813年陸續刊行。

三、俳諧與俳文學

室町時代產生了連歌，是由和歌衍生出來的，而連歌又發展而轉移到近世的俳諧。

俳諧意為「滑稽」、「戲言」（風趣、惡作劇），俳諧歌的略語。「俳諧歌」是帶有滑稽風趣味的一種和歌。俳諧、俳文等具有俳諧味的文學總稱為俳文學。

被稱為俳諧的始祖山崎宗鑑（室町後期人），將宗祇的「正風連歌」發展為「俳諧連歌」，著作日本最初的俳諧撰集《新撰犬筑波集》。

近世文學裡俳諧文藝的系統名家名作如下。

1. 松永貞德：16世紀末葉～17世紀前葉，歌人、歌學，著作《御傘》，確定俳諧的式目，成為「貞門俳諧」之祖。

2. 松尾芭蕉：江戶前期的俳人（1644～1694，享年50歲），伊賀國上野（三重縣西部）的人，後遷居江戶定居於深川芭蕉庵。

   俳諧方面創設「蕉風」（蕉門俳諧），名作《虛栗》集，成為江戶俳壇的主流。在俳諧修行的激勵作品則有《荒野中紀行》、《更科紀行》、《奧之細道》等紀行文中深化俳諧觀。此外更留下《嵯峨日記》，而《奧之細道》一書中雲遊東北、北陸以及伊勢。紀行中裡所收發句刻意顯示出效果來。

3. 與謝蕪村：18世紀畫俳兩道的達人，編著《夜半樂》、《新花摘》、《蕪村句集》。其俳風較諸芭蕉的中世的幽玄世界，顯然是浪漫、幻想而抒情的美意識的特質。

4. 小林一茶：18世紀後葉～19世紀前葉，江戶後期的俳人，長野縣人。其俳風驅

使地方語、俗語平明樸素，自成一家的作風。著有《七番日記》、《俺的春天》、《文化句帖》以及弟子所編的《蕉村七部集》等。

第6節　近代文學的滿園春色

近代的開始可以從美國培里艦隊來航叩關（1853）的幕末期起，以明治維新為主軸，經過大正時代（1912～1926）到第二次大戰結束（1945）約90多年。

這一百年是日本史上大變動的時代，政治、社會的劇變，自然地對思想、生活和文學也會「連鎖」地產生「異變」。

幕末期和明治初期的文學仍然繼承此前的「戲作文學」。這種戲弄性，即寫作玩的作品（戲作），相對於往時的和漢的傳統文學，是屬於俗文學，風俗小說或通俗小說。亦即「讀本」、「黃表紙」、「瀟洒本」、「滑稽本」和「人情本」等短篇小說，殆沒新鮮味。

明治初期的戲作文學的作者以假名垣魯文（本名野崎文藏）為著，作品有《安愚樂鍋》，此鍋即「素燒」的鍋。

其次登場的有西洋文學的翻譯的流行。同時，由於自由民權運動的影響，為政治思想的宣傳、啟蒙的政治小說。這方面有矢野龍溪的《經國美談》、東海散士的《佳人之奇遇》以及末廣鐵腸的《雪中梅》。

西洋文學的翻譯從明治10年（1877）頃開始盛行起來，由於文明開化輸入西洋文明的風潮，對西洋事物的好奇心；科學的夢想、西洋人生活風俗的關心，促使翻譯小說的隆盛。

比較著名的作品有《八十日間世界一周》（川島忠之助譯），《歐洲奇事花柳春話》（織田純一郎譯），《92小時20分月世界旅行》。

政治小說的翻譯盛行於明治15（1882）年頃。自由黨的黨首板垣退助從法國（與雨果會晤）帶回很多相關書籍，對法國革命的關心。這方面的翻譯名作《西洋血潮小暴風》（櫻田百衡譯），《自由之凱歌》（宮崎夢柳譯）等。

政治的談話用「情話」的形式是當時流行的兩者兼有的西洋小說受歡迎的原因。戶田欽堂的《民權演義情海波瀾》刊行（1880，明治13年）後，西洋的「情話」的翻譯小說紛紛出籠。《情海波瀾》的「情海」實即寓意比喻「政海」。《歐洲情話群芳綺話》（大久保勘三郎譯，1882刊）、《俄國奇聞花心蝶思錄》（高須治助譯，1883），莎士比亞的《羅米歐與朱利葉》被譯為《春情浮世之夢》（河島敬藏譯，1886刊）等尤其給青年以新夢想和新倫理，「西洋文學的影響要之為戀愛的解放」。

明治中期的1885（明治18）年，坪內逍遙（名雄藏）喊出文學改新的第一聲，首先發表譯書《慨世士傳》，接著刊行文學評論《小說神髓》以及小說《當世書生氣質》。

坪內的論述與實作對從來被鄙視的小說賦與新的價值。他的主張著眼於小說必要寫實，以及從功利性解放出來，為日本首倡「小說」用語。日本近代文學的寫實主義於焉展開，也是近代文學的出發。

兩年後二葉亭四迷（長谷川辰之助）出版《浮雲》，清新的言文一致的文章，卓越的心理描寫以及對世態的寫實令人驚嘆。譯著有俄語的《獵人日記》中的〈幽會〉。《浮雲》是用口語體寫的日本近代小說的先驅。

硯友社的名家與名作

明治中期（1885～1906）約20年間，近代文學的主流，各種長、中、短篇小說，內容上各種歷史小說、現代小說、傳奇小說、大眾小說、心理小說紛紛登場。在寫實主義的潮流裡，在文體方面有不盡贊同言文一致的口語體的作家尾崎紅葉等人成立了硯友社，發行〈我樂多文庫〉雜誌。

1. 山田美妙（男）為硯友社的成員，用口語體著作歷史小說《武藏野》（1887）。翌（1888）年出版《夏木立》。
2. 尾崎紅葉為硯友社的代表小說作家（名德太郎），東京人（1867～1903），36

歲就早逝。20歲時代即與井原西鶴親近，偏向古典，戲作者氣質。22歲時著有《二人比丘尼色懺悔》，文體曾模仿《源氏物語》，卻又含口語文。名作有《伽羅枕》、《三人妻》、《多情多恨》以及《金色夜叉》等，為明治文壇之雄。

《金色夜叉》為紅葉的代表作，描寫跟貫一許婚的阿宮為財富背離被奪。貫一以搞高利貸成為黃色夜叉要對宮和社會復仇。它曾多次被搬上銀幕，也有流行主題歌，頗受社會大眾所喜愛。

3. 幸田露伴原本是理想主義派，後來傾向於寫實派。著有短篇的連作《風流微塵藏》、《風流佛》以及代表作《五重塔》。晚年有《評釋芭蕉七部集》，當時與紅葉並稱齊名。

浪漫主義的名家與名作

明治20年代的後半（1893～98），日本的近代文學受到歐洲浪漫（roman）主義的影響，主張強調感情的優位，尊重自我個性以及從封建道德解放出來。理想性的浪漫主義乃在文學界登場，產生了一些名家與名作。

1. 森鷗外（1862～1922），本名林太郎，為島根縣人，東大醫科後留德陸軍中將，軍醫總監，對文藝造詣深。創刊文藝誌，介紹德國文學，譯作有《即興詩人》（安徒生作）。從浪漫主義轉向高踏派，撰寫《阿部一族》。代表作為《舞姬》，描寫主角在德國留學跟舞蹈少女愛利斯戀愛，主角回日本後，愛利斯「追」到日本的故事。

2. 樋口一葉（本名夏子），東京人（1872～96）享年只24歲，現行日本五千圓紙幣的肖像。浪漫主義的名女流作家，繼承幸田露伴的文體。1894年春後的14個月間曾經寫下10件作品，其中代表作有《たけくらべ（比個子大小）》和《にごりえ（濁江）》等作品。

3. 北村透谷　主宰浪漫主義的雜誌〈文學界〉，詩人、評論家。論文〈內部生命

論〉中對於立身發跡的功利主義毋寧要重視愛情、信仰和藝術的人生。26歲時
（1894）自殺。

4. 島崎藤村（1872-1943），長野縣人，創辦〈文學界〉，著有詩集《若菜集》，
名作小說有《春》、《家》、《新生》、《黎明前》，代表作為《破戒》。另
有童話作品《給稚齡者》、《故鄉》等。後來轉向自然主義，撰著《破戒》。

5. 泉鏡花（名鏡太郎），金澤市人（1873～1939），尾崎紅葉的門人，浪漫主義
文學大道的開拓者。著有《夜行巡查》、《外科室》、《婦系圖》，其作品常
被搬上新派劇上演，代表作為《高野聖》。

6. 德富蘆花（名健太郎） 熊本縣人，著有《不如歸》與《自然人生》。尤以前者
為大眾所喜愛與尾崎紅葉的《金色夜叉》齊名。

自然主義的名家與名作

明治三十年代（1898～1907）文學界受法俄的自然主義文學的影響，重視將
人世間的現實原原本本地表現出來。

1. 田山花袋 群馬縣人，代表作《蒲團（棉被）》成為自然主義的先驅。島崎藤村
的《破戒》亦屬於此派。

2. 國木田獨步（名哲夫）所作《運命論者》為自然主義先驅之作。名作有《牛肉
與馬鈴薯》、《武藏野》等。

2. 德田秋聲（名末雄），為紅葉的門人，自然主義文學的第一人，代表作有
《黴》、《粗暴》、《爛》等。

4. 正宗白鳥，著有《何處去》，長塚節著有《土》。

反自然主義的名家與名作

明治末期到大正期（1905～25），反自然主義的文學有三派；高踏派、耽美
派和白樺派先後登場。

鎌倉	室町	安土桃山	江戶	明治	大正	昭和
85～1333 （148年）	1338～1573 （235年）	1573～1603 （30年）	1603～1867 （264年）	1868～1911 （44年）	1912～1925 （14年）	1926～1988 （63年）

1. 夏目漱石（1867～1916），東京人，明治的大文豪，東大畢業後英國留學。處女作《吾輩是貓》在俳句詩人正岡子規的雜誌〈Hototogisu（杜鵑）〉連載（1905）意外地「全壘打」。接著推出《倫敦塔》確保文壇的地步。名作《虞美人草》、《公子哥兒》、《草枕》、《三四郎》、《明暗》、《道草》、《行人》、《心》、《門》等。前一千圓紙幣的肖像。

夏目漱石。

2. 森鷗外從初期的浪漫派跟漱石同樣轉向為反自然主義的高踏派，受《三四郎》的影響寫下《青年》。

明治末年，反自然主義的流派之一的白樺派（學習院大學生），武者小路實篤等人創刊雜誌〈白樺〉（1910）。標榜人道主義，尊重個性以及確立自我，成為大正文學的主流。

1. 武者小路實篤，白樺派的理論指導者，著有《那個妹妹》、《有情》、《人類萬歲》、《二十八歲的耶穌與惡魔》。

2. 志賀道哉，著有《暗夜行路》、《和解》、《清兵衛與瓢簞》、《范的犯罪》等。

3. 有島武郎，東京人，人道主義傾向強，代表作有《某女人》、《凱因的末裔》，45歲時（1923）自殺。

4. 倉田百三，廣島人、劇作家，在宗教文學開拓獨自的境地。作品有《出家和其弟子》、《布施太子的入山》和《愛與認識的出發》。

耽美派的名家作品，否定自然主義，主張追求感官機能美的藝術至上主義。耽美派的「三人組」是：永井荷風、谷崎潤一郎和佐藤春夫，他們創辦了雜誌〈昂〉（1909）。

1. 永井荷風，著作有《美國物語》、《法國物語》、《祝盃》、《隅田川》、《冷笑》等。
2. 谷崎潤一郎，大正期耽美派的代表，著有《惡魔》、《少年》、《刺青》、《痴人之愛》、《春琴抄》，代表作《細雪》。
3. 佐藤春夫，谷崎的好友、南紀伊的人，著作有《田園的憂鬱》、《都市的憂鬱》。谷崎之妻因谷崎的行為奇特而跟佐藤商量，久而變成戀愛後離谷崎就佐藤。谷崎且將此事登報周知，又是一奇行。

新思潮派的名作家與名作

東京大學的學生結成的新思潮派創刊雜誌〈新思潮〉（1907）。此派旗手有芥川龍之介、菊池寬、山本有三和久米正雄等人。

1. 芥川龍之介，東京人（1892～1927），35歲時自殺。漱石的門下，著有《鼻子》、《芋粥》、《地獄變》、《河童》、《偷盜》、《某傻瓜的一生》，代表作《羅生門》。
2. 菊池寬，香川縣人（1889～1948），創辦〈文藝春秋〉雜誌社，創設「芥川獎」和「直木獎」。名作有《忠直卿行狀記》、《恩仇的彼方》、《第二接吻》、《父親歸來》等。菊池寬以〈文藝春秋〉誌培養川端康成等作家，「芥川獎」和「直木獎」成為今日文壇的登龍門，確立文士隆盛的基礎。有「菊池寬獎」。
3. 山本有三的著作有《波》、《女人的一生》、《路邊的石頭》。
4. 久米正雄的作品有《考生的手記》。

無產階級文學的機關誌有〈播種的人〉（1921），〈文藝戰線〉（1924）和〈戰旗〉（1928），為解放無產階級的文學運動。主要的作品有：葉山嘉樹的《活在海的人們》，德永直的《無太陽的市鎮》和小林多喜二的《蟹工船》。

新感覺派在大正末期（1920年代前半）由〈文藝春秋〉登場的青年文學者橫光

利一與川端康成等人創刊〈文藝時代〉雜誌（1924），成為新感覺派的牙城。

1. 橫光利一，大分縣人，作品有《日輪》、《機械》、《寢園》、《旅愁》等。

2. 川端康成（1899〜1972），大阪人，東大時代被菊池寬所發掘，《招魂祭一景》開始受注目。代表名作有《伊豆的舞孃》、《雪國》、《古都》、《山之音》、《睡美女》、《千隻鶴》等，很能深化表現日本的傳統美。

　　川端於1968年成為日本第一位獲得諾貝爾文學獎的得主，使日本文學的存在讓全世界知道。1972年4月，川端在逗子的工作場自殺，引起海內外很大的衝擊。

大眾文學浪潮的澎湃

　　坪內逍遙的《小說神髓》（1885），掀起日本近代文學的序幕，從明治20年代以後到大正時代（1887〜1925）的近半世紀，近代文學由萌芽、茁壯而成熟。文學的主流為跟西洋的小說並肩的現代小說。惟大正的文壇仍是少數菁英為中心，跟一般大眾遊離，瀕臨崩盤。

　　此時，吉川英治等新進文學者在大正末年創辦雜誌〈キング（King）〉（1926）創作通俗小說「對抗」純文學成為國民作家。

1. 中里介山，東京人，大眾文學的先驅，著《大菩薩峠》為大河小說的名作。

2. 吉川英治，名著《宮本武藏》、《鳴門祕帖》、《三國志》等巧妙地表現日本人的崇拜英雄、武士道德精神。

3. 大佛次郎的英美文學造詣深，著《鞍馬天狗》、《赤穗浪士》和《晴天和陰天的日子》等。

4. 直木三十五（本名植村宗一），大阪人，作品有《南國太平記》、《足利尊氏》、《石田三成》。歿後翌年（44歲，1935）文藝春秋社為紀念直木對大眾文學的貢獻設置「直木獎」，與「芥川獎」至今同為獎掖新進作家的二大文學獎。

新體詩、和歌、俳句的名家

明治中期開始提倡新體詩，從「5・7・5・7・7」的定型律解放出來，仿西洋詩的無限制的自由律，確立近代式的詩。俳句與短歌則完成基於近代感覺與傳統的俳句與短歌。

詩歌：森鷗外譯《於母影 / omokage / 風貌》，土井晚翠的《天地有情》，上田敏的譯詩《海潮音》，北原白秋《邪宗門》。

和歌：定型詩的和歌新詩社〈明星〉的創立者與謝野寬，有詩歌集《東西南北》、《天地玄黃》。其妻晶子的名歌集《散亂的頭髮》，示意女人跟男人媾合後頭髮散亂「迷人」，又《佐保姬》、《春泥集》。

俳句：正岡子規創刊的〈杜鵑鳥 / 子規〉，倡說日本派俳句與寫生文，發表《給讀歌的書》，享年35歲。

石川琢木為岩手縣人，師事與謝野夫妻，革新和歌，著作新式短歌。歌集有《一小撮的砂》、《時代閉塞的現狀》，享年26歲。

鎌倉	室町	安土桃山	江戸	明治	大正	昭和
85～1333 (148年)	1338～1573 (235年)	1573～1603 (30年)	1603～1867 (264年)	1868～1911 (44年)	1912～1925 (14年)	1926～1988 (63年)

附錄

日本文學史名家名作特選

時代	著作名	作者（編撰者）	備註
古代 奈良時代 （第8世紀）	①古事記 3卷	太安萬侶	
	②日本書紀 30卷	舍人親王、太安萬侶	
	③萬葉集 20卷	大伴家持等多人	日本最古和歌集
	④懷風藻	淡海三船編撰（？）	日本最古漢詩集
中古 平安時代前期 （9～10世紀）	①凌雲集 1卷（814）	平城天皇、嵯峨天皇等23人	嵯峨天皇敕撰漢詩集
	②文華秀麗集 3卷（818）	嵯峨天皇、淳和天皇等28人	嵯峨天皇敕撰漢詩集
	③經國集 20卷（827）	淳和天皇、空海等176人	淳和天皇敕撰漢詩集
	④性靈集 10卷	弘法大師空海	
	⑤入唐求法巡禮行記（847）	慈覺大師圓仁	
	⑥日本靈異記（822）	僧人景戒編撰	
	⑦竹取物語 2卷（9世紀後葉）	遍照或紀貫之，未詳	
	⑧伊勢物語 1卷（10世紀中葉）	作者不詳	
	⑨大和物語 2卷（10世紀中葉）	作者不詳	
中古 平安時代後期 （11～12世紀末）	①源氏物語 54帖（卷）	紫式部（藤原香子）	又名紫之物語
	②枕草子 3～5卷	清少納言（清原諾子）	又名清少納言抄（記）
	③紫式部日記 2卷	紫式部	1008秋～1010正月的日記
	④將門記	作者不詳	日本最初的軍記物語
中世 鎌倉與室町時代（13～16世紀）	①新古今和歌集 20卷（1205）		後島羽上皇敕撰和歌集
	②平家物語 12卷	藤原行長	
	③方丈記 1卷	鴨長明	和漢混和文的先驅之作
	④徒然草（1330）	吉田兼好	隨筆名作
	⑤夢中問答	夢窓疎石	屬於五山文學，五山文學名家另有一休宗純（狂雲集）等
	⑥一寸法師		庶民的短篇物語小說
	⑦義經記 8卷	作者不詳	為源義經的故事
近世 江戶時代	①浮世物語 5卷5冊（1665）	淺井了意	
	②好色一代男 8冊50集(1682)	井原西鶴	

時代	著作名	作者（編撰者）	備註
近世 江戶時代 （17～19世紀初）	③忠臣水滸傳10冊 （1799～1801）	山東京傳	江戶通俗讀本
	④南總里見八犬傳98卷106冊 （1814～1842）	瀧澤馬琴	江戶時代後期通俗小 一戲 作文學代表作
	⑤奧之細道（17世紀末）	松尾芭蕉	
	⑥俺的春天（19世紀初）	小林一茶	
近代 明治至大正時期（19世紀後半～20世紀初）	①小說神髓、當世書生氣質	坪內逍遙	
	②浮雲	長谷川辰之助（二葉亭四迷）	
	③金色夜叉	尾崎紅葉	
	④舞姬	森鷗外	
	⑤破戒	島崎藤村	
	⑥婦系圖	泉鏡花	
	⑦比個子的大小（青梅竹馬）	樋口一葉	
	⑧不如歸	德富蘆花	
	⑨我是貓	夏目漱石	
	⑩人類萬歲	武者小路實篤	
	⑪暗夜行路	志賀直哉	
	⑫隅田川	永井荷風	
	⑬細雪、春琴抄	谷崎潤一郎	
	⑭田園的憂鬱	佐藤春夫	
	⑮羅生門、地獄變、河童	芥川龍之介	
	⑯第二的接吻、恩仇的彼方	菊池寬	
	⑰無太陽的市鎮	德永直	
	⑱古都、雪國、伊豆的舞孃	川端康成	
	⑲宮本武藏、三國志	吉川英治	
	⑳大菩薩峠	中里介山	未完成的名大河小說
	㉑鞍馬天狗、赤穗浪士	大佛次郎	
	㉒散亂的頭髮	與謝野晶子	短歌集
	㉓一握之砂	石川啄木	詩集

主要參考文獻

A. 基礎篇

1. 河合敦《從歷史解讀日本地理》，東京書房，1999.
2. 宇田川勝司《驚駭意外日本地理》，草思社，2007.
3. 山本皓一《直視日本的國境》(1)、(2)，KK暢銷書，2012.
4. 近藤珠實《日本文化視覺事典》，池田書店，2008.
5. 安田喜憲《日本文化的風土》，朝倉書店，2011.
6. 鬼頭宏《從人口看日本的歷史》，講談社，2017.
7. 石田英一郎等《日本民族的起源》，平凡社，1970.
8. 藤間生大《日本民族的形成》，岩波書店，1969.
9. 江上波夫《騎馬民族國家》，中央公論社，1977.
10. 護雅夫《遊牧騎馬民族國家》，講談社，1967.
11. 高橋累《蝦夷的末裔》，中央公論社，1991.
12. 築島裕《國語的歷史》，東大出版社，1983.
13. 川本崇雄《日本語的源流》，講談社，1980.
14. 金田一春彥《日本語》(上、下)，岩波書店，1989.
15. 武部良明《日本語的表記》，角川書店，1979.
16. 山本安英之會《日本語的發現》，未來社，1983.
17. 劉德有著 林山孚譯《日語談趣》(日文版)，サイマル出版社，1986.
18. 龜井孝等《日本語的歷史》(1~7冊)，平凡社，1978.

B. 歷史篇

19. 神田秀夫等校註《古事記》(太安萬侶撰3卷)，朝日新聞，1969.
20. 武田祐吉校註《日本書紀》(太安萬侶等撰20卷)，朝日新聞，1969.
21. 武光誠《『古事記』的世界》，小學館，2012.
22. 直木孝次郎《萬葉集與古代史》，吉川弘文館，2000.
23. 大畑正一《神話與日本人》，雄山閣，1997.
24. 武光誠《邪馬台國與大和朝廷》，平凡社，2004.

25. 木下正史《倭國的成立》，吉川弘文館，2013.

26. 司馬遼太郎《這個國家的形狀》(6冊)，文藝春秋社，2000.

27. 小和田哲男《解明日本的歷史》(3冊)，三笠書房，2004，13.

28. 井上光貞等《新詳說日本史》，山川出版社，1993.

29. 安田元久《日本史新研究》，洛陽社，1969.

30. 八幡和郎《真實無謎團的古代史》，ソフトバンク新書，2010.

31. 歷史新聞編委會《歷史新聞》，日本文藝社，1996.

32. 詳說日本史圖錄編委會《詳說日本史圖錄》，山川出版社，2014.

33. 小和田哲男等《循地圖探訪日本歷史舞台》，帝國書院，2016.

34. 小和田哲男等《日本史教科書》，英和出版社，2017.

35. 木村素彥《日華文化交流史》，富山房，1955.

36. 森克己《遣唐使》，至文堂，1955.

37. 專修大學西北大學共編《遣唐使看到的中國與日本》，朝日新聞，2005.

38. 上田雄《遣唐使全航海》，草思社，2006.

39. 小林敏男《日本國號的歷史》，吉川弘文館，2000.

40. 山尾幸久《魏志倭人傳》，講談社，1972.

41. 高橋伸和《鎌倉、橫浜欣賞歷史》，西東社，2014.

42. 中村智哉《圖解戰國史》，成美堂，2017.

43. 永濱真理子《幕末・明治維新》，西東社，2015.

44. 〈歷史人〉別冊《幕末維新的真實》，KKベストセラーズ，2011.

45. 矢部健太郎監修《幕末維新》，宝島社，2017.

46. 半藤一利《幕末史》，新潮社，2013.

47. 井沢元彥《英傑的日本史》，角川書店，2004.

48. 山本博文《推動歷史的男人們》，小學館，2003.

49. 副島隆彥《創造明治的幕府的天才》，成甲書房，2016.

50. 伊東成郎《幕末維新秘史》，新潮社，2009.

51. 司馬遼太郎《明治這個國家》，日本放送協會，1990.

52. 中山伊知郎《日本的近代化》，講談社，1965.

C.文化篇

53. 石田一良 著／許極燉 譯《日本文化史通論》，台北鴻儒堂，1991.

54. 小松茂美《假名的成立與變遷》，岩波書店，2006.

55. 渡部正路《透過語源解明古代大和》，叢文社，2009.

56. 上田正昭《神與佛的古代史》，吉川弘文館，2009.

57. 堀一郎《日本的泛靈論》，講談社，1983.

58. 路士‧培內蒂妲德 著／長谷川松治 譯《菊與刀》，社會思想社，1987.

59. 歷史民俗探究會《圖解日本的神與神社》，大和書館，2008.

60. かみゆ歷史編輯部《日本的神社名鑑》，廣濟堂，2014.

61. 島田裕己《日本的佛教宗派》，成美堂，2013.

62. 武光誠《神道》，河出書房，2003.

63. 瓜生中《佛教入門》，創元社，1994.

64. Hiro Sachiya《佛教與神道的比較》，新潮社，2007.

65. 安蘇谷正彥等《神道與日本文化》，戎光祥社，2006.

66. 樋口清之《從神道看這個國家的精神》，德間書店，1995.

67. 三橋健《圖說神道》，河出書房，2013.

68. 中野三敏《江戶文化評判記》，中央公論社，1992.

69. 新渡戶稻造 著／奈良本辰也 譯《武士道》，三笠書房，(刊行年未表示)

70. 笠谷和比古《武士道的精神史》，筑摩書房，2017.

71. 李登輝《武士道解題》，(日文)，小學館，2003.

72. 山本博文《武士為何要切腹》，幻冬舍，2015.

73. 古賀弘幸《書的秘密》，朝日出版社，2017.

74. 河田悌《書的風景》，二玄社，2007.

75. 玉置研光《書道樂趣的基礎知識》，文藝社，2008.

76. 奈良高田《弘法大師人與書》，朱鷺書房，2003.

77. 岡倉天心 著／樋口秀昭 譯《茶の本》(日文)，講談社，1994.

78. 大久保喬樹《岡倉天心「茶の本」》，NHK出版，2016.

79. 谷晃《茶道的文化》，淡交社，2005.

80. 八尾嘉南《茶道人物傳略》，淡交社，2013.

81. 小和田哲男《城與城下町》，教育社，1986.

82. 日本城郭協會《日本100名城》，學研，2017.

83. 歷史神秘研究會《日本名城99個謎》，彩圖社，2015.

84. 三谷榮一等《日本文學史辭典》，角川，1983.

85. 島津忠夫《展讀日本文學史》，世界思想社，1992.

86. 松崎仁等《近世文學史》，笠間書院，2013.

87. 秋山虔《源氏物語的腳跡》，小學館，1998.

88. 山口仲美《枕草子／清少納言》，NHK出版，2015.

89. 奧野健男《日本文學史近現代篇》，中央公論社，1983.

90. 中村光夫《明治文學史》，筑摩書房，1980.

91. 佐藤亮一《明治文學圖錄》，新潮社，1986.

92. 佐藤亮一《大正文學圖錄》，新潮社，1986.

國家圖書館出版品預行編目（CIP）資料

全視日本史：透視大和民族的風土、歷史與人文 /
許極燉著. – 初版. – 臺北市：遠流, 2019.08
面；　公分. -- (日本館.風；J0119)
ISBN 978-957-32-8618-9(平裝)

1. 文化　　2. 日本

731.3　　　　　　　　　　　　108011689

日本館・風 J0119

全視日本史：透視大和民族的風土、歷史與人文

作者──許極燉
主編──曾慧雪
封面設計──陳春惠
美術設計──李俊輝
行銷企劃──葉玫玉

發行人──　王榮文
出版發行──遠流出版事業股份有限公司
地址──100台北市南昌路二段81號6樓
電話──(02) 23926899
傳真──(02) 23926658
劃撥──0189456-1
著作權顧問──蕭雄淋律師

2019年9月1日 初版一刷
售價──　新台幣400元

ib　遠流博識網
http://www.ylib.com
E-mail: ylib@ylib.com